Los
diarios del ácido

"Una crónica singular del intrépido viaje de un psiconauta a las profundidades preternaturales de la conciencia humana".

MARTIN A. LEE, COAUTOR DE
*SUEÑOS DE ÁCIDO: HISTORIA SOCIAL DEL LSD,
LA CIA, LOS SESENTA Y TODO LO DEMÁS*

Los diarios del ácido son la mejor descripción que he encontrado de la experiencia psicodélica; la narración es de una belleza impresionante por su entusiasta franqueza. *Los diarios del ácido* son un libro excepcionalmente honesto y espontáneo".

DR. CHRISTOPHER M. BACHE, AUTOR DE *LIFECYCLES*
[LOS CICLOS DE LA VIDA], *DARK NIGHT/EARLY DAWN*
[NOCHE OSCURA, TEMPRANO AMANECER]
Y *THE LIVING CLASSROOM* [EL AULA VIVA]

"¿Iluminación instantánea? Nada de eso. Hay que ganársela, como se indica en este libro... lo recomiendo encarecidamente..."

JONATHAN OTT, ETNOBOTANISTA, ESCRITOR,
TRADUCTOR, EDITOR, FARMACEUTA ESPECIALIZADO
EN PRODUCTOS NATURALES E INVESTIGADOR
BOTÁNICO EN EL CAMPO DE LOS ENTEÓGENOS

"Como cualquier otro efecto intenso del ácido lisérgico, se experimenta al mismo tiempo la angustia existencial, la dicha cósmica y muchos estados intermedios. *Los diarios del ácido* es un clásico contemporáneo de la exploración psicodélica personal".

MICHAEL HOROWITZ, REDACTOR DE
LA AUTOBIOGRAFÍA DE TIM LEARY

"Todos los psiconautas admirarán este maravilloso regalo y se beneficiarán de él".

JOHN ALLEN, PRESIDENTE DE GLOBAL ECOTECHNICS
E INVENTOR DEL PROYECTO BIOSFERA 2

"... una memoria de un exquisito, profundo y filosófico viaje de la psiquis".

JON TAYLOR, DE EROWID

"Quien esté interesado en el ácido lisérgico debe leer este libro cuanto antes".

STEWART HOME, ARTISTA, ACADÉMICO,
CINEASTA, ACTIVISTA Y AUTOR

Los diarios del ácido

La guía de un psiconauta sobre la historia y el uso del LSD

Christopher Gray

Traducción por Daniel Carvallo Montes
y José Tomás Llanos Morales

Inner Traditions en Español
Rochester, Vermont • Toronto, Canadá

Inner Traditions en Español
One Park Street
Rochester, Vermont 05767
www.InnerTraditions.com

Inner Traditions en Español es una división de Inner Traditions International

Título original por la edición 2010: *The Acid Diaries: A Psychonaut's Guide to the History and Use of LSD,* publicado por Park Street Press, sección de Inner Traditions International

Publicado originalmente en el Reino Unido en 2009 por la editorial Vision, con el título *The Acid: On sustained experiment with lysergic acid diethylamide, or LSD*

ISBN 978-1-62055-466-1 (pbk.) — ISBN 978-1-62055-467-8 (e-book)

Impreso y encuadernado en Estados Unidos

10 9 8 7 6 5 4 3 2

Diseño del texto por Virginia Scott Bowman y diagramación por Priscilla Baker
Este libro ha sido compuesto con la tipografía Garamond Premier Pro y la presentación, con la tipografía Caslon 540

Para los niños

¿Quién, si yo gritase, me oiría desde los coros
de los ángeles? Y aun suponiendo que alguno de ellos
me acogiera de pronto en su corazón, yo desaparecería
ante su existencia más poderosa. Porque lo bello no es sino
el comienzo de lo terrible, ese que todavía podemos soportar;
y lo admiramos tanto porque, sereno, desdeña el destruirnos.
Todo ángel es terrible.

RAINER MARIA RILKE, *ELEGÍAS DE DUINO*

Contenido

Prefacio

LO QUE LEERÁ A CONTINUACIÓN es el relato de un autoexperimento con la droga psicodélica dietilamida del ácido lisérgico (LSD).

Consta de dos partes principales. Primero, lo que me ocurrió durante el período en que tomé la droga, cerca de tres años. Después, relatos de otras personas con sus propias palabras sobre sus experiencias antes que se prohibiera su consumo a mediados de los años sesenta, además de una sinopsis de las escasas explicaciones teóricas que existen sobre los efectos de la droga.

El LSD que utilicé lo obtuve del mercado negro y era de muy buena calidad. Siempre lo tomé solo, en intervalos regulares de dos a tres semanas y fui aumentando la dosis gradualmente. Durante el primer año hice intentos sistemáticos por dirigir la energía de la droga hacia el interior, valiéndome de métodos concebidos durante la década anterior a la penalización de su consumo, que recomendaban que el sujeto estuviese reclinado, con los ojos vendados y escuchando música con audífonos. Después de ese primer año comencé a usar la droga en espacios al aire libre, aunque siempre solo, en la profundidad de los bosques cerca de donde vivo.

En términos generales, se puede dividir el experimento en tres etapas. En la primera, salieron a relucir cuestiones personales y biográficas. En la segunda, experimenté la pérdida de las fronteras y del ego, a veces con detalles desgarradores y hasta sobrenaturales en más de una ocasión. En la tercera, tuve atisbos de algo trascendental y profundamente sagrado. Las tres se interconectaban y superponían, pero esas eran las temáticas básicas de cada una.

Estudio de casos... cuentos de fantasmas... y al final, teofanía.

He optado por usar la narrativa en primera persona en todo momento, a fin de transmitir la inmediatez de la experiencia y destacar que cualquier especulación es de mi entera responsabilidad. Me he sentido como los primeros geógrafos y exploradores de la antigüedad cuando se adentraban en tierras incógnitas. Ni estoy todavía seguro de qué pasó exactamente, ni de lo que vi. Según las palabras de Terence McKenna:

> El primer enfoque que se aplicó a las sustancias psicodélicas fue el correcto. Es decir, la idea de que las personas inteligentes y reflexivas deberían tomar esas sustancias para intentar comprender lo que sucede. Es necesario que las personas maduras e inteligentes compartan sus experiencias. Es demasiado pronto para entrar en definiciones científicas. Lo que hace falta ahora son diarios de exploradores. Necesitamos muchos diarios para hacernos una idea del territorio[1].

1
El lote 25

A COMIENZOS DE 1943, en el punto más álgido de la
Segunda Guerra Mundial, un químico investigador llamado Albert Hofmann, empleado de la empresa farmacéutica Sandoz
en Basilea, Suiza, absorbió por accidente una cantidad minúscula de
una sustancia química con que estaba trabajando. El compuesto, inicialmente sintetizado para su uso en la obstetricia, solo se había probado
antes en animales de laboratorio, en los que sus efectos parecieron insig-
nificantes. Pero Albert Hofmann se sentía como si estuviera borracho.
El mundo le parecía onírico, los colores comenzaron a resplandecer con
una luz interior más intensa y su sentido del tiempo se volvió errático.
Al cabo de unas dos horas, estos fenómenos comenzaron a desvanecerse
gradualmente, sin dejar efectos secundarios; pero el químico, con la
curiosidad avivada, decidió realizar nuevas pruebas.

Rotulado en el laboratorio con el código LSD-25, el compuesto
era el vigésimo quinto de una serie de derivados del ácido lisérgico
(análogos del cornezuelo, un hongo natural que crece en forma especialmente vigorosa en el centeno y que se ha utilizado ampliamente
en la medicina popular al menos desde la Edad Media). Tres días
después, Hofmann tomó lo que consideraba una dosis minúscula, de
250 microgramos, es decir, 250 millonésimas de un gramo. Sus notas
de laboratorio señalan:

19 de abril de 1943: Preparación de solución acuosa al 0,05% de tartrato de dietilamida del ácido d-lisérgico.

4:20 p.m.: Ingestión oral de 0,05 cc (0,25 mg LSD). La solución es insípida.

4:50 p.m.: No hay rastros de efecto alguno.

5:00 p.m.: Leve mareo, agitación, dificultad de concentración, alteraciones visuales, marcado deseo de reír...

A partir de ese momento las notas se detienen abruptamente. Hofmann descubrió que no podía seguir escribiendo ni pensar en forma clara. Comenzaba a caer en pánico, por lo que le pidió a su asistente que lo acompañara en el trayecto de bicicleta de vuelta a su casa. Pero, tan pronto emprendieron viaje, los efectos de la droga se hicieron verdaderamente alarmantes. "Tenía gran dificultad para hablar con coherencia", indicó después en sus notas. "Mi campo visual oscilaba y los objetos parecían distorsionados como imágenes reflejadas en espejos curvos. Tenía la impresión de que era imposible moverme del lugar en que me encontraba, pero mi asistente me dijo después que anduvimos a paso ligero en las bicicletas".

Para cuando llegó a su casa, la estructura del tiempo y el espacio se le desmoronaba. El mundo exterior era ondulante y alucinatorio; la imagen de su cuerpo estaba distorsionada y comenzaba a tener dificultades para respirar. Los colores se convertían en sonidos y los sonidos en colores. Durante los breves momentos de lucidez, solo podía imaginar que se había envenenado con la droga y que moriría; o que se había vuelto loco sin remedio. En una ocasión posterior describió el ápice de su delirio:

La peor parte fue que estaba claramente consciente de mi condición, pero era incapaz de detenerla. En ocasiones me sentí como si me encontrara fuera del cuerpo. Creí que había muerto. Mi "ego" se encontraba suspendido en algún lugar en el espacio y vi mi cuerpo yacer muerto en el sofá. Observé y registré claramente que mi "alter ego" se movía alrededor de la habitación, lamentándose.

Esto es una cita completa. Pese a que el singular viaje en bicicleta de Hofmann se convertiría en un ícono de los años sesenta y setenta, la otra parte del informe, tomada en la cúspide de su embriaguez, no ha recibido tanta atención. El propio Hofmann parecía estar incómodo con ella. ¿Registró ese sentido de disociación como una alucinación particularmente extravagante, o insinuaba que, de alguna forma, había "salido de su cuerpo"?

Pero ese sería el clímax de su experiencia: al poco tiempo, alrededor de seis horas después de haber tomado la droga, los efectos comenzaron a desvanecerse. Lentamente, las cosas volvían a la normalidad y al fin se quedó dormido.

Una última característica que llamó la atención de Hofmann fue lo muy positivo y sano que se sentía cuando despertó al día siguiente.

Me recorría una sensación de bienestar y vida renovada. El desayuno sabía delicioso y fue un placer extraordinario. Cuando más tarde salí al jardín, sobre el que brillaba el sol luego de una lluvia de primavera, todo destellaba y resplandecía bajo una nueva luz. El mundo parecía recién creado. Todos mis sentidos vibraban con la más alta sensibilidad y esa condición persistió durante todo el día[1].

2

La droga maravillosa

LA EMPRESA FARMACÉUTICA SANDOZ estaba desconcertada con el descubrimiento realizado por el químico. Los siguientes experimentos con dosis más bajas parecían corroborar la conclusión preliminar de Hofmann: que la droga provocaba un colapso mental temporal. El compuesto LSD-25 producía un perfecto cuadro de esquizofrenia; fue así como Sandoz comenzó, tentativamente, a explorar las posibilidades de comercialización. Las primeras muestras de la droga se enviaron a psiquiatras y funcionarios de hospitales y, después de recibir la etiqueta descriptiva de "psicotomimética", es decir, que imita la psicosis, comenzó a circular como herramienta educacional para comprender, a través de la propia experiencia interna, lo que sucede a los pacientes psiquiátricos.

No obstante, desde el principio hubo voces en contra. Los sujetos de los experimentos insistían reiteradamente en que no se trataba de un delirio, sino que veían el funcionamiento de sus mentes con una claridad excepcional. "Me puedo ver todo el tiempo, como si estuviera ante un espejo, y me doy cuenta de mis defectos e ineptitudes mentales", anotó un sujeto en uno de los primeros informes.

En retrospectiva, se puede apreciar lo engorroso que debió ser para Sandoz intentar crear un perfil sobre los efectos de la droga.

En primer lugar, la droga nunca tuvo el mismo efecto en dos

personas distintas. Ni siquiera tenía siempre el mismo efecto sobre una misma persona. Cualquier sesión podía dividirse en distintos episodios, que muchas veces carecían de relación aparente entre sí; además, el mismo individuo podía tener experiencias diametralmente distintas a lo largo de una serie de sesiones. Con gran pragmatismo, lo primero que estableció Sandoz fue que, si se deseaba mantener un pie en el mundo de la locura y el otro en el de la cordura, solo servían las dosis muy bajas, en este caso, dentro del rango de 50 a 100 microgramos. Ninguna otra droga en el mundo surtía tanto efecto con dosis tan minúsculas.

Sin embargo, tan pronto los investigadores pudieron controlar las dosis, se hizo evidente que el contexto en que se consumía la droga era también un factor fundamental en su efecto. El enfoque psicotomimético, o de los "modelos de esquizofrenia", se vino abajo al observarse que, si el ácido lisérgico se administraba en un entorno de hospital, con delantales blancos de laboratorio, iluminación intensa y jeringas hipodérmicas, era probable que los sujetos efectivamente se volvieran psicóticos... pero la paranoia era provocada en igual medida por los médicos y por la droga.

La sustancia química parecía ser camaleónica y el conjunto de factores que definían sus efectos en cada caso determinado llegó gradualmente a conceptualizarse como *marco* y *entorno:* el *marco* sería la constitución psicológica del sujeto y el *entorno,* el lugar donde se encuentra y las asociaciones que este evoca. Mediante la exploración de distintas combinaciones de estos factores (además de ajustar la altamente volátil dosis), surgió el primer uso importante del ácido lisérgico, que se describió como un método "auxiliar" del psicoanálisis convencional.

Si había un entorno analítico relajado y relativamente informal, con una dosis más bien baja, lo que ocurría era que los pacientes entraban en contacto con sentimientos reprimidos desde hacía mucho tiempo y podían expresarlos y analizarlos por sí mismos con una fluidez extraordinaria. Establecían fácilmente una buena relación con el psicoanalista y los traumas parecían saltar al nivel consciente por sí mismos.

La depresión y la ansiedad respondían especialmente bien al tratamiento y, para mediados de los años cincuenta, el ácido lisérgico parecía

ser una de las innovaciones más importantes en el campo de la psicoterapia de orientación analítica. La droga funcionaba igualmente para
freudianos, jungianos y todas las demás escuelas de psicoanálisis más
relevantes, y comenzaron a aparecer nuevos criterios de tratamiento.

En tal contexto, un paciente podía, por ejemplo, ser entrevistado el
día antes de una sesión con la droga, ser supervisado durante la propia
sesión y ser entrevistado en una sesión de seguimiento al otro día. De
ese modo, el trabajo con los pacientes era mucho más intenso, pero se
estimaba que la duración total del análisis individual se reduciría a una
décima parte de lo que habría sido sin mediar la droga. Por fin había
una posibilidad real de aplicar el psicoanálisis a nivel masivo.

Se estaban realizando trabajos muy esperanzadores con alcohólicos,
principalmente en Canadá. Fue allí donde el ácido lisérgico demostró
que apenas se había explotado su potencial creativo.

Aunque las dosis que se utilizaban como herramientas auxiliares
del psicoanálisis eran más bien bajas, se observó que los alcohólicos
respondían mucho mejor a dosis más elevadas. Cuando estuvo en boga
el concepto de los "modelos de esquizofrenia", Alcohólicos Anónimos
(AA) sugirió que las dosis más altas (de 300 microgramos en adelante)
podían simular el delírium trémens y la desgarradora experiencia de
"tocar fondo" que AA consideraba clave para una rehabilitación satisfactoria. Sin embargo, al ponerse a prueba estas teorías, se determinó,
por el contrario, que el ácido lisérgico surtía un efecto muy positivo en
un gran número de alcohólicos. Estos insistían en que esas experiencias
eran profundamente religiosas y que las propias percepciones así obteni-
das tenían grandes efectos curativos.

De hecho, cuando se comenzó a explorar con dosis más altas de
forma sistemática, se observó que estimulaban sentimientos aparentemente místicos en una gran proporción de personas. No importaba si
esos individuos anteriormente eran "religiosos" o no. En una u otra
etapa de la sesión, experimentaban el colapso de todo lo que antes
habían considerado realidad y decían haber tenido un atisbo del núcleo
sagrado de la existencia. También hubo casos aislados pero persistentes

de telepatía, percepción extrasensorial y otros casos de experiencias esotéricas y paranormales.

A mediados de los años cincuenta se estableció por fin la dosificación. Se consideraba que 100 microgramos era una dosis baja; 200, media y, de 300 en adelante, alta. Las dos principales escuelas de psicoterapia con LSD que evolucionaron se distinguían fundamentalmente por el rango de las dosis que utilizaban.

La primera escuela usaba dosis relativamente bajas durante varias sesiones, o "en serie", como se decía. Este enfoque llegó a conocerse como terapia "psicolítica". El otro se basaba en el concepto de una "única dosis apabullante". Las sesiones nunca se realizaban más de dos o tres veces; tenían el objetivo de dar una sacudida a los pacientes para sacarlos de su comportamiento obsesivo y permitirles recibir un atisbo de la realidad trascendental. Como parte del entorno de este enfoque, que pasó a conocerse técnicamente como terapia psicodélica, se utilizaba música sagrada, estatuas religiosas u otras imágenes, así como la belleza natural.

La primera escuela predominó en Europa, y la segunda, en Estados Unidos.

Ya a comienzos de los años sesenta, se habían escrito más de mil documentos de investigación y varias decenas de libros sobre la materia, y la dietilamida del ácido lisérgico, o LSD, como ya se le conocía, parecía destinada a convertirse en la droga maravillosa de la psicoterapia en la segunda mitad del siglo XX.

3

Las puertas de la percepción

LO QUE NADIE LLEGÓ a imaginarse era que la droga pasaría a ser parte de la montaña rusa política de los años sesenta. Como primer paso, el ácido lisérgico comenzó a escaparse de médicos y psicoanalistas. A principios de los años sesenta, el LSD seguía siendo completamente legal. Cualquier persona que tuviera calificaciones profesionales mediamente aceptables podía iniciar proyectos de investigación con relativa facilidad.

Oscar Janiger, psicoterapeuta de Los Ángeles, fue el primero en estudiar los efectos del LSD en una amplia gama de personas que no padecían problemas psicológicos específicos. El enfoque de Janiger no era nada impositivo: el entorno era un apartamento en planta baja, una parte del cual servía como estudio de arte bien equipado para quien quisiera pintar (Janiger estaba especialmente interesado en los efectos de la droga sobre la creatividad). Tenía una sala de estar moderna y cómoda, con un tocadiscos para quienes quisieran escuchar sus propios discos de música, y ventanas francesas que daban a un jardín apartado, para quienes quisieran sentarse solos en silencio. Los sujetos podían salir a caminar por el barrio siempre que fueran acompañados por un empleado.

El énfasis que Janiger le daba a la pintura y, en general, al estudio de los efectos del LSD sobre la creatividad, indicaba hasta qué punto la sustancia se había alejado del control psiquiátrico. La empezaban a consumir artistas e intelectuales vanguardistas, desde pintores asombrados por los efectos de la droga en la forma y el color, hasta escritores, músicos y filósofos igualmente sorprendidos por el efecto que las dosis más altas tenían sobre la cognición.

Se observó que los efectos de la mescalina, que había recibido poca atención después de su síntesis poco después de la Primera Guerra Mundial, se asemejaban bastante a los del LSD. Durante varios años, las dos drogas se usaron de modo casi intercambiable. Como consecuencia de ello, el culto al peyote de los aborígenes del suroeste de Estados Unidos recibió de pronto un nuevo respeto y comenzó a perfilarse la dimensión antropológica del uso de drogas alucinógenas. El banquero neoyorquino Gordon Wasson y su esposa, Valentina, fueron tras las huellas de un culto basado en setas mágicas que parecía tener gran antigüedad en un paraje intrincado de las montañas de México. ¿Era posible que las drogas alucinógenas hubieran desempeñado un papel mucho más dinámico de lo que hasta entonces se creía en las religiones y las sociedades primitivas en general? La palabra *psicodélico* pasó a ser parte del vocabulario.

De hecho, no fue el LSD, sino la mescalina, la sustancia que inspiró lo que sería el testimonio más famoso a favor de las sustancias psicodélicas, la obra *The Doors of Perception* [*Las puertas de la percepción*], de Aldous Huxley.

El libro, que es poco más que un ensayo extenso, comienza una mañana de mayo de 1953, cuando Aldous Huxley recibió 400 mg de sulfato de mescalina administrados por Humphry Osmond, médico inglés responsable de buena parte de las investigaciones sobre LSD y alcoholismo en Canadá.

Huxley se encontraba en su casa en los cerros de Los Ángeles y, tras ingerir su dosis, se acostó y cerró los ojos. Lo que había leído sobre los efectos de la mescalina le hizo pensar que al cabo de media hora comenzaría a ver patrones geométricos cambiantes de colores intensos, que gradualmente se transformarían en paisajes fantásticos y arquitecturas adornadas. Sin embargo, el tiempo pasó sin que nada de eso sucediera; veía unas pocas formas coloridas, pero nada interesantes. Cuando abrió los ojos y se sentó fue que la droga hizo su efecto.

Huxley se encontró sentado en una habitación transfigurada. Los muebles y las estanterías llenas de libros brillaban como si estuvieran iluminados desde adentro. Los célebres colores intensos de la mescalina estaban allí... no adentro, sino afuera. Huxley escribió que los lomos de los libros resplandecían como rubíes, esmeraldas y lapislázulis. Cuando miró su propio cuerpo, incluso el tejido de sus pantalones le pareció maravilloso.

A su lado había un florero pequeño con tres flores dentro, una combinación fortuita de una rosa, un clavel y un lirio, pero lo que vio lo dejó sin aliento:

> Contemplaba lo mismo que vio Adán en la mañana en que fue creado: el milagro de la existencia misma, momento por momento... Las flores brillaban con su propia luz interior y se estremecían por la fuerza del significado que portaban.

Aunque Huxley era una autoridad mundial en religión comparada y uno de los principales exponentes del *vedanta advaita* de la India, nada lo habría preparado para asimilar esta belleza de los objetos cotidianos, que lo llevaba más y más hacia la profundidad de la existencia. Quizás ese fue el efecto más sorprendente de la obra *Las puertas de la percepción,* que sustituyó el concepto de alucinación por el de *visión.*

> Lo que la rosa, el lirio y el clavel significaban tan intensamente era nada más y nada menos que lo que eran, una transitoriedad que, sin embargo, era la vida eterna, un perpetuo perecer que al mismo tiempo era puro Ser, un puñado de rasgos minúsculos y únicos en los que, por una inefable y sin embargo evidente paradoja, se veía la fuente divina de toda la existencia.

De igual importancia es que Huxley fue el primero en hacer referencia a la *desaparición de los límites* como experiencia psicodélica esencial. Se fijó en la forma en que cede o se disuelve el patrón que la mente o el ego imponen sobre la percepción, la forma en que los fenómenos respiran o palpitan para llevarnos más y más profundamente hacia ellos. En muchos aspectos, la experiencia de Huxley ese día primaveral puede catalogarse más como platónica que como *advaita* hindú. La belleza se disolvía en la propia existencia, y esta en el Ser inteligible.

Apartó la mirada de las flores y los libros, y le llamaron la atención unos muebles: la composición formada por una pequeña mesa de mecanografía, una silla de mimbre y su escritorio. Lo primero que lo impresionó fue la complejidad de sus relaciones espaciales, observadas desde un punto de vista puramente artístico, como si se tratase de una naturaleza muerta, algo que pudo haber sido creado, escribió, por un Braque o un Juan Gris:

> Pero, mientras miraba, esa vista de pura estética cubista fue reemplazada por lo que solo puedo describir como la visión sacramental de la realidad. Estaba de regreso donde había estado al mirar las flores, en un mundo donde todo brillaba con la Luz Interior y era infinito en su significado. Las patas de la silla, por ejemplo, ¡qué maravillosamente tubulares eran, qué sobrenaturalmente pulidas! Pasé varios minutos (¿o fueron siglos?), no en mera contemplación de esas patas de bambú, sino realmente siendo ellas o, mejor dicho, siendo yo mismo dentro de ellas o, con más precisión aun (pues ni "yo", ni siquiera "ellas", de cierto modo, interveníamos en el asunto), siendo mi propia negación del ser en la negación del ser que era la silla.

En ese momento, tanto la religión oriental como la occidental comenzaron a transformarse en algo cualitativamente nuevo, lo que llevó al límite la capacidad de Huxley de expresar sus reflexiones espirituales. De hecho, ese fue el clímax de su experiencia psicodélica y, poco después de dicho pasaje, comenzó a replegarse de la cualidad existencial-mente abrasadora de esa no dualidad y a relacionar su experiencia con la filosofía en sentido amplio. En una parte anterior de su ensayo, se había referido a las posibilidades descritas por el filósofo inglés C. D. Broad:

> La función del cerebro, el sistema nervioso y los órganos sensoriales es principalmente eliminativa y no productiva. Cada persona, en cada momento, es capaz de recordar todo cuanto le ha sucedido y de percibir cuanto está sucediendo en cualquier parte del universo. La función del cerebro y el sistema nervioso es protegernos para que no quedemos abrumados.

Huxley recreó lo anterior con un parafraseo mucho más intenso:

> Cada uno de nosotros es potencialmente Inteligencia Libre. Pero, en tanto somos animales, lo que nos importa es sobrevivir a toda costa. Para que la supervivencia biológica sea posible, la Inteligencia Libre tiene que ser regulada mediante la válvula reductora del cerebro y del sistema nervioso. Lo que sale por el otro extremo del conducto es un hilo insignificante de esa clase de conciencia que nos ayudará a seguir con vida sobre la superficie de este planeta concreto[1].

Huxley supone que el efecto de la mescalina consiste en esquivar temporalmente esa función del cerebro como "válvula reductora", con lo que se abre paso a un torrente de información que antes quedaba excluida por carecer de utilidad "práctica"... Esa especulación sigue siendo la imagen que sirve de guía a las teorías sobre el funcionamiento de las sustancias psicodélicas.

4

La psicopolítica y
los años sesenta

DURANTE LA SEGUNDA MITAD de los años cincuenta, comenzó a propagarse la autoexperimentación con cannabis, mescalina y LSD en Europa y Estados Unidos. Ya a comienzos de los sesenta, la mescalina había sido sobrepasada por el LSD, que fue incorporado en la creciente "revuelta juvenil" de la época.

Los psicoterapeutas atacaron sin cesar lo que consideraban un uso irresponsable y puramente recreativo de estupefacientes potentísimos. Pero era difícil no coincidir con el grupo que abogaba por la legalización de las drogas, encabezado por el activista y exprofesor de Psicología de la Universidad de Harvard, Tim Leary, cuando aducían que las sustancias psicodélicas no eran de propiedad exclusiva de los psicoterapeutas y que ellos no podían dictar cómo y cuándo debían utilizarse.

Además, incluso el examen más superficial del consumo de LSD por los jóvenes habría demostrado que, lejos de ser simplemente recreativo, lo que sucedía era que comenzaban a perfilarse un marco y un entorno completamente nuevos. Fuera del entorno analítico, la droga se prestaba a ser mucho más dionisíaca y festiva. El "ácido" podía disolver las fronteras entre individuos y unificar a grandes grupos de personas.

Mientras investigaba para escribir esta obra, releí el libro *Acid*

Dreams: The CIA, LSD and the Sixties Rebellion [*Sueños de ácido: Historia social del LSD, la CIA, los sesenta y todo lo demás*], de Martin Lee y Bruce Shlain. No solo es el mejor recuento de la historia del LSD, sino de la contracultura de los años sesenta en general: un relato testimonial de cuán cerca estuvo Occidente, en particular Estados Unidos con su apariencia monolítica, de desmoronarse a fines de los sesenta. Antes de leerlo, estaba comenzando a creer que me lo había imaginado todo, por lo escandalosas que parecían las cosas que habíamos hecho, a la luz del abyecto conformismo político y cultural de los últimos veinticinco años. Pero no era imaginación: todo estaba en ese libro.

A comienzos de los sesenta, una gran parte de la generación posterior a la Segunda Guerra Mundial, ciertamente la parte más imbuida de espíritu, comenzó a desvincularse de la sociedad. Esos jóvenes dejaron la escuela, la universidad y los trabajos estables y vivían con lo estrictamente necesario en barrios urbanos pobres o en comunas de vida sencilla en el campo. Aunque todos se oponían activamente a la guerra de Vietnam, sus temas políticos no estaban tan centrados en cuestiones específicas, sino en la intuición de que la sociedad en general estaba en quiebra y que la única forma de oponerse a ello era llevar un estilo de vida distinto "en el aquí y el ahora".

Para mediados de esa década, eran tantos los jóvenes que abandonaban la escuela, que parecía que la "juventud" se convertiría en una clase social por derecho propio y que estaba a punto de heredar el dinamismo revolucionario que Marx había atribuido al proletariado industrial.

Es que, en la etapa que medió entre las dos guerras mundiales, el capitalismo había llegado a un acuerdo con la clase obrera tradicional. La parte peor de la explotación laboral quedaría relegada a los países del tercer mundo y los trabajadores de Occidente recibirían una mayor proporción de los dividendos del capitalismo, siempre que siguieran haciendo el juego. En los años subsiguientes, el retraimiento quedó establecido; es más, el consumo cada vez mayor de bienes por la nueva versión de la clase trabajadora de mitad del siglo XX se había convertido en parte esencial del capitalismo, sin la cual este no podría seguir funcionando... eso sí, permaneció intacta la incapacidad de la gran mayoría de las personas de tener un control real sobre sus vidas.

Lo que decían los *hippies* era que la pobreza y la explotación no se habían eliminado, sino que se habían modernizado.

La aglomeración, el hambre y las enfermedades que aquejaban a la clase obrera del siglo XIX fueron sustituidas por la soledad, la tensión y la ansiedad sin causa aparente que aquejó a la clase trabajadora del siglo XX. La pobreza pasó a ser psicológica, en una época en que, desde luego, no tenía por qué existir ese flagelo. Tecnológicamente, la humanidad había alcanzado un punto en que la supervivencia material básica podía asegurarse con mucho menos trabajo que antes. En principio, parecía ser que estábamos al borde de una nueva era de ocio.

"Trabajadores del mundo, dispérsense", como decía sucintamente en un grafito de los *hippies*. Ese era el lado negativo del programa político de los años sesenta, el rechazo a trabajar, el asumir voluntariamente cierto grado de pobreza. El lado positivo consistía en tratar de buscar los valores del nuevo Renacimiento que ahora era posible. Si los bienes de consumo son una forma burda de satisfacer los verdaderos deseos del ser humano, ¿qué es lo que en realidad queremos? La mayoría de los experimentos de los años sesenta que trataron de crear un nuevo estilo de vida pueden verse como un intento de dar respuesta a dicha pregunta.

En la obra *Sueños de ácido: Historia social del LSD, la CIA, los sesenta y todo lo demás,* se afirma que en el distrito Haight-Asbury de San Francisco era donde se reflejaba la mayoría de las temáticas de esta especie de "revolución de la vida cotidiana"... En lo sexual, el amor libre y la disolución de la familia nuclear en un nuevo tribalismo... En lo social, la apuesta de crear comunidades mucho más pequeñas, donde casi todos se conocen, con una política basada en el consenso y en la acción directa, sustentada y reflejada continuamente por el sentir de la calle... En lo cultural, un gran hincapié en la creatividad individual, no en el "arte" típico de la cultura de clase media, basado en la relación entre espectador y espectáculo, sino en lograr algo genuinamente interactivo, más similar a un juego de niños, que generara directamente una verdadera experiencia... En lo espiritual, los encuentros para "probar el ácido", en que se fundían la música, la danza y las sustancias psicodélicas, según las ideas del novelista Ken Kesey y sus fervientes seguidores conocidos como *Merry Pranksters,* donde toda la comunidad podía participar en una liberación de fronteras y trascendencia del ego...

Pero, ¿qué papel jugaba el LSD en todo esto?

En su obra, Shlain y Lee sugieren que el LSD funcionaba esencialmente como un rito de transición.

Esta es la manera más sencilla de resumir los efectos de la droga: revela que la evolución no es de ningún modo un resultado final ni estable. La vida se ha congelado en su forma actual y se nos asegura que esa es la realidad objetiva... pero no es así. La vida es espontánea, libre y totalmente desconocida, y el consumo de ácido era la iniciación para tomar conciencia de ello. Según Shlain y Lee, "eso era lo que querían decir Kesey y los *Merry Pranksters* cuando invitaban a la gente a intentar 'pasar la prueba del ácido'. La voluntad de soportar lo que podía ser una experiencia desgarradora era, para muchos jóvenes, una forma de cortar el último cordón umbilical que los unía a todo lo que la generación anterior había clasificado como seguro y sano"[1].

Creo que Shlain y Lee han puesto el dedo sobre lo que en verdad fue un hito en el consumo del LSD por parte de los *hippies*. Lo que experimentaban era el aspecto iniciático y ceremonial de la sustancia... la dimensión social, por no decir de comuna, que los psicoterapeutas habían obviado debido a su obsesión con la subjetividad personal.

En definitiva, tanto los *hippies* como la Nueva Izquierda veían el aislamiento y la conciencia de la separación del ser como la cuestión revolucionaria esencial de la época. Debía crearse una nueva cultura que ofreciera la oportunidad de trascender esos aspectos: un conjunto de sacramentos, disponibles para todos, como esencia de la vida social. Podría argumentarse que esa percepción, viniendo de parte de personas recién salidas de la adolescencia, era tan profunda como cualquier posible aporte de los psicoterapeutas.

5

Malos viajes

LA PRIMERA VEZ QUE tuve una experiencia psicodélica fue con mescalina. La consumí en París a los veinte años y no me hizo sentir nada. El problema no era la mescalina. El amigo con quien la tomé sí alcanzó el éxtasis típico de esa droga.

Estábamos sentados en mi habitación de hotel, esperando que la droga hiciera efecto, cuando de pronto mi amigo se desmoronó: "Se me están revelando cosas terribles sobre mi propia persona", me dijo, mirándome con expresión extraña y afligida. Se había puesto blanco como un papel. Yo no tenía idea de lo que hablaba y, cuando otro amigo se lo llevó para conseguirle algún antidepresivo, me vi solo deambulando por el Barrio Latino. Aparte de un breve instante en que todas las flores del Jardín del Luxemburgo se encendieron como si fueran de neón, no me pasó nada de nada. De alguna forma logré detener de golpe los efectos del viaje.

No me volví a encontrar con la mescalina hasta casi un año después. Para esa época vivía en Tánger, junto a otros jóvenes descarriados y aventureros, saboreando nuestra primera incursión en el tercer mundo.

Mi experiencia fallida en París me hizo no esperar demasiado de la droga, por lo que decidí aguardar a la noche para tomar la cápsula de polvo blanco. Me dirigí a un pequeño bar de la costa que tenía una colección de discos de jazz.

Estaba tranquilo en un rincón del bar, escuchando cualquier música que pusieran. Ya se me estaba pasando la náusea inicial y comenzaba a sentir el delirio, cuando de pronto alguien golpeó accidentalmente el tocadiscos, que se encontraba detrás de la barra. La aguja rayó el disco de acetato y produjo un chillido espantosamente amplificado por la droga.

Sonó como si se hubiera rasgado la propia trama de la realidad. Sin demora, me incorporé y salí tambaleando del bar. En efecto, tan pronto lo hice, me di cuenta de que tenía razón: el velo del mundo se había rasgado.

Las palmeras que bordeaban el bulevar se habían reducido a una fracción de su tamaño real. Lo que antes eran árboles se me antojaba ahora como una fila de pequeños arbustos.

Todo lo demás permaneció inalterado, lo que hacía parecer aun más aterrador lo sucedido a las palmeras. Miré en torno al bulevar vacío y me sentí terriblemente vulnerable: era como si pendiera sobre mí la amenaza de una naturaleza cualitativamente distinta... y así era efectivamente. Como pensé que estaría mejor en mi habitación de la medina, emprendí el camino de regreso por el malecón desierto y luego subí las empinadas escaleras de la antigua muralla de la ciudad. Pasé junto al cine de mala muerte y también dejé atrás "El Niño Bailarín" (un café de drogas donde un niño vestido de mujer bailaba al compás de una pequeña banda en vivo). Instintivamente encontré el camino de vuelta a través del laberinto mugriento que forman las callejuelas detrás del Zoco Chico.

Subí las escaleras hacia mi habitación y, mientras cerraba la puerta detrás de mí, daba gracias a Dios por haber llegado. Busqué torpemente la caja de fósforos en la oscuridad y logré prender algunas velas... para iluminar una habitación que jamás había visto y se me antojaba increíblemente alucinatoria. En la luz titilante, las losas con arabescos de las paredes no solo tenían colores más lustrosos que antes, sino que, mientras miraba, primero una parte de ellas y luego otra comenzaron a moverse, hasta que un enorme y alocadamente complejo sistema de engranajes empezó a girar imparablemente a mi alrededor. Las paredes se habían desvanecido: solo había ruedas y más ruedas que daban vueltas hasta donde alcanzaba la vista. Estaba en el centro de una máquina palpitante e incandescente.

De pronto sentí un dolor enceguecedor en la cabeza que me hizo tambalear.

El dolor se me alivió, pero en su lugar encontré que tenía dificultad para respirar. No podía precisar cuál era el problema, pero sentía que me ahogaba. Lo peor es que luego volví a sentir la jaqueca, no muy intensa al principio, pero fue aumentando lentamente en oleadas hasta hacerme sentir que me reventaba la cabeza. Después se disipaba... pero volvía a arreciar una y otra vez, a un ritmo que continuó durante toda la noche.

Estaba aterrado.

No sabía qué estaba sucediendo, pero mi situación contradecía todo lo que conocía sobre el mundo y la forma en que supuestamente debía funcionar. Mi miedo iba más allá de lo analizable. Era terror en su estado más crudo, como al resbalarnos en la acera cubierta de hielo, cuando los pies se nos van hacia delante y por un brevísimo instante sabemos que nos vamos a caer, pero estamos tan desorientados que ni siquiera sabemos en qué dirección lo haremos. Es así, pero como si ese instante durara eternamente.

Porque no había absolutamente ningún sentido del tiempo.

Lo único que me ayudó fue tratar de caminar. Me di cuenta de que, si seguía tambaleándome para aquí y para allá, podía conservar cierto vestigio de relaciones entre sujeto y objeto. En algún lugar de mi pobre mente desquiciada estaba el recuerdo de que la vitamina C contrarrestaba el efecto de los malos viajes y, con inmediatez casi onírica, me vi con medio limón en la mano y desesperadamente intenté chuparlo. Eso fue lo mejor que pude lograr al tratar de pensar. La mayor parte del tiempo ni siquiera recordaba haber ingerido la droga o, si me acordaba por un momento, no sabía lo que significaba consumir una droga.

Estaba en la eternidad. Sin duda.

Un conjunto de flores, como en las obras de Chagall, colgaba de modo imposible en el aire. Estaban dispuestas con buen gusto, pero no había florero: nada las sostenía. Franjas de luz con los colores del arcoíris que dejaban pasar las ranuras de las ventanas marroquíes reptaban por las paredes y el suelo en forma extrañamente desigual, como focos reflectores estilo tecnicolor en miniatura. Yo me movía hacia atrás y hacia adelante, chupando mi miserable medio limón, y trataba de no pisar la maquinaria ni los rayos de los reflectores, mientras pasaba por aquel increíblemente maldito país de maravillas.

Después nunca conseguí descifrar cómo eran posibles dichas alucinaciones. Según la evidencia actual, me encontraba en otra dimensión, separada de esta pero contigua, cuya naturaleza se basaba en la intemporalidad, la incandescencia y el suplicio. Claramente, al mirar hacia atrás, el lugar en que estaba se correspondía en gran detalle con el concepto cristiano del infierno, permeado por la terrible convicción de que aquella pesadilla era en definitiva lo que subyacía debajo del afable mundo de las apariencias, esperando su momento...

Pero, ¿cómo podía ser? Aparte de la capilla del internado donde estudié, nunca estuve muy expuesto al condicionamiento cristiano.

En algún momento la cúspide de la experiencia debe haberse trastocado en una meseta que persistió durante toda esa noche eterna y que desaparecería (casi en cuestión de segundos) cuando la primera luz del amanecer se desplazó por los tejados de la medina. Para mi horror, la velocidad y facilidad con que se desvaneció parecía advertirme que no había profundizado mucho en esa clase de experiencias.

6

Los primeros mapas

RECORDANDO AQUELLOS TIEMPOS, LO que parece más incomprensible es que jamás tomamos el LSD muy en serio. ¿Cómo es que nunca entendimos su importancia? Porque el concepto de descondicionamiento era esencial para la Nueva Izquierda de la época. Si había una particularidad que distinguía al radicalismo de los años sesenta y setenta de cualquier otra forma anterior de rebeldía era la insistencia en que la subjetividad personal debía transformarse. Lo político era lo personal. La política era psicopolítica. El antiguo orden estaba arraigado en nuestros propios corazones y mentes y, si no podíamos cambiarnos a nosotros mismos, ¿qué esperanza nos quedaba de poder cambiar el mundo?

La hostilidad casi histérica de los psicoterapeutas contra los *hippies* no servía de ayuda. Hacía que se ignorase todo lo que exponían, lo cual era una estupidez. En 1966 se publicó *The Varieties of Psychedelic Experience* [Las variedades de la experiencia psicodélica], de Robert Masters y Jean Houston, el mejor resumen de las investigaciones realizadas hasta ese entonces, y era mucho lo que hubiéramos podido aprender de él.

Masters y Houston comienzan por hacerse la pregunta básica con que se encuentra cualquier persona que investigue el LSD: ¿cómo es posible que una experiencia psicodélica individual varíe tanto de una

21

persona a otra? Basados en varios años de investigación, perfilan "cuatro niveles de la experiencia con la droga, que hipotéticamente se corresponden con importantes niveles de la psiquis". Proceden a describirlos así:

el nivel sensorial

El primer efecto del LSD son los cambios de percepción, que se aprecian más obviamente en la visión, pero también en la imagen corporal (puede parecer que el cuerpo crece o se reduce, que envejece o rejuvenece) y esos cambios tienden a concentrarse en las primeras etapas de una sesión, mientras se van acrecentando los efectos de la droga.

el nivel recordativo-analítico

Esta liberación general de la percepción propia y del mundo, junto al gran influjo de energía, permite que la información inconsciente comience a liberarse. Ese era el nivel que tanto entusiasmaba a los psicoterapeutas. Ya no había necesidad de desenterrar emociones o recuerdos reprimidos, pues se manifestaban en la conciencia con poco o nada de provocación. Usando el término en sentido amplio, esto podría describirse como el nivel freudiano de la acción de la droga.

el nivel simbólico

Puede alcanzarse un nivel adicional si se profundiza la sesión. La identidad personal comienza a desvanecerse hasta desaparecer. Los fenómenos no solo adquieren una mayor belleza desde el punto de vista físico, sino que contienen una mayor densidad de significado. Se vuelven mitopoéticos. Parecería que el inconsciente personal quedara reemplazado por algo que bien se podría denominar colectivo... el drama del ritual y el mito. Masters y Houston lo llaman "nivel simbólico" y podría caracterizarse, otra vez en sentido amplio, como la dimensión jungiana de la droga.

el nivel integral

Lo sensorial... lo autobiográfico... lo arquetípico. En una sesión típica habría múltiples capas, es decir, los tres niveles se intercambiarían entre sí. Sin embargo, había una última variación de la experiencia psicodélica cualitativamente distinta, que en algunos casos, según Freud y Jung, podía consistir en una epifanía religiosa. Esa siempre fue una de las implicaciones más controvertidas de las sustancias psicodélicas: la posibilidad de acceder a Dios mediante una píldora. Masters y Houston, aún incrédulos de que sucediera algo así, se vieron obligados a reconocer que un pequeño número de pacientes sí parecían estar pasando por experiencias místicas genuinas.

Por su propia naturaleza, esos mapas están condenados a ser demasiado simplificados, pero pueden encontrarse enseñanzas sorprendentes si se analiza una sesión en términos de esos cuatro niveles. Miremos más de cerca, por ejemplo, algo tan célebre como el viaje con mescalina de Aldous Huxley en *Las puertas de la percepción*. ¿Por qué nadie más, al menos que se sepa, ha logrado reproducir su experiencia?

Si miramos el viaje de Huxley en términos del esquema de Masters y Houston, podemos concluir que comenzó con una experiencia altamente positiva de belleza natural, que luego pasó directamente a lo simbólico o arquetípico: "Contemplaba lo mismo que vio Adán en la mañana en que fue creado", etc. Aparentemente, no intervinieron el nivel biográfico ni el recordativo-analítico, pero cualquiera que conociera acerca de la vida de Huxley sabría que hay un dato esencial que no nos reveló en esa ocasión. Cuando era niño, Huxley contrajo una enfermedad ocular que lo cegó durante varias semanas, dejándole para el resto de su vida la secuela de una visión pésima, tan mala que en ocasiones se vio obligado a utilizar un perro guía. *Huxley era prácticamente ciego.* ¿Mientras contemplaba su pequeño ramillete de flores, pudo experimentar rápidamente algo que pudiera describirse como recordativo-analítico? ¿Pudo darse cuenta de inmediato que veía mucho mejor, cualitativamente mejor, de lo que ve cualquier persona en su vida? Su ceguera había sanado. En esencia, había experimentado un milagro en el sentido clásico.

Yo diría que se sintió embargado por tanta gratitud y confianza que esto le permitió pasar sin esfuerzo el nivel simbólico y alcanzar la no dualidad del "nivel integral" de Masters y Houston. Pero si este logro no se hubiera basado en emociones tan positivas, hubiera podido ser fuente de un terror esquizofrénico.

Quizás el libro de Masters y Houston se publicó demasiado tarde. Ya en 1966, se podía percibir en el aire la violencia inminente. Es algo que aquí se transmite muy bien: la enorme marejada de energía colectiva, y luego la contracorriente que surgió en 1967 hasta 1968, el año revolucionario y milagroso...

Desde el punto de vista político, lo primero que ocurrió en 1968 fue la ofensiva del Tet de las fuerzas de resistencia vietnamitas, que demostró que un ejército de campesinos podía derrotar a la nación más poderosa del mundo. Unas semanas más tarde, a comienzos de abril, parecía que las manifestaciones, saqueos, e incendios posteriores al asesinato de Martin Luther King habían traído la guerra de vuelta a Estados Unidos. Hubo incendios en ciento veinticinco ciudades del país, se procedió al arresto de veinte mil personas y se desplegaron en las calles ciento cincuenta mil efectivos militares. Nada parecido ocurría desde la Guerra Civil. Al poco tiempo, Europa se vio sacudida por la revuelta de mayo en París, cuando la ocupación de la Sorbona por varios estudiantes dio pie a una huelga nacional ilegal que puso a Francia al borde de un conflicto civil. Ante tal situación, si se da crédito a los rumores, el presidente Charles de Gaulle se aprestaba a bombardear Paris.

Esos son solo los aspectos destacados de un proceso mucho más serio: el persistente abandono escolar de los jóvenes más inteligentes e inquietos de la época, quienes por muchos años parecían prometer una gran huelga general, no solo contra la situación de la economía, sino contra toda la visión capitalista de la realidad. La investigación sostenida sobre las sustancias psicodélicas era prácticamente imposible en medio de tales criterios apocalípticos, pero esto era solo la primera parte de la rebelión de los sesenta, y los acontecimientos aún debían ir más allá...

Según su definición histórica, "los años sesenta" no coincidieron con una década. El período de mayor turbulencia fue de 1965 a 1975, mientras que "el Movimiento" llegó a su punto político más trascendente entre 1968 y 1969, para luego colapsar en su momento de mayor fuerza.

Las tácticas efectistas de los grupos terroristas *hippies* a comienzos de la década de 1970 (los *Baader-Meinhof* en Alemania, los *Weathermen* en Estados Unidos, la *Angry Brigade* en Inglaterra y la *Brigate Rosse* en Italia) no solo fueron un desastroso error de cálculo en sentido político, sino que enturbiaron una reorientación mucho más profunda e importante de la oposición.

Antes que los terroristas, las primeras feministas fueron quienes asestaron un verdadero golpe al capitalismo. Su labor conformó la primera crítica de la sociedad occidental en general y proporcionó las primeras herramientas con que los revolucionarios podrían comenzar a hacer su propia revolución interna: cuestionando su propio concepto de identidad, mente o ego. A principios y hasta mediados de los años setenta, los otrora militares se apresuraron a someterse a psicoterapia individual o de grupo y, más adelante, a ejercer diversas prácticas espirituales. Eran los tiempos en que la contracultura realmente intentó comprender el descondicionamiento de forma organizada. Era la época en que hubiera sido de esperar una exploración adecuada del LSD... pero esto no sucedió.

¿Por qué? En lo que a mí respecta, seguí experimentando con el LSD después de mi pesadilla en Tánger (como rebelde autoproclamado, no tenía mucha alternativa) pero siempre con muchísima cautela. En esencia, nunca confié en el LSD y, pese a todo el bombo y platillo sobre las sustancias psicodélicas en esa época, me imagino que muchos de mis compañeros tampoco confiaban. Por mucho que el LSD sea capaz de abrirnos los ojos, era demasiado volátil y violento como para ser útil. Si hubiéramos sabido de las investigaciones que Stanislav Grof desarrollaba en Praga (con sus altas dosis, decenas de sesiones y apertura a la posibilidad de la experiencia religiosa o paranormal si llegaba a ocurrir), podríamos haber cambiado nuestra actitud, pero la obra de Grof *Realms of the Human Unconscious* [Reinos del inconsciente humano] no se publicó hasta 1976. A esas alturas, era demasiado tarde.

Para esa fecha, ya se disipaba cualquier posibilidad real de confrontación revolucionaria. Si bien subsistieron hasta los años ochenta algunos cultos experimentales, como los de Osho o Adi Da, el espíritu de la época que inspiró a mi generación ya se había agotado. Quizá habíamos destruido demasiadas cosas sin llegar a sustituirlas con nada positivo, sin dejar otra alternativa a la generación siguiente que apartarse del inmenso vacío que les legamos. La impotencia de la Izquierda se hizo evidente y, durante los ochenta y los noventa, el neoconservadurismo *yuppie* arrasó con todo lo que encontró a su paso. No se hizo nada para oponerse al creciente totalitarismo introducido por los regímenes de Reagan y Thatcher, ni para dejar al descubierto la agenda corporativa de establecer un Estado Mundial que había detrás.

Quizás las rebeliones fallidas siempre generan esa reacción destructiva. Los dirigentes mueren o se ven desacreditados por completo, y a los demás, por muy enfadados que estén, no les queda mucho más que recoger el destrozo y llevar una vida lo más normal posible, que les permita refugiarse en la compañía de su amante y sus hijos y correr las cortinas frente a los horrores que suceden afuera. El ácido y la revolución dejaron de ser relevantes al mismo tiempo. Así quedaron las cosas hasta hace relativamente poco...

7

Dormir y despertar

UN ÚLTIMO TEMA ANTES de pasar de los antecedentes a exponer el experimento objeto de este informe.

Como he comentado, a comienzos y mediados de los años setenta
existía un interés generalizado en las terapias individuales y grupales, las
tradiciones esotéricas y las religiones orientales. Como joven marxista,
la religión siempre fue anatema para mí, y solo cuando estuve enfermo
en cama y no pude encontrar nada más para leer fue que abrí *In Search
of the Miraculous* [*En busca de lo milagroso*], de Ouspensky, un libro que
había evitado diligentemente durante años.

Pero el análisis psicológico que allí encontré era lo último que me
hubiera esperado.

"Todas las personas que vemos están dormidas", le dice Gurdjieff a
Ouspensky al principio del libro. "Dormidas y perdidas en el ensueño".
Esto fue como un balde de agua fría. Quizás era especialmente impresionante para mí por algo que experimenté en un accidente automo-
vilístico y que, de hecho, ocurrió dos veces en accidentes de ese tipo.
Durante los últimos segundos antes del impacto, el tiempo transcurrió como en extrema cámara lenta, o quizás sería más exacto decir que
avanzaba y se congelaba al mismo tiempo. No tenía miedo en lo absoluto. Por el contrario, estaba eufórico: me parecía que me había convertido en parte integral del propio Ser y me sentía muy seguro. Aunque

había dejado de ser yo, nunca antes lo había sido con tal intensidad.

Decir que había "despertado" durante unos instantes expresaría perfectamente lo ocurrido. Mientras leía el libro de Ouspensky, más me daba cuenta de que ya había conocido ese extraño estado. El amor me había llevado hasta allí, al igual que los viajes al tercer mundo y el activismo político cuando involucraba alguna actividad delictiva. Recordé cómo, en momentos de peligro, mi voz sonaba como si estuviera hablando otra persona.

Ese fue mi momento de descubrimiento. Creí haber encontrado, en las ideas de "dormir", "sueños", "autorrecordación" y "despertar" de Gurdjieff, el vocabulario básico de la psicología revolucionaria que buscábamos. Parte de la emoción de la acción directa siempre se debía a la transformación de la conciencia que ocurre cuando uno está completamente inmerso en el momento actual. Las manifestaciones, sobre todo cuando se tornaban en motines, podían generar ese mismo silencio mental, incluso la sensación de que todo ocurría en cámara lenta. Las pancartas, los caballos encabritados, el barro volando... y, por dentro, el silencio y el vacío, la felicidad extrañamente clara.

Desafortunadamente, como muchos antes que yo, comprendí que no podía permanecer en un estado de "autorrecordación" durante más de un par de segundos cada vez.

Tarde en las noches, salía a caminar por las calles diciéndome: permaneceré consciente de mí mismo hasta que llegue al próximo árbol en la calzada. Pero era como tratar de mantener el equilibrio sobre la cuerda floja. Nunca podía atrapar el momento en que ocurría, en cosa de segundos volvía a estar perdido en mis pensamientos... y, unos pocos árboles más allá, volvía a despertar de alguna conversación tonta conmigo mismo. Literalmente andaba como sonámbulo. Por primera vez vi que mi mente estaba fuera de control y que en realidad ni siquiera podía decir que fuera "mía".

Después de casi un año, mi falta de progreso me llevó al borde de un colapso nervioso. De hecho, creo que me habría vuelto loco (como ha sucedido con algunos seguidores de Gurdjieff) si no hubiera sido por mi descubrimiento del *vipassana,* la técnica de meditación budista en que uno se concentra en la respiración para estar atento al momento actual. Esta técnica me facilitaba las cosas, por lo que, durante varios años, dediqué grandes esfuerzos a su práctica. Experimenté muchas veces ese despertar abrupto en medio de todo, cuando se detiene el monólogo interno, la mente se vacía y uno obtiene acceso a una extraña sabiduría intuitiva, que es a la vez silenciosa y sin tiempo ni espacio. Pero tales momentos siempre se me iban como el agua entre los dedos. Pasé años en la India, donde casi me convertí en monje budista, pero al final tuve que reconocer la derrota y renunciar a todo intento de continuar la práctica.

Esa experiencia me alejó bastante de lo que actualmente se entiende por política... hasta que volví a caer en la misma situación. Las alternativas espirituales no funcionaban mejor que las políticas y, mientras observaba el desmoronamiento final de la contracultura a comienzos de los ochenta, el único sentimiento que me quedaba era el de desesperación. Para ese entonces ya tenía casi cuarenta años; había estado viajando desde los dieciséis y me sentía agotado. Me había enamorado intensamente de una mujer que conocí en la India, y decidimos establecernos en Inglaterra, donde tuvimos un hijo. En muchos sentidos, fueron los años más felices de mi vida adulta, pero de todos modos, siempre quedaba una sensación de fracaso profundo, de ideales perdidos, que me carcomía como un cáncer.... Años después, ese sentimiento sirvió de contexto para mi redescubrimiento del LSD y para la historia que quiero contar.

8

Reinos del inconsciente humano

EN ASTROLOGÍA EXISTEN DOS encrucijadas particularmente críticas en la vida de cualquier persona: la primera es cuando se aproximan los treinta años de edad y la segunda, cuando se aproximan los sesenta.

Se conocen como "la vuelta de Saturno", por ser las dos ocasiones en que el planeta Saturno completa su órbita alrededor del Sol y vuelve a ocupar la posición en que estaba al nacer la persona. Si se ven en términos negativos, son épocas de estar a punto del colapso nervioso y mental; en términos positivos, son momentos de crisis que nos vuelven a poner en contacto con nuestra naturaleza más profunda. No puedo dar fe de la teoría, pero si puedo confirmar que esos momentos fueron los de mayor autoconfrontación que he experimentado, y en la segunda ocasión fue cuando el LSD volvió a mi vida.

Sin embargo, lo primero que ocurrió no tenía nada que ver con las drogas. La relación con mi pareja, que había durado tantos años, se vino abajo de mala manera y el hijo en torno al cual giraba buena parte de nuestras vidas ya era un adolescente crecido. Me fui de la casa, a vivir solo por primera vez en varios años.

El tema del envejecimiento y la muerte es un tabú tan fuerte que no conocemos casi nada de lo que nos espera al envejecer. Por eso no puedo decir si lo que me ocurrió es algo que le pasa a muchas personas o no, aunque haya sido bastante simple. Se empezó a desmoronar mi sentido del tiempo.

Me di cuenta de que ya no tenía ninguna expectativa sobre el futuro. Quizás esto en sí mismo no era algo tan espantoso, pero con el tiempo se convirtió en la sensación de no tener ningún futuro. Con la desaparición del futuro, todo lo demás se desplomaba. El punto imaginario en que todo se resolvería al fin (y que siempre pendía frente a mí, como la proverbial zanahoria) de pronto ya no iba a llegar. Me di cuenta de que había estructurado el mundo siempre así.

Sin el futuro, me sentía abandonado en un momento actual tan amorfo que estaba casi vacío. Nada tenía forma adecuada. Todo experimentaba un cambio tan constante que nunca podía decir "este es el momento actual", "esto es el ahora" pues, enseguida que lo decía, el instante ya se había esfumado. Parecía que el mundo se desvanecía permanentemente. Nada era del todo real. Desaparecía mi capacidad de definir una especie de red conceptual de la vida... y lo que emergió fueron recuerdos muy vívidos de mi primera infancia.

...de pronto volví a tener cinco o seis años, y me encontraba de nuevo en el jardín lleno de recovecos de mi abuela en las afueras de Liverpool.

Temprano en una mañana de verano, estaba sentado, pescando, junto al estanque más grande. Empezaba a disiparse la neblina y yo vigilaba el corcho de mi anzuelo sobre la superficie del agua, esperando verlo moverse. Podía ver los detalles más ínfimos de la caña de pescar que me había hecho, con el caño de bambú que me había llevado del cobertizo de Maudsley, el cordel negro con un fósforo al final como flotador y, unos centímetros más abajo, el gusano que se retorcía, amarrado de manera rudimentaria. Quería pescar foxinos y peces espinosos, agazapado en mi lugar favorito, donde había una piedra plana para sentarse y colgaba sobre el agua una rosa amarilla.

¿Eso es lo que ocurre cuando ya no nos quedan expectativas de futuro? ¿Miramos automáticamente hacia el pasado? Si la cuestión era sentir nostalgia, nunca me la habría imaginado así. Aquellos recuerdos no me hacían sentir nada bueno; me golpearon con fuerza. Temblaba de pies a cabeza y la sensación de haberlo perdido todo resultaba tan intensa que era casi intolerable.

Los recuerdos dolían...

De la nada volví a tener nueve o diez años y me encontraba en mi primer internado. La imagen de algún compañero de clase o dormitorio se deslizaba entre mí y lo que estuviera haciendo. Tin y Day y Derbyshire, Pongo y Hey-Heddle: allí estaban todos, compañeros de colegio que jamás pasaron por mi cabeza durante toda mi vida adulta. Recordaba la escuela con un increíble nivel de detalle. De cierto modo fantasmal, oía las tapas de los pequeños baúles que se cerraban de golpe en la húmeda y abandonada cocina del siglo XIX donde los guardábamos. Olía y casi saboreaba el óxido de la chimenea donde solía esconder mis disfraces, mi dinero y mis fósforos cuando venían a inspeccionar los baúles.

Coleccionaba monedas antiguas. Allí mismo, en el cuarto de los baúles, hice un trueque para conseguir mi mejor moneda, una pieza de dos centavos de George III. La moneda era enorme. En la época en que se acuñó debe haber correspondido al valor literal de dos centavos de cobre puro y era el objeto más mágico que había visto en toda mi vida. Recuerdo que me marché con la moneda en la mano pensando que, si llegaba a contar lentamente hasta diez, el otro niño no se daría cuenta del gran error que había cometido y no vendría corriendo detrás de mí.

La intensidad de esos recuerdos tenía una cualidad urgente, casi didáctica. Era como si quisieran decirme algo: aparentemente había sido mucho más feliz cuando niño que de adulto. Comoquiera que fuese, de pronto los recuerdos no siguieron más allá cuando cumplí dieciséis y abandoné el segundo de mis internados. Solo me quedó mirar fijamente al espacio, con la imagen de la pieza de dos centavos de George III, como si en lo que me quedaba de vida nunca fuera a poseer algo de semejante valor.

No fue un proceso muy sofisticado. Lo que me pasó cuando cumplí cincuenta y ocho, cincuenta y nueve y sesenta años fue inequívocamente universal. Las facultades disminuidas, la soledad cada vez más profunda.

El insomnio, el amargo examen de vida. Como muchos de mi generación, me diagnosticaron hepatitis C, por lo que no me esperaba un futuro muy halagüeño en lo que a salud se refiere. Empecé a ver ancianos por todas partes; ahora tenían perfecto sentido las cosas que había observado durante años (los temblores, el aspecto casi harapiento, el miedo indeterminado que no escapaba de sus ojos). De pronto la vida te pasa la cuenta por haber creído siempre que no ibas a morir. Y la deuda es enorme. En la mañana me despertaba, sin saber por un momento quién era ni dónde estaba, y de pronto me embargaba un temor gélido, una sensación de encontrarme atrapado en un cuerpo al que le queda poco tiempo de vida. Lo peor era la impotencia, la sensación de que no había forma de asimilar lo que estaba sucediendo.

¿Qué fue lo que me hizo sentarme a releer *Reinos del inconsciente humano,* de Stanislav Grof, precisamente en ese momento? La verdad es que no lo sé. En el relato que sigue hay varios ejemplos de sucesos que solo puedo comprender como una intervención directa del inconsciente en mi vida cotidiana, y quizás esta había sido la primera de ellas.

Había leído el libro hacía unos años, por insistencia de un amigo que lo consideraba una de las pocas obras maestras de la psicología y filosofía contemporáneas. Después de leerlo, debo decir que coincido en dicha apreciación. En la primera lectura, los capítulos introductorios se mostraban coherentes con lo poco que recordaba de *Varieties of Psychedelic Experience* [*Las variedades de la experiencia psicodélica*], de Masters y Houston. Al igual que ellos, el argumento de Grof se basaba en una clasificación de los efectos del LSD en cuatro grupos... aunque en este caso no se hablaba de etapas o niveles, sino de "reinos".

el reino estético

En este nivel, las observaciones de Grof se asemejaban bastante a las del "nivel sensorial" de Masters y Houston. Era la dimensión "recreativa" de la droga. Se experimentaba una explosión de energía psíquica y, de pronto, el mundo se podía volver en extremo hilarante, o grotesco, o bello como un cuento de hadas. Uno se abría al momento y a las demás personas. Pero, en términos psicológicos, todo esto era insignificante en comparación con lo que la droga realmente era capaz de hacer.

el reino psicodinámico

El segundo reino de Grof, con su enfoque en la información biográfica personal, también se asemeja mucho al segundo nivel de Masters y Houston, el "recordativo-analítico". Pero Grof se lo tomó mucho más en serio. En oposición al método de una o dos sesiones de Masters y Houston, el enfoque psicolítico de Grof podía implicar hasta cien sesiones, a un ritmo implacable de una vez por semana, y no tenía reparos en usar dosis altas, de 500 microgramos o más, si era necesario. También es cierto que Grof trabajó con sujetos seriamente traumatizados.

el reino perinatal

Perinatal significa "en torno al nacimiento", y en esto es en lo que Grof se aparta de *Las variedades de la experiencia psicodélica*. Con el respaldo de tres mil quinientas sesiones que supervisó personalmente (su experiencia clínica era mucho mayor que la de cualquier otro en su campo), Grof sostenía que volver a experimentar el propio nacimiento era un elemento esencial de la experiencia psicodélica. Mediante la terapia psicolítica sostenida, paciente tras paciente no solo hacían regresión a los traumas de la infancia, sino que tarde o temprano volvían a experimentar recuerdos auténticos de las etapas finales en el vientre y del propio nacimiento.

el reino transpersonal

Uno de los descubrimientos más fascinantes de Grof fue que el nacimiento y la muerte parecen estar profundamente interrelacionados en la mente inconsciente. Al revivir su nacimiento, cada sujeto creía genuinamente estar muriendo y, cuando salía de ese trance, aseguraba sentir un renacer espiritual. Todos hablaban de un sentido de identidad que en ciertos momentos iba mucho más allá de las fronteras del ego y trascendía las limitaciones del tiempo y el espacio. Era posible activar por unos instantes ciertas capacidades esotéricas y religiosas. Grof reportó fenómenos de desdoblamiento en varias oportunidades: entre ellos, telepatía, precognición, clarividencia, clariaudiencia, encuentros con deidades y viajes por el tiempo y el espacio. Con un repaso abierto pero no comprometido de dichas experiencias es que termina *Reinos del inconsciente humano*.

La primera vez que leí la obra no me interesó toda esa información sobre el clímax "transpersonal". Lo que me tenía absorto era lo que exponía Grof sobre el trauma del nacimiento.

Lo importante no era, como siempre imaginé, el impacto de ser expulsado de la seguridad del vientre materno, ni el trauma sufrido durante el propio parto. No, lo que Grof destacaba era la experiencia en el vientre materno inmediatamente antes de nacer, sobre todo desde el período entre el inicio de las contracciones, durante el cual la criatura se somete a presiones atroces e incesantes, hasta lo que probablemente sea el peor dolor que experimentaremos en toda la vida, que dura horas y horas antes de que el cuello uterino por fin se dilata y el bebé pasa al canal del parto.

En esa primera lectura, lo que me puso los pelos de punta fueron algunas de las descripciones de sus pacientes sobre esas últimas horas en el vientre materno. *Lo que describían era, paso por paso, lo mismo que yo había experimentado aquella noche en Tánger.* El mismo terror, la misma sensación de asfixia, el mismo dolor de cabeza enloquecedor. El mismo sentido de intemporalidad. En una palabra, la misma sensación infernal. Anteriormente, jamás había oído una explicación, por compleja que fuera, de lo que me había ocurrido durante ese viaje. No obstante, según los términos de Grof, lo mío no había sido una respuesta psicótica límite. Otros también habían hecho un relato idéntico de haber descendido al infierno y enfrentarse a la posibilidad del miedo y el dolor eternos.

9

La sesión 1

Un viaje con dosis baja

MI SEGUNDA LECTURA DE *Realms of the Human Unconscious* [Reinos del inconsciente humano] tuvo un impacto mucho más fuerte y decisivo. No es que quisiera someterme a una psicoterapia con LSD, si es que eso fuera posible. Pero en algún momento en medio de la lectura del libro me di cuenta de que había decidido que volvería a probar con el LSD. Aunque parezca extraño, lo que más me fascinaba era la manera de proceder de Grof.

Me di cuenta que había aceptado, sin reparos, su insistencia de que había que canalizar la energía hacia dentro y que, en términos prácticos, la mejor manera de hacerlo era acostarse cómodamente, taparse los ojos con una venda y escuchar música con audífonos. Me daba miedo la idea de estar tan vulnerable a mi propia mente, pero pensé que si lo iba a hacer, tenía que entregarme por completo.

Decidí hacer un viaje solo, en mi casa, con los ojos vendados.

Mi casa era un pequeño apartamento en un edificio victoriano del norte de Londres, cerca de Hampstead Heath. La calle estaba escondida, casi apartada, y los apartamentos eran muy tranquilos para tratarse de Londres. En el verano, aunque tuviera abierta la ventana del dormitorio, no se escuchaba el ruido del tráfico, solo el canto de los pájaros.

De hecho, quería hacer esta sesión en el dormitorio. Era una habitación pequeña y sencilla, pero la había pintado de un tono amarillo cálido y la ventana daba a un saúco y un antiguo muro de ladrillos cubierto de hiedra.

Ya disponía de un walkman y un antifaz para dormir que había comprado en la farmacia.

El problema era el LSD. Me había salido del ambiente de las drogas desde hacía años, y no sabía lo difícil que era conseguir el LSD en la actualidad. La única ocasión en que uno lo podía encontrar era en los clubes nocturnos, unido al éxtasis, como una forma de darse energía para seguir bailando toda la noche. Pero, incluso si lo encontraba en ese ambiente, sería solo en dosis de 50 microgramos. Al fin tuve suerte y me vendieron una lámina pequeña de lo que resultó ser ácido de alta calidad en papel secante, con varias docenas de secciones punteadas de 100 microgramos cada una.

Así fue como, una tarde de sábado en la primavera de 2001, despegué la lámina de plástico, corté cuidadosamente uno de los cuadraditos punteados y lo tragué con un vaso de agua.

Al cabo de unos veinticinco minutos, empecé a sentir un poco de náuseas, luego mareos, y me fui a la habitación. Casi desafiante, coloqué el disco *In C* de Terry Riley en el walkman, me tendí en la cama, y me puse la venda y los audífonos.

Después de unos diez minutos de esta música, sentí en una pierna una sacudida que se convirtió en un temblor y pasó a la otra pierna; luego las dos temblaban al mismo tiempo. Poco después, me di cuenta de que se me había trastocado el sentido de la temperatura corporal: tenía mucho calor o frío pero, extrañamente, no sabía cuál de los dos. Había un sentido cada vez mayor de presión psicosomática que no conseguía definir ni ubicar.

Entonces sentí el efecto de la droga.

"Dionisíaco" fue el primer adjetivo que me pasó por la mente. Transmite la explosión de energía cálida, casi de embriaguez, que empezó a recorrerme. Bajo la venda se desplegaba una explosión de imágenes y fragmentos de diálogos. De una extraña forma, casi como de personalidad múltiple, parecía ser otra persona, un guerrero y a la vez poeta de otra época. En un momento sentía que yo era esa persona y, en otro, la observaba desde afuera; al mismo tiempo, la mente se me disparaba a veces con el monólogo interno y, en otros momentos, con pedazos de conversación de lo que parecían ser voces de extraterrestres.

De algunas cosas me acordé después, de otras no.

Hubo un episodio muy claro en que una especie de voz en *off* me decía que la única vida auténtica era la que se experimentaba a la luz de la muerte y, luego, sin ninguna conexión aparente, había una serie de imágenes muy nítidas. Un promontorio, árboles, una bahía. ¡Es Irlanda!, pensé sorprendido. Atropellándose entre sí, las imágenes aparecían cada vez más rápido y se sobreponían unas a otras... una habitación de techo bajo, poco iluminada... un mostrador de madera oscuro... una taberna isabelina, ¿o no lo era? ...algo sobre una mujer de estirpe, un castillo o casa ancestral, sobre la guerra y sobre la presencia de la muerte. Siempre imaginé que los sueños lúcidos serían más o menos así.

No estoy seguro de cuánto tiempo pasó. Comoquiera que sea, la música de *In C* se había acabado mucho antes de quitarme los audífonos y la venda, cuando miré alrededor de la pequeña habitación. El amarillo era más profundo e intenso que antes, pero no en extremo. Me sentía bien. Fui a la sala, puse música de Mozart en el reproductor de CD y preparé el agua en la bañera.

Con entusiasmo agregué grandes cantidades de líquido para burbujas, de modo que había montones de estas, como esmeraldas. Bajo el grifo, salpicaban al aire explosiones de estrellas como las de la varita de un hada madrina en un dibujo animado de Walt Disney. Eran tan absurdas que no hice caso de mi edad; aplaudí gozando como un niño y reí a gritos.

Me regodeaba felizmente en la espuma cuando, sin previo aviso, experimenté un viraje emocional total. Recordé a mi amiga Anna, a quien recién le habían diagnosticado cáncer, y vi que me corrían lágrimas por las mejillas. Anna era una de mis amigas más antiguas de

Londres, teníamos mucha historia en común, desde la India en los años setenta. Cuando la fui a ver al hospital, me dijo que el cáncer era inoperable, pero que ella ya lo había asumido. En el fondo, lo que deseaba era una conmoción lo suficientemente fuerte como para obligarla a meditar con pasión real, y creía que esa era la sacudida esperada.

Nunca antes pude llorar por ella. A decir verdad, siempre me ha sido difícil llorar, por lo que me sorprendió la facilidad con que lo hice en ese momento.

Parecía que esto me devolvía a la percepción normal y, a medida que se iba enfriando el agua en la bañera, me sentí capaz de vestirme y dar el paseo que me había prometido. Pero era más fácil decirlo que hacerlo. Me encontré dando vueltas sin propósito... tratando de preparar una taza de té... apagar todo... encontrar las llaves y el dinero... solo que en ese punto ya no recordaba si había preparado la taza de té o si solo lo había pensado, y tenía que ponerme a buscarla... pero entonces perdía las llaves.

Me reía de mí mismo cuando, nuevamente sin aviso alguno, el LSD dio otro giro. De pronto me sentí enfocado por un reflector. Era lo que hacía día tras día, dar mil vueltas entre estas pocas habitaciones. Sentía que le habían quitado el techo al apartamento y miraba hacia abajo, a una rata que corría obsesivamente por su laberinto.

Por primera vez me di plena cuenta de lo que mi amigo me quiso expresar en París años atrás cuando me dijo: "Se me están revelando cosas terribles sobre mi propia persona". Entonces tuve un destello de inspiración.

Lo que hace el LSD es despertar la conciencia.

Tan pronto cerré la puerta del apartamento detrás de mí, me sentí embargado por una ola de felicidad. Era una tarde de primavera, el sol brillaba, y emprendí una de mis caminatas favoritas, a través del Heath hasta el estanque del Vale of Health, alrededor de la villa del mismo nombre, y luego por un camino empinado que atraviesa los tojos hasta la punta de la colina, pasando el estanque de Whitestone, y luego de vuelta por las calles interiores de Hampstead Village.

Nada podría estar más lejos de la contrastante luz de Gurdjieff con que vi mi vida cotidiana en el apartamento. Flores... muros de ladrillos antiguos... accesos misteriosos. Casi esperaba que algún transeúnte se detuviera, extendiera los brazos y se pusiera a cantar *The Sound of Music.*

Así se suponía que debían ser las experiencias psicodélicas cuando éramos jóvenes y el mundo estaba al borde de la revolución y el renacimiento. Todo volvió a mí en una gran explosión de calidez. ¿Por qué diantres me había preocupado? ¿Cómo pude olvidar la manera en que el LSD transforma el horizonte en una escena como de cuento de hadas? Siempre delante de uno, encantadora y atrayente... siempre dando la impresión de que el próximo momento sería el que esperaba, que estaba a punto de pasar a un reino completamente distinto.

10

El primer grupo de viajes

ME AFICIONÉ A LA locura como un pato al agua. No lograba recordar la última vez que había pasado una tarde tan agradable. Esa dimensión de la magia, de lo desconocido, era precisamente lo que faltaba en mi vida, y no me refiero solamente a los momentos graciosos o hermosos. Desde un principio aprecié el valor de la autoconfrontación. Lo que tenía que hacer era empujar más y más.

Cruzó por mi mente la idea de consumir un poco más la semana siguiente... pero después cambié de parecer, pues no quería ir tan de prisa. Pero pensé que al fin de semana siguiente ya no había razón para no hacerlo. La dosis de 100 microgramos me parecía suficiente; así fue que cuidadosamente corté otro cuadradito de la hoja de papel secante.

Volví a tener una experiencia psicodélica en el dormitorio y nuevamente pasé una tarde maravillosa, prácticamente de la misma manera que antes: vendado y con audífonos durante la parte más intensa de la sesión, luego en el baño y por último el paseo por el Heath.

De hecho, mis sesiones tendieron a seguir un ritual desde el principio. Comencé a tomar una dosis de 100 microgramos cada dos o tres fines de semana. Para mi sorpresa, la venda y los audífonos funcionaban de maravilla. La venda me permitía evadirme por completo del mundo y de las demás personas, mientras que la música actuaba como un hilo de Ariadna que podía seguir, pasase lo que pasase. Si las cosas amenazaban con volverse muy abrumadoras, solo tenía que volver a concentrarme en la música. En lugar de abandonarme a merced de mi propia mente, me sentía más abierto y relajado que en cualquier viaje de mi juventud.

El cambio real que me proporcionaba el vendaje era hacerme más consciente de mis emociones. Cuando comenzaba el delirio, las hacía mayores y más claras, como si fuese una lupa. Pero, al mismo tiempo, se me hacía difícil expresar con palabras un sentimiento tan intenso. Algo increíblemente relevante quería salir a la superficie de mi conciencia, pero no me daba cuenta de lo que era. Arqueaba la columna, tratando de aliviar la tensión lumbar.

Cuando comenzaba el efecto, era como una represa que se rompía. Psicológicamente, me derribaba una ola de información colectiva y simbólica. "El LSD debe ser el regalo de Dios para los junguianos", recuerdo haber pensado durante uno de los momentos en que pude desligarme de la oleada de visiones, voces y emociones. Se seguían unas a otras tan rápidamente que tenía dificultades para mantener el ritmo, y me aturdía el brío del... lenguaje psicodélico, o al menos así lo llamé.

Y es que el ritmo era frenético. Las escenas se ampliaban, se alejaban y se sobreponían de repente. Iban y venían voces lejanas y fragmentos de diálogos. La mayor parte de lo que veía era realista, pero a ratos algunas escenas se convertían en caricaturas. Aparecían palabras impresas e, incluso, según recuerdo, diagramas ocasionales. En términos técnicos, si las visiones me recordaban algo, eran anuncios de películas o comerciales de televisión. Se daba el mismo abandono, casi cubista, de un punto de observación único. Me pregunté si no sería eso lo que aprovechaban los medios de comunicación para obtener su poder hipnótico, al descubrir y explotar sistemáticamente el lenguaje de la mente inconsciente.

Sin embargo, para el segundo o tercer viaje, comenzaban a definirse y evolucionar ciertas temáticas, y el enfoque en serie adquiría cada vez mayor sentido. Marqué un pasaje del libro *Reinos del inconsciente humano,* donde Grof debate el desarrollo de la información desde una sesión hasta la otra.

En lugar de carecer de relación y ser aleatorio, el contenido experiencial parecía representar un despliegue sucesivo de niveles del inconsciente cada vez más profundos. Era bastante común que se presentaran ciertos grupos idénticos o muy similares de visiones, emociones y síntomas físicos en varias sesiones consecutivas con LSD. Muchas veces, los pacientes sentían que volvían una y otra vez a un área específica de la experiencia y que en cada ocasión podían alcanzar niveles más profundos. Después de varias sesiones, esos factores convergían en un complejo revivir de recuerdos traumáticos. Cuando estos se revivían e integraban, los fenómenos que hasta entonces eran recurrentes no volvían a reaparecer en las sesiones posteriores y eran reemplazados por otros[1].

Mi primer grupo claro "de visiones, emociones y síntomas físicos" fue probablemente el de las visiones de madre e hijo. Tal como ocurrió con el guerrero-poeta de mi primera experiencia psicodélica, percibía este arquetipo desde distintos puntos de vista, a veces desde adentro y otras, desde afuera. En ocasiones veía al niño a través de los ojos de la madre, o a la madre a través de los ojos del niño. También hubo episodios confusos donde parecía que me había convertido en mujer y daba a luz a un niño y sorprendentemente, pese a mi estado de embriaguez, me avergoncé de la situación e intenté fingir que no estaba sucediendo.

Durante una de esas primeras sesiones cambié la música del walkman de *In C* a la Tercera Sinfonía de 1975 de Henryk Górecki, la *Sinfonía de las lamentaciones,* con tres canciones en que distintas mujeres expresan su pesadumbre por la muerte. Mi atracción por esa sinfonía en particular era provocada sin dudas por el inconsciente, en tanto reflejaba y amplificaba algo que sentía cada vez más... una especie de aflicción apasionada. Entonces, cuando el efecto bajaba de intensidad, me quitaba la venda y los audífonos y preparaba un baño.

Me deleitaba con la espuma mientras el inconsciente colectivo, o lo que fuera, pulsaba continuamente a través de mis venas, aunque ahora en forma más organizada. La pérdida del ego se daba sin que la notara siquiera. Varias veces, medio sumergido entre montañas de espuma que despedían destellos como árbol de Navidad, me daba cuenta de que había olvidado por completo quién era. En cierta ocasión tuve que ir por un vaso de agua a la cocina y deambulé, empapado, por la sala de estar. Mirando de reojo a la larga mesa de pino con la computadora encima, los pocos libros, la jardinera de la ventana llena de flores veraniegas, me pregunté por un instante quién viviría ahí... y al poco tiempo volví a la bañera y me olvidé del asunto por completo.

¡A qué espacio tan paradójico permite acceder el ácido! Nunca antes me había sentido tan intensamente yo mismo pero, al mismo tiempo, ¡no tenía idea de quién era! Nunca imaginé que la personalidad fuera algo tan superficial, de lo que uno podía desprenderse tan fácilmente, sin impedir el normal funcionamiento de la mente... de hecho, ¡sin darse cuenta siquiera de que ya no estaba!

Más hacia el final de la tarde, cuando los efectos de la droga habían empezado a menguar, salía a dar un paseo por el Heath.

Me dirigía hacia Vale of Health que, con su estado natural, sus descuidadas orillas de zarzas y hierbas de sauce, era mi parte favorita del Heath. Podía deambular por los bosques o sentarme en silencio a la orilla del estanque, mirando las ánades reales y las gallinetas.

Aún desde esas primeras sesiones, me di cuenta de que los viajes psicodélicos se dividen en dos mitades, la primera tendiente a la autoconfrontación, mientras que la segunda se refiere más a la forma en que se integra lo vivido. Y me parecía que la medida en que uno fuera capaz de asimilar todo era la misma en que el mundo se le hacía maravilloso.

En general, eso era todo. Para cuando llegaba de vuelta a casa desde el Heath ya estaba cansado, no tanto en sentido físico, sino emocional. Solía pasar la velada en casa y en silencio y, en lugar de tratar de recordar las horas de semivida titilante bajo los efectos del LSD, me tomaba un somnífero suave y me acostaba temprano.

Sin embargo, había otra parte última y, a mi juicio, esencial, de la sesión. Lo primero que hacía a la mañana siguiente era anotar todo lo que pudiera recordar del día anterior. Lo hacía religiosamente en un elegante cuaderno de tapa dura que había comprado.

Al releer hoy esas primeras anotaciones, parecen estar dominadas por dos temáticas principales. La primera era Jung y su concepto del inconsciente colectivo. La segunda era la especulación sobre la forma en que el inconsciente colectivo se podía identificar con el hemisferio derecho del cerebro, según los términos de las teorías de "lateralización" de los hemisferios cerebrales.

Según lo que recuerdo de la psicología popular de los años setenta, la esencia de la teoría de la división de los hemisferios cerebrales era que estos se especializaban en dos áreas muy diferentes y desempeñaban papeles diametralmente distintos en la vida cotidiana. Físicamente, el lóbulo izquierdo controlaba el lado derecho del cuerpo, mientras que el derecho controlaba el lado izquierdo. En términos de cognición, el hemisferio izquierdo era la base del lenguaje y la razón (el análisis, el tiempo lineal y la habilidad para los números), mientras que el derecho era donde residía algo más difícil de definir, la capacidad de procesar grandes cantidades de datos a gran velocidad, de percibir intuitivamente y de lograr la comprensión en términos de símbolos y mitos. Con un diagrama muy simplificado, puede verse así:

HEMISFERIO IZQUIERDO	HEMISFERIO DERECHO
palabra	símbolo
pensamiento	emoción
lógica	intuición
análisis	síntesis
tiempo	simultaneidad
tecnología	arte
historia	mito

Durante siglos, la sociedad industrial occidental ha sobrevalorado la importancia del hemisferio izquierdo, refiriéndose a este como hemisferio principal, mientras que sistemáticamente ha restado valor al derecho, que se conoce como el hemisferio menor. La idea a la que daba vueltas en mi cuaderno era que el LSD producía una inversión revolucionaria de esa prevalencia hemisférica.

¿Podría delimitarse con mayor precisión la "válvula reductora del cerebro y del sistema nervioso" de Aldous Huxley, como algo diseñado específicamente para mermar la contribución del hemisferio derecho? ¿Una válvula reductora que, una vez anulada por la mescalina, el LSD u otras sustancias psicodélicas, ya no podía impedir que el hemisferio izquierdo se inundara de las muy distintas percepciones del hemisferio derecho, lo que abriría la posibilidad de que algún día pudieran armonizarse los dos hemisferios, de modo que fuera posible tener una visión mucho más rica, literalmente estereoscópica, de la vida en el mundo?

Como teoría, no parecía tan improbable.

Históricamente, las investigaciones sobre la división de los hemisferios cerebrales representaron el último intento desesperado de la contracultura de los años sesenta y setenta por trazar un perfil preciso de lo que era reprimido por la sociedad industrial[2]. Cuando Huxley dice "lo que sale por el otro extremo del conducto es un hilo insignificante de esa clase de conciencia que nos ayudará a seguir con vida sobre la superficie de este planeta concreto", creo que está siendo claramente ingenuo. Lo que sale es más bien el tipo de conciencia que requiere la industria, el trabajo asalariado y la sociedad de clases. Puede argumentarse que no nos ayuda para nada a mantenernos vivos y no puede negarse que relega un cincuenta por ciento o más de nuestra naturaleza al inconsciente... a los sueños.

11

La sesión 6

Duplicar la dosis

ESAS PRIMERAS SESIONES HICIERON desaparecer mi ansiedad sobre el envejecimiento y la muerte. Por primera vez en años había encontrado algo que inspiraba mi imaginación. "El ácido es tremendo pasatiempo", bromeaba con mis amigos, quienes no parecían del todo divertidos. De hecho, cuando intentaba decirles lo que estaba haciendo, se sentían rápidamente muy incómodos.

Las antiguas amistades en particular (los mismos que se jactaban de sus viajes psicodélicos en la juventud) me miraban con una incredulidad que hubiera sido hasta risible, si no fuera porque seguramente valoraban su juventud con la misma incomprensión.

Empecé a sospechar que las experiencias psicodélicas negativas, o al menos las agotadoras, fueron mucho más comunes en los años sesenta y setenta de lo que se reconocía. En sí, esto no era un problema, pero es que Tim Leary y la prensa alternativa insistían en que casi todos teníamos viajes "místicos" agradables, lo que hizo que quienes no los experimentaban así creyeran que el problema eran ellos. Me parece que una especie de resentimiento hosco por esa tergiversación de los hechos (más allá de la campaña de miedo de la prensa) debe haber sido la raíz de la demonización del LSD que ha perdurado hasta el día de hoy.

Cualquiera que fuera la razón, me encontré con que estaba solo, y esto sería una desventaja.

En varias de las anotaciones de mi cuaderno de viajes psicodélicos me quejo de sentir que todo ocurría demasiado rápidamente durante el momento más álgido de una sesión, tan rápido que me perdía buena parte de lo que sucedía. Me hacía falta tener un amigo que compartiera mi entusiasmo, que me sirviera de "cuidador" en mis sesiones, y viceversa, idealmente alguien que pudiera hacer las cosas como lo hubiéramos acordado previamente (por ejemplo, usar una grabadora) y, en general, me ayudara a guiar la experiencia psicodélica. Me di cuenta de que esto sería muy importante al experimentar con dosis más elevadas, lo que ya estaba completamente decidido a hacer.

La negatividad generalizada de parte de mis amigos excluía cualquier posibilidad de colaboración, y me di cuenta de que había emprendido un camino que sería cada vez más solitario. Quizás era más que simple bravuconería (rabia, quizás) cuando pensé: ¡al diablo con esto, voy a duplicar la dosis!

Debe haber sido una bendición que ninguno de mis amigos me haya visto bajo los efectos de la primera dosis de 200 microgramos, pues habrían confirmado ampliamente sus temores.

El efecto fue alarmante comoquiera que se le mire. No solo me vibraban las piernas, sino que golpeaban la cama con una furia tal que me quité la venda para observarlas con incredulidad. Luego me empezaron a castañear los dientes. Todo mi cuerpo tiritaba y, aun así, nada de ello anulaba la sensación de entumecimiento que se me hacía cada vez más opresiva. En reiteradas ocasiones intenté estirarme, como si hubiera músculos que pudiera distender con el uso de la fuerza.

Varias veces me quité los audífonos y la venda y deambulé medio dormido por el departamento, gimiendo con melancolía para mis adentros. Sabía que exageraba, pero lo importante era que la distinción entre la imaginación y la realidad se hacía cada vez más tenue.

El apartamento se veía extraño. Normalmente me encantaba su aspecto corrientón, pero ahora tanto el apartamento como lo que había dentro de él se veían tan mal que parecían siniestros. Contemplando en derredor pensé: ¡Dios mío, qué asco! ¿Cómo ha llegado a este punto mi vida? Todo ello con cierto grado de humor, ya que estaba perdiendo rápidamente hasta la noción de dónde estaba. Al mirar por la ventana de la sala, no reconocí los edificios colindantes. El jardín parecía muy seco, por lo que pensé que estaría en California, quizás en las afueras de Los Ángeles.

En el momento en que aparté la vista de la ventana, mi mente se puso a marcha forzada. Las cosas pasaban tan rápido que se hacían borrosas. No sé cuánto habrá durado, quizá un minuto o algo más, cuando todo se desaceleró en forma igualmente abrupta... como una película que se está adelantando y vuelve de pronto a la velocidad normal.

¡Uf! Pensé, ¿qué fue eso? Mi mente pasó a estar desconcertadamente clara. Ya no me sentía afectado por la droga en lo más mínimo. Volví a la habitación, me acosté en la cama y me coloqué con cuidado los audífonos y la venda pero... tan pronto presioné la tecla de reproducir en el walkman todo volvió a ser una locura, esta vez en serio.

Si había música en los audífonos, nunca la escuché. En lugar de ello, mi mente estaba llena de... algo que no sé cómo describir, salvo que se trataba de un gran avance en comparación con lo que yo consideraba "lenguaje psicodélico". Técnicamente, seguía siendo como los avances de una película o una publicidad de televisión a alta velocidad, pero ahora la voz de fondo era mucho más fuerte. Diríase que hubiera sintonizado algo similar a un programa educacional: para mi sorpresa, me vi recibiendo una clase. Lo más fantástico era la forma de transmitirme la información. Y es que se me enseñaba desde adentro: como si hubiera buscado algo en una enciclopedia pero, en vez de leer el artículo, lo experimentara en la realidad. El texto era sobre los estados existenciales vividos.

Estaba tan impresionado que me tomó unos instantes darme cuenta de que la clase era sobre budismo zen. Los paralelos entre el zen y el LSD se indicaban en viñetas:

- la misma concentración en el instante presente
- la misma pasión por la belleza
- la misma violencia espiritual

Estaba sobrecogido pero me empecé a sentir indignado. ¿Qué era esa locura que se había encendido en mi cabeza como si yo fuera un radio? Tal vez no debía ser irrespetuoso, pues el tono, que en principio había sido afable (muy similar a la jocosidad de los comentaristas radiales), se volvió lento e incluso levemente amenazador.

Al fin, la clase llegó a la aseveración de que para el Zen todo estaba interconectado: que la esencia del misticismo es el conocimiento de que la parte puede contener el todo.

Ahora la afabilidad inicial se había desvanecido sin dejar rastros. El argumento pasó a ser rápido, silencioso y exclusivamente visual. En el clímax, se proyectaron contra un resplandeciente fondo blanco varias imágenes breves, parpadeantes y un poco rayadas, como si fuera una pantalla de cine vacía.

La primera imagen fue un esbozo apenas visible de unos labios perfectos, de color gris pálido sobre blanco, a punto de pronunciar una última palabra...

La siguiente fue una mano fina y muy hermosa a punto de hacer un gesto...

Por último, el esbozo de una hoja de árbol cuya caída expresaría absolutamente todo...

La pequeña habitación amarilla de pronto se tornó ominosamente silenciosa.

En un destello de paranoia supe a dónde se dirigían las cosas... y mi piel comenzó a crisparse. Cada imagen era un elemento del todo que iba manifestarse, pero sabía con cada fibra de mi ser que si el todo se manifestaba en ese momento, la habitación y yo seríamos aniquilados al instante. No podía respirar y, por primera vez, todo mi ser se reconectó con el terror enfermizo de aquella noche en Tánger.

Una vez más estaba congelado en el instante anterior a la disolución del universo, antes de ser tragado y arrastrado a un horroroso vórtice. Desde alguna parte oí la expresión "inmersión cósmica".

Esto no pudo durar más que algunos segundos antes de ponerme de pie de un brinco, quitándome la máscara y los audífonos. Llegué como pude al baño, abrí la llave de agua fría y me mojé la cara repetidas veces. Luego fui a la sala y, como aquella noche en Tánger, caminé de un lado a otro. Tal como había ocurrido tantos años atrás, comenzó a restablecerse una vaga idea de las relaciones entre sujeto y objeto.

Después de unos minutos recordé que tenía un poco de marihuana en algún sitio. Logré encontrarla y temblorosamente enrollé como pude un mísero porro. Titubeé un poco para fumar una pitada, pensando que el humo podría empeorar las cosas... pero no, ya había pasado el efecto anterior, fuese lo que fuese, y el humo me calmó poco a poco.

A la mañana siguiente me quedé en blanco mirando mi cuaderno de viajes. ¿Qué diantres había pasado? ¿Era ese el "reino transpersonal" de Grof? En ese caso, me parecía demasiado moderado describirlo como "de múltiples capas y multidimensional". ¿Cómo podían amalgamarse elementos tan diversos (comunicación sorprendentemente sofisticada, bufonería, terror gélido)?

Sobre todo, lo que más me llegó fue el miedo.

De modo que nada cambió realmente. El LSD seguía teniendo el poder de aterrarme como ninguna otra cosa, con una cualidad sobrenatural, una condenación metafísica muy particular de esa droga, que ni siquiera el transcurso de toda una vida había hecho disminuir. En la esencia del LSD había algo que me daba muchísimo miedo... pero, ¿qué era?

Confundido y enojado, releí *Las puertas de la percepción* de Aldous Huxley y, para mi gran sorpresa, encontré que el autor había pasado por algo muy similar.

Había olvidado un pasaje clave de su ensayo. No había experimentado el momento cumbre de su viaje psicodélico en la sala, cuya propia existencia se le reveló tan milagrosamente. No sucedió con la percepción de los libros, las flores ni los muebles... el clímax vino justo después de eso. Huxley había salido de la sala hacia el jardín, deslumbrado por el sol de Los Ángeles, y tuvo que detenerse de golpe ante la explosión de colores terriblemente hermosos en que se había convertido una silla de jardín.

> Ante una silla que parecía el Juicio Final (o, para ser más exactos, ante un Juicio Final que, al cabo de mucho tiempo y con gran dificultad, reconocí que era una silla), me vi de pronto al borde del pánico. Tuve repentinamente la impresión de que el asunto se me iba de las manos, aunque se tratara de adentrarse en una belleza más intensa y un significado más profundo. El miedo, al analizarlo en retrospectiva, era a quedar aplastado, a desintegrarme bajo la presión de una realidad más poderosa de lo que podría soportar una inteligencia, acostumbrada a vivir la mayor parte del tiempo en el cómodo mundo de los símbolos.

Por magnífica que fuera esa descripción, y aunque en ella reconocía gran parte de mi propia experiencia, sentía que algo faltaba. Huxley dio a entender que esas visiones podían ser del Purgatorio. "La literatura de la experiencia religiosa", decía, "abunda en referencias a las aflicciones y terrores que abruman a quienes se han encontrado, demasiado bruscamente, cara a cara con alguna manifestación del *mysterium tremendum*".

Yo no estaba seguro de esto. Obviamente, cualquier revelación prematura de Dios, o del Ser en sí mismo, o como se le quiera llamar, induciría al más primitivo terror religioso u ontológico... pero eso tampoco explicaba del todo mi reacción. Lo realmente horrible había sido la sensación de que sabía más sobre ese terror de lo que podía recordar. Lo conocía desde antes, o así lo sospechaba. En el fondo, me resultaba familiar.

12

La MPB 2

AUNQUE EL LIBRO *Las puertas de la percepción* corroboró mi experiencia, no la pudo explicar. Por ejemplo, ¿en qué lugar cabía la insensata clase sobre el zen? Agarré mi ejemplar de *Reinos del inconsciente humano* y me senté a releer el capítulo sobre el reino "perinatal" de Grof: aquel donde se codifican los traumas sufridos por el cuerpo físico, en especial el del nacimiento. Casi inmediatamente tropecé con la expresión "inmersión cósmica". Así que de ahí viene esto, pensé, y seguí la lectura con mayor atención.

Algo en lo que no me había fijado era hasta qué punto los relatos de experiencias religiosas inducidas por el LSD habían desviado la atención de otros efectos muy distintos que podía tener la droga: en especial los episodios de dolor físico y terror sin motivo aparente.

No se podía decir que esos efectos se debieran a un marco y un entorno descuidados, ni que eran algo propio de pacientes neuróticos. Ya me he referido al proyecto de investigación independiente desarrollado por Oscar Janiger, psiquiatra angelino precursor de los estudios sobre los efectos del LSD en personas normales y no desajustadas. El marco y el entorno de Janiger eran impecables. Primero, se analizaba a los voluntarios para descartar señales de inestabilidad. Luego se les administraban sus dosis (generalmente moderadas, en un rango de 100 a 150 microgramos) en un entorno relajado y no conflictivo, con asistencia profesional a su disposición en caso de ser necesario. No obstante, la cantidad de quejas por dolores físicos u otras sensaciones corporales inexplicables era sorprendentemente alta.

"Me sentía paralizado...", "Me sentía asfixiado...", "Apenas puedo respirar...", "Mi cuerpo es golpeado, apretado, agarrotado o retorcido...", "Creí que me ahorcaban...", "Esto es una agonía...". Todo lo anterior son citas de los pacientes de Janiger, y aún hay muchas más. También es de destacar lo que se podría describir como ataques de pánico cósmico. "Todo parecía derrumbarse...", "No había de dónde sostenerse...", "Sentía que caía hacia un lugar sin fondo que era simplemente aterrador...", "Tenía miedo de desaparecer absoluta e irrevocablemente...", "Nunca antes conocí un estado tan completo y definitivo de indefensión...", "Estaba aterrado, pero lo que sentía era más que terror..."[1].

Si bien esas reacciones no eran generalizadas, Leary y la prensa alternativa, obsesionados por promover el LSD, las subvaloraron y prácticamente ignoraron su existencia. Esto no solo era deshonesto desde el punto de vista intelectual, sino que los hacía obviar las investigaciones más innovadoras de la época. Stanislav Grof, que todavía trabajaba en Praga, había observado síntomas físicos mucho más alarmantes que los indicados por los sujetos de Janiger: pacientes que parecían asfixiarse, cambios de color en la piel, convulsiones musculares, arritmias cardíacas y disparos de vómito. Pero Grof basó buena parte de su comprensión del LSD en la observación de tales fenómenos.

Lo que sugirió es que dichos pacientes vuelven a experimentar aspectos de un nacimiento difícil. Esto no era necesariamente una afirmación muy polémica. Ya Freud había destacado la similitud entre los síntomas de los ataques de ansiedad agudos y la experiencia subjetiva del nacimiento. Y uno de sus discípulos más prometedores, Otto Rank, se separó del maestro al insistir en que lo que él denominaba "el trauma del nacimiento", jugaba un papel mucho más importante en el desarrollo individual que el complejo freudiano de Edipo.

A lo largo de la historia del psicoanálisis ha habido incidentes aislados de pacientes que parecían revivir su nacimiento, pero el LSD simplemente les abría las compuertas. Basado en sus observaciones clínicas, Grof se limitó a amplificar el concepto de Rank y proponer cuatro categorías principales y claramente diferenciadas de experiencias prenatales, que describe de la forma siguiente:

la unidad cósmica

Los estratos más profundos de los recuerdos a los que podemos acceder son los de momentos de simple felicidad. Al ser un reflejo de la simbiosis original con la madre y el universo, confirman todo lo que dice la imaginación popular sobre la vida en el vientre materno. Alguna vez, todo era perfecto como estaba. Al volver a experimentarlo con el LSD, se expresa como un momento de sentirse parte integral del todo: la trascendencia del tiempo y el espacio y la participación en lo sagrado. Es el nirvana del budismo, o "la paz que supera todo entendimiento" del cristianismo.

la "inmersión cósmica" y la situación "sin salida"

El segundo estrato de recuerdos más importante (que corresponde a la primera etapa clínica del parto) entra en conflicto total con el primero. En lugar de serenidad y dicha, hay miedo y dolor. Estos recuerdos se dividen en dos grupos. El primero es el del pánico, luego el terror, ante las primeras contracciones uterinas y la percepción de la criatura de que su vida se ve amenazada por algo desconocido. Es a lo que Grof se refiere con el miedo a la "inmersión cósmica". El segundo grupo es el de la tortura física, cuando aumentan las contracciones y la criatura ha de soportar presiones enormes, mientras el cuello uterino aún no se dilata. Esa es la situación "sin salida".

la lucha entre la muerte y el renacimiento

La tercera gran matriz (que corresponde a la segunda etapa clínica del alumbramiento) consiste en recuerdos del canal de parto. Aunque todavía persiste el dolor de las contracciones, el cuello uterino se encuentra abierto y la criatura lucha desesperadamente por su vida. Bajo la influencia del LSD, esto se refleja como cualquier sensación o visión de una lucha por sobrevivir que requiere un esfuerzo heroico. Es típico un escenario de batallas, tormentas, desastres naturales, o un conflicto titánico o apocalíptico. (Cuando por primera vez leí la descripción de Grof de esa tercera matriz, recuerdo haber pensado que si esto era así, en eso se fundamentaba la trama de casi todas las películas de Hollywood).

el parto

El último estrato de nuestros recuerdos más primitivos, que corresponde a la tercera etapa clínica del parto, se refiere al nacimiento propiamente dicho, la separación de la madre y el logro de la vida independiente. Es la matriz del renacimiento espiritual, el arquetipo que marca todas las experiencias psicodélicas felices que abundan en la historia del LSD. Grof destaca como rasgo fundamental de esa etapa:

> gran descompresión, expansión del espacio, visiones de enormes salones, luz y colores radiantes (azul celestial, dorado, tonos de arcoíris y plumas de pavo real); sensaciones de renacimiento y redención; apreciación de la vida sencilla; sentidos aguzados; sentimientos fraternales; tendencias humanitarias y caritativas.

En ese momento no sabía cómo interpretar todo esto y ahora lo que hago es solo ofrecer una breve sinopsis de lo que leí. Lo realmente importante vino después. Grof sugirió que esas experiencias primarias, nuestra primera exposición a la vida consciente en el mundo, eran tan intensas que nada de nuestra vida posterior podía compararse con ellas y, por tanto, formaban núcleos existenciales alrededor de los que tendía a congregarse y clasificarse toda experiencia ulterior.

De hecho, o así me pareció, lo que proponía era un nuevo cuerpo de arquetipos, aunque quizás no quiso usar el término debido a las asociaciones jungianas. En lugar de ello, las denominó "matrices perinatales básicas" (MPB). Así, las experiencias místicas y de unidad cósmica se denominaban MPB 1, los clásicos viajes malos eran MPB 2, las experiencias de esfuerzo heroico en situaciones que ponen en riesgo la vida eran MPB 3, y las de renacimiento espiritual, MPB 4.

Según Grof, en su práctica de psicoterapia con LSD, si se rastrean los recuerdos de placer o dolor de la vida de una persona, se ponen de manifiesto rasgos cada vez más claros de su origen en el reino perinatal. El volver a experimentar recuerdos esenciales conscientemente podría ayudar a curar problemas físicos y mentales, y lo mismo sucede con los principales traumas posteriores al nacimiento. Sin embargo, no siempre es esencial revivir la experiencia básica por completo (Grof insistía en esto). Las matrices podían manifestarse conscientemente de diversas formas simbólicas o incluso filosóficas e integrarse satisfactoriamente en este nivel.

Por último, en su observación, la MPB 2 solía ser la primera información del inconsciente profundo en activarse con el LSD. Como regla general, el orden en que se manifestaban las matrices era: MPB 2, MPB 3, MPB 4, y al final MPB 1, el reino de la percepción no dualista.

Como expresé antes, yo no sabía qué pensar de todo esto, lo que hacía más extraño el hecho de que mi siguiente sesión, con una dosis de 200 microgramos, pasara progresivamente por las MPB 2, 3 y 4...

Estaba acostado, con la venda y los audífonos puestos, escuchando la Tercera Sinfonía de Górecki, cuando comencé a sentir los efectos. La grabación era de la Orquesta Filarmónica de Cracovia, con Zofia Kilanowicz. Implicaba una interpretación sombría del primer movimiento, amplificada aun más por el LSD y, cuando la cantante comenzó a interpretar la primera de las tres canciones, la droga sacó a la luz la pesadilla totalitaria del siglo XX.

La oscuridad se extendía por toda Europa, como mal taciturno y omnipresente, y yo estaba paralizado por la desesperación de cientos de miles de personas. Yacía inmóvil en mi cama, viendo las series de cortes de películas que empezaron a aparecer detrás de la venda... trenes llenos de soldados, el humo de sus chimeneas que se divisaba en el cielo oscuro... alambre de púas... centinelas... torretas... campos de muerte...

Hacia el final del primer movimiento, el ácido estaba a punto de producir su máximo efecto. La grabación de la Orquesta Filarmónica de Cracovia era en vivo. En la pausa entre el primer y segundo movimiento se oían las toses y ruidos del público y sentí como si estuviera en persona en el salón de conciertos. Luego se hizo silencio y atención repentina. Todos esperaban con interés la interpretación de Zofia.

La segunda canción se refiere a la oración tallada en el muro de la celda de la Gestapo por una chica de dieciocho años que aguardaba su propio fusilamiento.

> *No madre, no llores,*
> *Reina del Cielo, la más casta*
> *Protégeme siempre*

Ahora las imágenes eran profusas y veloces... botas de soldados... guetos... altos muros con alambre de púas cementado sobre el borde superior... bandas de niños callejeros harapientos... Las imágenes se parecían a las de los noticieros de cine en blanco y negro: fragmentos rayados de antiguo metraje de guerra, toscamente empalmados; tomas panorámicas de charcos, carteles que se desprendían, puentes ennegrecidos. Hacía frío, un frío terrible, y yo lo sentía y lo sabía...

La escena volvió a disolverse y dio paso a una inmensa prisión mal iluminada, con corredores que se extendían en todas las direcciones. Alcanzaba a oír el ruido de las puertas de las celdas, veía (borrosamente, como si fuera a través del agua) guardias monstruosos y deformes que patrullaban las pasarelas. Podía escuchar sus gritos. Yo estaba en una de las celdas, agazapado en el suelo. Me habían torturado y roto los dientes y esperaba a que me fusilaran.

Sin embargo, mientras escuchaba a Zofia Kilanowicz, me sentía embargado por el poder y la belleza de su voz. En todo el horror comenzó a resplandecer una increíble sensación de gloria. Ya no se trataba del dolor ni la degradación, sino de la redención, del triunfo. (En términos del modelo de Grof, este debía ser el momento en que la MPB 2 cedía su lugar a la MPB 3). Tuve una visión, vi una muchedumbre vestida de blanco que cantaba al unísono. Trataban de crear una especie de nuevo ritual religioso universal.

Acostado en mi cama en el Londres contemporáneo, intentaba furiosamente componer una cantata. Podría recrear el sonido de las botas en marcha, pensé emocionado, de las puertas de metal al cerrarse, de los llantos y gritos. Estaba lleno de energía. Recordé un concierto de Klaus Schulze en el Salón Real de Festivales: hacia el final el intérprete golpeaba el suelo con los pies, daba saltos en su asiento, golpeaba las teclas del sintetizador con los puños apretados. Así me sentía.

La Tercera Sinfonía de Górecki evocaba visiones del futuro, de una concepción muy distinta de la tecnología, para procesar el dolor y convertirlo en maravilla. Para... transfigurar. Ese es el verdadero propósito del arte, pensé, transmutar lo personal en colectivo, ¡pues el dolor personal solo puede redimirse a nivel colectivo!

Cuando la sinfonía llegaba a su fin, esta experiencia psicodélica, al igual que la anterior, intentó resumir su mensaje de la forma simbólica más simple: virtualmente en una caricatura.

De nuevo vi una serie de imágenes. Cada una se disolvía lentamente en la siguiente, solo que esta vez eran toscos dibujos en blanco y negro. Cada uno representaba las sucesivas etapas de la germinación de una semilla de hierba, que se abría paso desde lo profundo de la tierra. En perfecta sincronía, la última imagen (una única brizna que irrumpía a través del concreto para salir al sol) coincidió con las notas finales de la sinfonía.

Al cabo de un rato me quité la venda y los audífonos y me levanté de la cama. Caminé por el pasillo y, para mi sorpresa, vi que todo el apartamento estaba inundado de luz: colores pastel visionarios, ultramundanos, cuya hermosura me quitó el aliento. La última visión duró quizás cuatro o cinco segundos y luego se esfumó. Pasarían meses antes que pudiera relacionar esto con la tesis de Grof de que la MPB 4, el arquetipo psicodélico del renacimiento espiritual, a menudo estaba acompañada de un espectro de colores similar al del arcoíris.

13

La sesión 8

Windle Hey

DURANTE MIS PRIMEROS MESES de incursión con el LSD, siguieron manifestándose los recuerdos vívidos de la infancia que he mencionado. Mi mente parecía estar atrapada en una marea autobiográfica: reaparecían más y más personas, lugares y sucesos, y aunque había grandes vacíos, todo comenzaba a unirse.

El recuerdo más antiguo que tuve fue la visión de olas rompientes en medio de alambres de púa… Estaba con mi abuela en la playa de Crosby, y remábamos en medio de las defensas dispuestas contra una invasión alemana por mar. Era inmensas estructuras de hormigón en forma de estrella, como grandes cantillos o tabas, diseñadas para hundir lanchas de desembarco. Abuela iba enfundada en su boina y llevaba un cigarrillo Craven A en su boquilla. Con una mano se sostiene la falda, y con la otra agita un pequeño pañuelo de encaje a un barco que se divisa a lo lejos.

Camino a casa atravesamos el pueblo de Crosby. La zona de Merseyside recibió parte de lo peor de la ofensiva del Blitz, por lo que hay ruinas de bombardeo en todas partes: terrazas llenas de hoyos donde antes había casas. Apenas cuatro pedazos de papel tapiz de colores para indicar dónde estaban las habitaciones y un zigzag de ladrillos al descubierto donde iban las escaleras. Los hoyos en medio de los escombros llevan a sótanos inundados y refugios antiaéreos. Pero todo esto se desvanece cuando salimos de Crosby y seguimos por Moor Lane para dejar el pueblo y emprender el largo camino hacia Windle Hey...

Hago este esbozo porque, aunque no tenía la menor idea en su momento, la historia de mi vida estaba a punto de hacer aparición en mis viajes psicodélicos... Durante la guerra, mi padre fue enviado a Cachemira y, mientras estuvo fuera, mi madre se enamoró de un estadounidense que servía en Inglaterra. Tras la algarada doméstica que hubo al regreso de mi padre en 1945, me dejaron con mi abuela, por lo que pasé con ella la mayor parte de mis primeros diez años de vida.

Desde un principio fue más compañera de juegos que adulta. Uno de mis primeros recuerdos es verla sentada sobre su bacinilla, contándome cómo alguien "había hecho una fortuna" comprando bacinillas baratas y estampando la cara de Hitler en el fondo. Estábamos sentados frente a la estufa eléctrica de su dormitorio, ella en la bacinilla, y yo vistiéndome y escuchándola boquiabierto. Afuera, la neblina de mar se arremolinaba alrededor de Windle Hey.

La mayor parte del dinero ya se había gastado. Maudsley, el jardinero, apenas podía con el enorme jardín. La cancha de tenis se preparó para plantar en ella árboles frutales durante la guerra. La malla de alambre de la pajarera estaba rajada y la chalana amarrada en la pequeña playa junto al bosque tenía un agujero. Sin embargo, lo que nos faltaba en lo material se compensaba con creces con el delirio de grandeza de mi abuela.

Conducía un auto deportivo Hillman de color marrón de los años treinta, que alguna vez quizás fue la última moda, pero ahora estaba destartalado. Una rajadura en el capó se fue haciendo cada vez más grande hasta que un pájaro se las arregló para entrar por allí y hacer su nido en la guantera: tuvimos que ir a Crosby en autobús hasta que los polluelos tuvieran todo su plumaje. En otro momento, al regreso del cine, mi abuela no podía abrir la puerta del auto, por lo que llamó a Maudsley para que le arrancara las bisagras con un hacha. A partir de entonces, para sostener la puerta de su lado, había una cuerda estirada por todo el frente desde la manilla de la puerta de mi lado. Una vez que llegábamos a nuestro destino, yo tenía que quedarme sentado bien derecho en mi asiento mientras ella se inclinaba para desenganchar la cuerda, que salía volando sobre nuestras piernas, y la puerta del auto caía a la calle. "Es la Sra. B...", anunciaba con firmeza mientras hacíamos sonar la campanita al entrar en el almacén de Duckles (el Sr. Duckles era el alcalde de Crosby). Al parecer, con esa explicación bastaba.

Me tomé muy en serio esas primeras lecciones de surrealismo. Sin duda, eran rematadas por la enorme cantidad de tiempo que pasábamos en el cine. Cualquier tarde demasiado húmeda como para jugar en el jardín, o para ir a dar uno de nuestros largos paseos por los campos, manejábamos hasta uno de los muchos cines que había en Crosby. Que recuerde, nos sometimos a una dieta casi ininterrumpida de cine negro hollywoodense, un gusto que, al igual que los libros de historietas, nos había dejado el ejército estadounidense. Recuerdo una vez que abuela apartó el Craven A encendido en su boquilla de marca Dunhill para inclinarse hacia mí en la oscuridad y susurrarme conspirativamente: "¡Qué espantosas mujeres!"

Ella insistía en que, al final de cada función, debíamos ponernos de pie para cantar el himno nacional. Se reproducía en conjunto con un clip en tecnicolor del Rey a caballo, con todo su atuendo militar de gala, saludando a un número interminable de soldados en marcha. Abuela escondía detrás de su espalda el humeante Craven A para que el Rey no lo viera.

La sesión en que irrumpiría mi historia personal empezó de la misma manera que las demás, o quizás peor. Nuevamente me retorcía en la cama y la presión se incrementaba, hasta que sentí que iba a estallar. Nunca antes había tenido visiones de pesadilla, pero ahora sí: cosas oscuras y escurridizas; montones de resortes mojados; ojos perversos que aparecían por aquí y por allá, buscándome. Me llegaban latigazos de tentáculos a la cara y mi cabeza instintivamente daba tirones hacia los lados... y una capa de sangre aguada, como de una película de terror, se derramaba por todo el campo visual detrás de la venda.

Después, todo simplemente explotó. Era devastadoramente claro lo que quería decir. Lo que escribí (y subrayé) en el cuaderno a la mañana siguiente comenzaba así:

> La sensación de presión interna, que había ido aumentando poco a poco en la primera parte de todas las sesiones, explotó al fin ayer.
>
> De pronto vi lo que había reprimido desde un comienzo... la sensación más terrible de no valer nada.
>
> Todo lo que he tratado de hacer en mi vida ha sido un completo fracaso. Inconscientemente me carcome el desprecio de mí mismo...

Me quedé parado en medio de la habitación, estupefacto.

Al fin me recompuse y me volví a acostar, logré colocar la Tercera Sinfonía de Górecki en el walkman y me volví a poner la máscara y los audífonos. La música lo enfocó todo casi inmediatamente, y me quedé ahí en silencio por unos quince o veinte minutos, escuchando; luego, hacia el cierre del primer movimiento, recibí una especie de comunicación interna. No era exactamente una voz, pero tampoco fue un pensamiento normal.

¡Busca las fotos viejas!

Instintivamente supe que esto se refería al montón de fotos y álbumes familiares que tenía en la parte de atrás del aparador del cuarto. Sin soltar el walkman y, ya con Zofia a punto de comenzar la segunda canción, las saqué y las esparcí sobre el edredón. Luego empecé a revisarlas.

Como por providencia, las más importantes parecían estar todas juntas encima de las demás. Primero encontré una fotografía grande de mi padre con su uniforme de la Segunda Guerra Mundial, que se veía increíblemente joven. El aire entre nosotros dos se oscureció ostensiblemente, y la dejé de inmediato a un lado. La siguiente era una foto ampliada de mi hermano Gilead, en una playa de Cornualles, cerca de

Land's End donde solíamos pasar las vacaciones de verano. Después encontré el retrato de estudio de mamá que tanto recordaba de mi infancia. Se veía tan bella como la imaginaba... pero al mismo tiempo algo andaba terriblemente mal. El ángulo en que tenía la cabeza la hacía parecer una serpiente lista para atacar. Había algo venenoso en su boca como un botón de rosa. Un destello de demencia brillaba en sus ojos. Me pregunté cómo nunca antes lo había visto. Luego había una foto mía a los cinco o seis años con aspecto dulce, confundido y ansioso... como un cordero en camino al matadero de la clase media, reflexioné con amargura.

Seguí revisando el montón de fotos (Górecki todavía sonaba en el walkman) con una creciente sensación de impaciencia. Buscaba algo, pero no sabía qué. Al principio pensé que debía ser una foto de mi abuela. Para mi desconcierto, no parecía haber una sola imagen suya... y en uno de esos destellos instantáneos que te da el ácido, supe que algo muy malo había ocurrido entre ella y mi madre. Luego me di cuenta de que lo que estaba buscando en realidad no era una fotografía de mi abuela, sino de los jardines de Windle Hey.

Tiene que haber *algo,* pensé, hojeando rápidamente uno de los álbumes. El jardín era enorme, tenía que haber una foto en alguna parte. Una amiga que también había sido abandonada de pequeña me dijo una vez que su reacción había sido adoptar a la naturaleza como madre, y creo haber hecho algo similar. Definitivamente el dolor de perder ese jardín era tan profundo como cualquier luto...

¡Los estanques!

¡Eso era lo que buscaba!

El ácido rugía en mis oídos mientras revisaba las fotos, cada vez más rápido. No puedo creer que no haya nada, pensé... hasta que al fin, casi en el fondo, encontré dos fotografías grandes. Originalmente las habían enmarcado y todavía estaban pegadas con cola a su base de cartón; estaban viejas y muy rayadas. La primera era del jardín poco después de haberse terminado (debe haber sido de fines de los años veinte o principios de los treinta) y mostraba el sendero sinuoso bordeado con lirios que llevaba al lecho de azaleas, donde había una pequeña estatua de Peter Pan sobre un pilar.

La foto había adquirido esos tonos sepia de las fotos muy antiguas, y bajo los efectos del ácido parecía como una puerta para acceder a otra época: como un sendero en un cuento de hadas, o el camino que uno sigue, cuando se duerme, hacia el mundo de los sueños. Mientras lo miraba, se movía como si se estuviera ajustando la profundidad focal. El centro se hacía cada vez más claro, lo que generaba una sensación vertiginosa de movimiento, como si se estuviera agrandando y me absorbiera. Alarmado, la volví a poner a un lado.

La otra foto, que fue la que me llegó directo al corazón, era de los patos en el último estanque: el que estaba en lo más profundo del bosque, donde nunca iba nadie.

¡Los patos!

Esta foto también estaba cargada de magia. Mientras la miraba, parecía que crecía... y luego pensé, no, no puede ser, debe ser más bien que el ácido hace que aumenten el tamaño de las partes en que me concentro. Pero las orillas del estanque, donde los árboles tocaban el agua, se veían casi reales, de forma preternatural. De un tirón recordé los sorprendentes colores rosados en la parte de las raíces que quedaban expuestas debajo del agua, y el oscuro mundo ambarino donde vivían los foxinos y los peces espinosos. De pequeño, recuerdo haber pensado que crecer significaba que el mundo, y no yo, se hacía cada vez más grande. Imaginaba que podría nadar en los estanques de mi abuela, entre ramas enormes y hojas gigantes, con los rayos del sol debajo del agua, silenciosamente, como un hombre rana en una película de guerra.

Lo que sucedió después me hizo mirar con incredulidad.

Primero una y luego otra de las ánades reales o las gallinetas parecieron despertarse y empezaron a moverse, a tirones al principio, hasta que todas estaban haciendo algo. Iban por aquí y por allá, picando y contoneándose. Las gallinetas nadadoras lo hacían con su característico movimiento de cabeza hacia atrás y adelante. Lo que era más extraño, algunos de los patos del fondo ascendían y descendían casi verticalmente, como abejas. La foto era como la pantalla de una computadora portátil, que reproducía un documental en tonos sepia desde las profundidades de mi inconsciente.

Dios, pensé, estoy viendo esto como lo vería un niño. Es lo que veía cuando era pequeño.

Algo se rompió y las lágrimas comenzaron a brotar.

¡Todo había desaparecido! ¡Mi abuela y su mundo mágico! El dolor palpitaba como una herida recién infligida... y, de pronto, comprendí toda la historia de mi vida. Nunca nada estuvo a la altura de la promesa de la infancia. Era tan sencillo como eso. De ahí provenía la sensación de fracaso; de eso y del hecho de que de alguna manera, aunque todavía no sabía exactamente por qué, yo era responsable de lo sucedido. De alguna forma me había traicionado. Había cambiado todo lo que tenía, todo. Había tenido el mundo en mis manos: para llegar a una adultez que no valía nada. La horrible simplicidad de la situación me dejó sin aliento.

Todavía seguía conectado a los cables de los audífonos, Górecki había llegado a su clímax, y las lágrimas sobrevenían en grandes olas. Poco a poco se aplacaban y entonces recordaba algo más... la forma en que se sentían en las manos los huevos de rana cuando los sacabas del agua con las dos manos... el olor de las orugas cuando las metías en un tarro de mermelada... mi colección de huevos de aves (abuela decía que estaba bien tomar uno si había cuatro o más, ya que las aves solo podían contar hasta tres)... y luego volvía a estallar en sollozos.

No lloraba así desde aquellos días, con ese abandono, cuando las lágrimas se acumulan de golpe y se vuelven imparables, como la sangre desde una herida profunda. Y en medio de mi dolor destellaba algo de una cualidad completamente distinta. Una sensación de lamento personal estaba por dar paso a algo aun más profundo, más general, el recuerdo de algún lugar sombrío y sagrado que una vez nos perteneció a todos, pero que luego lo perdimos por razones que no podemos entender. Solo podía vislumbrarse de reojo, por así decirlo...

...Un rato después volví a poner las fotos en el aparador, me lavé la cara, coloqué otro disco compacto en el walkman y salí del apartamento...

Caía una lluvia fina. Deambulé por el Heath, solo que esta vez no me dirigí al Vale of Health, sino a los bosques alrededor de Kenwood. Mientras caminaba, sentía el paso más liviano: la sensación de alivio era tangible. No sé con qué comparar la forma en que uno se puede sentir después de un buen viaje psicodélico, cuando hay descubrimiento y catarsis y todo se reconfigura a un nivel más evolucionado. Supongo que es la misma sensación de descarga, de libertad, cuando se logra algún descubrimiento importante a partir de un análisis convencional. Pero con la psicoterapia de LSD se produce ese toque de magia, que parece el efecto por excelencia de las sustancias psicodélicas.

¡Esos patos de verdad cobraron vida!

Al fin llegué a los bosques de Kenwood, y comenzó a llover muy fuerte. Escuchaba a Vivaldi en el walkman, con fanfarrias de trompetas mientras paseaba junto a los árboles chorreantes. Aquella velada bajo la lluvia fue la primera vez que estuve seguro de que no iba a renunciar al ácido. Me importaba un bledo lo que dijeran los demás, iba a confiar en él, lo seguiría donde me llevara y, si lo tenía que hacer solo, así sería.

Irónicamente, mientras deambulaba por Kenwood aquella tarde de transfiguración, no me di cuenta de que todo me llevaba justo a ese bosque, donde debían ocurrir tantas cosas. Para saberlo, todavía había de transcurrir un año.

14

La sesión 9

Mamá

LAS FOTOS ERAN UN gran descubrimiento y yo lo sabía. Al revisar los álbumes y cajas, seleccioné las que a mi juicio tenían mayor valor. De mi abuela y Windle Hey había solo dos y eran tan pequeñas que se me escaparon la primera vez. Las hice agrandar en una tienda de impresiones de High Street y dejé las ampliaciones sobre una pila seleccionada más pequeña. En la siguiente sesión, dos semanas después, repetí exactamente la misma fórmula: esperé a que el ácido me hiciera pleno efecto, luego puse la pieza de Górecki en el walkman, tomé la nueva selección de fotos y empecé a revisarlas lentamente. Otra vez, estuve llorando la mayor parte del viaje, en la agonía de algunos de los sentimientos más intensos que he conocido.

Entre las primeras fotos que aparecieron estaba una de mi hermano, Gilead, tomada en la playa de Cornualles. Era parte de una fotografía tomada en las vacaciones, que fue ampliada al tamaño de un cuadro después de su muerte. Al observarla, me di cuenta de que Gilead habría llegado a ser un joven muy apuesto y, con una sensación de malestar en el estómago, supe que mis padres, aun cuando jamás lo hubieran reconocido, hubiesen preferido que fuera yo quien muriera. Esa fue la tragedia que terminó por destruir a nuestra familia. Desde el comienzo fue disfuncional, pero la muerte de Gilead nos empujó al abismo.

Cuando tenía dieciséis años mi padre perdió su cargo administrativo bien pagado y, de la holgura de clase media, pasamos abruptamente a la pobreza. Me sacaron del colegio público y mis padres decidieron que debíamos comenzar una nueva vida en la parte oeste de Cornualles, donde íbamos de vacaciones todos los veranos y que siempre marcó nuestros mejores momentos como familia.

Alquilamos una cabaña de pescadores en Newlyn, cerca de la entrada del puerto. Todo fue bien las primeras diez semanas. Pero una mañana, Gil despertó con dolor de cabeza, que empeoró sostenidamente a lo largo del día. Se le hizo intolerable la luz, y a la mañana siguiente lo llevaron al hospital de Penzance. Los doctores le diagnosticaron meningitis, seguramente por haber jugado en la corriente del puerto, pero ya era demasiado tarde para una intervención médica: murió en la noche.

Solo Dios sabe lo que sufrió. Los regalos de su undécimo cumpleaños todavía estaban tirados en el suelo de su pequeña habitación en el ático. Mis padres se derrumbaron. Mi madre siempre bebió demasiado, pero después del funeral se dedicó a ello en serio. Su comportamiento se hacía cada vez más errático. Después de una breve hospitalización, se escapó a medianoche. Trepó por la ventana de un baño, se descolgó por una cañería y anduvo por todo Penzance con su bata de hospital.

Varias veces fue hasta la tumba de mi hermano con una botella de ginebra. Una vez desapareció en plena noche... era el comienzo de su descenso a la locura.

Encontré otra foto de mamá mientras revisaba los álbumes antiguos, una que no recordaba haber visto antes. Todavía era muy chica, tenía quizás doce o trece años; llevaba trenzas en el cabello. Quizás fue una proyección psicológica mía debido al efecto del ácido, pero parecía como si estuviera a punto de romper a llorar... sentí compasión por ella.

En mi última sesión, por instinto, hablaba en voz alta a las fotos. Intenté hacerlo deliberadamente con esta foto de mamá cuando era niña. ¿Qué le había sucedido en su infancia? ¿Por qué odiaba Windle Hey? Había sido una lectora excepcional, ¿qué la llevó a leer tanto cuando era adolescente? ¿Cuál era la historia de su amante estadounidense?

De nuevo me puse a llorar.

Después de la muerte de mi hermano, mamá se convirtió al catolicismo. Al parecer, eso la ayudó. Al verano siguiente cuando me fui de Newlyn a Londres, ella y mi padre también se mudaron de Cornualles a un pequeño pueblo en Cotswolds. Allí encontraron una casita de campo estilo Anne Hathaway (techo de paja, vigas ennegrecidas, enredaderas de rosas) llamada Crooked Thatch y la compraron sin dilación. Para ese entonces mi padre ya estaba en un nuevo trabajo, pero tenía que estar fuera a veces hasta varios días, dejando a mamá sola en la casa. Como era de esperar, el pueblo era ultraconservador. Ella no pudo hacer amigos, por lo que empezó a perder la cordura.

Su catolicismo no aguantó la presión y volvió a beber en exceso. En varias oportunidades se subió al auto y lo condujo a campo traviesa, por pastizales y sembrados, hasta dejarlo atascado en un seto tan denso que ya no podía acelerar más. Entonces destapaba la botella verde de ginebra y bebía hasta quedar inconsciente. En otro momento trepó por una de las ventanas de la buhardilla de la casa de campo hasta llegar al techo de paja. Se había comprado un volumen de Santo Tomás de Aquino y una botella de ginebra y, aparentemente feliz, se pasó allí toda la tarde, bebiendo, fumando y leyendo *Suma Teológica,* mientras saludaba con gracia a los transeúntes ocasionales.

A estas alturas, yo entendía por qué pasaba tanto tiempo con mi abuela: desde el principio mi madre estaba mucho más desequilibrada de lo que me querían decir. Al recordar mi infancia, supongo que para ese entonces tuvo borracheras que la llevaron incluso a cortarse las venas, pero ahora el desprecio por sí misma estaba fuera de control.

Esa Nochebuena, mi padre fue a recogerme en la estación de trenes y regresamos a Crooked Thatch, pero cuando llegamos la casa estaba sumida en un silencio ominoso y parecía desierta. Había sangre por todo el suelo de la sala. Las salpicaduras marcaban un camino a lo largo de la alfombra y las escaleras. Mientras seguía el rastro hasta la habitación, me sentí como si estuviera en una película de terror: subiendo unas escaleras que, como todo el público sabe, es lo último que uno debería hacer. La encontré en la cama, se había vendado burdamente las muñecas. Alzó la vista al verme entrar en la habitación y entonces comenzó a golpearse los brazos contra la sobrecama para que volvieran a sangrar, riéndose a carcajadas. Era como una escena grotesca de una película de miedo.

Después de dos o tres psiquiatras y varias hospitalizaciones, mi madre terminó en... psicoterapia con LSD.

En esa época, a fines de los años cincuenta, muchas más personas de las que se cree recibieron tratamiento con LSD. Era una opción médica promisoria, aunque controvertida. Mi madre se internó por su cuenta como paciente en Guys Hospital, cerca del Puente de Londres, donde utilizaban prácticamente el mismo método con que Grof experimentaba en Praga: el uso de una venda sobre los ojos, las entrevistas antes y después de la sesión, etc. En el hospital incluso administraban la droga por vía intravenosa (práctica que después se abandonó, ya que no lograba acelerar los efectos de la droga).

La visitaba cada tarde y me contaba sobre sus últimas sesiones. En su mayor parte eran simbólicas, ensoñaciones casi jungianas, o al menos eso era lo que me contaba. Sin embargo, hubo un viaje que me contó en detalle, en el que vivió la muerte de su hermano John en la Segunda Guerra Mundial. El tío John era el ojiazul de la familia. Había jugado en el equipo de cricket de Lancashire y estaba destinado a hacer grandes cosas. Se alistó en la Fuerza Aérea Real en los primeros días de la guerra, pero murió durante una misión de entrenamiento en un bombardero. En su viaje con LSD, mamá estaba en la cabina del avión con él durante los últimos momentos de su vida: cuando el avión se aprestaba a aterrizar, el piloto en entrenamiento cometió algún grave error de cálculo. El aparato dio una voltereta y explotó en una bola de fuego. Mamá comentó que la fuerza de la explosión la había levantado de la cama del hospital y la había tirado al suelo.

Supongo que se habrá sometido a una decena más de sesiones sin mostrar ninguna mejora notable cuando, al final de una, la dejaron en su cuarto sin supervisión durante unos minutos. Aprovechó la oportunidad y rompió el cristal de una de las fotos enmarcadas de mi hermano que tenía en la taquilla junto a su cama (estoy seguro de que era la misma imagen que tuve ante mí sobre el edredón, la ampliación de Gil en la playa) y usó el pedazo de vidrio roto más grande para volver a cortarse las venas. En la algarada que se formó, o se marchó del hospital por su cuenta, como ella insistía, o la expulsaron por incurable. Se fue a un hotel y al día siguiente acordamos que alquilaríamos un apartamento juntos en Londres.

Pero (y esto fue lo que me heló de vergüenza en medio de un viaje psicodélico muchos años después) inventé una excusa y al poco tiempo me escapé a París. Tenía que confesarlo y eso me hacía sentir como si fuese a vomitar. La abandoné y la dejé a su suerte. Tenía diecinueve años: no podía con su locura... Antes de este viaje nunca había admitido esa realidad. Como ocurrió con la muerte de mi abuela, la emoción estaba tan viva que no podía creer que hubieran transcurrido cuarenta años. Donde sea que se guarden esos recuerdos, es un lugar que no sufre el efecto del paso del tiempo.

Para sorpresa de todos (quizás para ella misma en primer lugar), la psicoterapia de mamá con LSD dio resultado.

Ya sea porque integró conscientemente algo que nunca me contó, o porque su expulsión del hospital en plena noche rompió un patrón de comportamiento compulsivo, hubo un cambio básico. Se arregló con mi padre, vendieron la maldita casa de campo y se mudaron a Oxford. Por primera vez en su vida, mamá consiguió un trabajo normal (en Blackwells, la librería de la universidad), hizo nuevos amigos y escribió un libro sobre su colapso nervioso y su tratamiento con LSD.

15

Psicoterapia clandestina

MIENTRAS REVISABA LA PILA de fotos de mi infancia, hojeé algunos álbumes de mi vida matrimonial. Miraba fotos de la que fue mi esposa, de nuestro hijo, de los lugares donde vivimos, y me preguntaba si podría usar la misma combinación de fotos y LSD para depurar y sanar algunas de las heridas que me quedaron luego de una separación prolongada y dolorosa.

Al calor del éxito de las últimas dos sesiones, no veía por qué no podría resultar. Dos o tres semanas después, estaba nuevamente en mi cama con gruesos álbumes de fotos a mi lado sobre el edredón, a la espera de que comenzaran los efectos de la droga. Parecía que no iban a llegar nunca, hasta que sentí ese temblor repentino, esa sensación de misterio inminente que el LSD proyecta ante sí como una sombra.

La habitación se oscurecía y empezaba a desvanecerse: como en el cine cuando al fin se abre la cortina, pensé emocionado. Pero no había película, solamente empecé a toser.

Tosí y tosí.

No tenía la más mínima tos hacía un momento, pero ahora me faltaba el aire. Algo malo está sucediendo, pensé casi de inmediato. La irritación no tenía una ubicación precisa y la tos no aliviaba nada. Quizás tenga algo atrapado en la garganta, pensé, de modo que fui al baño para intentar arrojarlo... pero no, no había nada. Se me hacía difícil respirar y empezaba a dejarme llevar por el pánico, cuando la tos se detuvo de forma tan abrupta como llegó.

¿Qué diablos había sido eso?, me pregunté mientras volvía al dormitorio a sentarme junto a los álbumes. Pero lo que pasó después fue igual de desconcertante.

La primera foto con que me encontré fue de Asha (mi ex esposa) cuando estaba embarazada. La miré por unos momentos... y no sentí nada. Confundido, miré otra... y me sucedió lo mismo que con la primera. Igual con la tercera. No lo podía creer, la vivacidad de las fotos de mi infancia (la poesía, su intensidad devastadora) simplemente no estaba.

Rápidamente busqué una de nuestro hijo... y sí funcionó. La habíamos tomado cuando se le cayó su primer diente; me llegó directo al corazón. Hojeé las páginas del álbum, y todas sus fotos tenían la misma cualidad resplandeciente y feliz... aunque no me absorbían casi corporalmente como las de mi infancia. Al mirar las fotos de mi hijo, simplemente me daba cuenta de cuánto lo quería.

Al volver a las fotos de Asha, seguía en el mismo punto muerto. Pasaba las páginas de su embarazo, de fotos que saqué durante el sangriento parto, y de las simpáticas casas antiguas del norte de Londres donde vivimos... pero todo me hacía el mismo efecto emocional que consultar un horario de autobuses.

Oh no, pensé, no me gusta el cariz que está tomando esto. Aquí hay algo que me niego a sentir deliberadamente. Dejé los álbumes a un lado y apoyé la espalda contra la pared. ¿Qué hacer cuando uno se enfrenta a una resistencia tan grande como esta? Volátil como siempre, el ácido enseguida se puso en mi contra, y me inundé de dudas sobre todo lo que trataba de hacer. ¿Era correcto intentar autoanalizarse sin ningún tipo de preparación profesional? Para poder disolver semejantes bloqueos, ¿no es necesario tener bastante experiencia? O, reflexioné después de un momento, ¿estoy cometiendo un error básico en lo que intento hacer? ¿Tal vez el ácido simplemente no funcione con recuerdos recientes?

¿Quizás su punto fuerte es el pasado distante... en particular la primera infancia?

No solo durante el resto de la sesión, sino durante varios días seguí con ese estado de irritabilidad y depresión generalizada en que nos puede dejar un viaje psicodélico malogrado o no resuelto. Comencé a sospechar que no sería capaz de solucionar el problema solo. Necesitaba hablar con alguien. Probablemente bastarían unos pocos consejos de un profesional... ¿pero dónde encontraría a una persona así?

Traté de averiguar sobre esto, y me hablaron de una mujer, una *sanniasin* seguidora de Osho, que supuestamente practicaba terapia con LSD clandestinamente en Londres. ¿Estaría dispuesta a darme una o dos sesiones para ayudarme a salir del bloqueo? Por razones obvias, no era la persona más fácil de ubicar, y mientras todavía tanteaba el terreno, sucedió algo más. Me prestaron un libro que recién había sido publicado en Estados Unidos que, para mi sorpresa, demostraba que ya había un uso clandestino regular de sustancias psicodélicas en la psicoterapia, y que existía desde finales de los años sesenta.

La obra *The Secret Chief* [El jefe secreto] es una breve edición de entrevistas grabadas con un psicoterapeuta anónimo de la costa oeste, cuyo nombre en clave era Jacob.

Jacob trabajó la mayor parte de su vida como psicoterapeuta y había empezado a experimentar con sustancias psicodélicas cuando aún eran legales. Creía que su potencial era tan grande que siguió utilizándolas clandestinamente después de su penalización. Esto no era tan arriesgado como podría parecer, pues sus pacientes le eran remitidos de forma privada por colegas y amigos de siempre.

Lo que Jacob hacía era coordinar una iniciación. Le bastaba una sola entrevista con el paciente para responder cualquier pregunta práctica y para que los dos determinaran qué era exactamente lo que quería explorar el paciente, y así establecer la dosis adecuada (más una dosis adicional si fuese necesario). Lo único que Jacob pedía a sus clientes era que prepararan una serie de fotografías suyas y de su familia desde la infancia.

Los viajes se programaban para temprano en la mañana. Jacob iba a las casas de sus clientes y les colocaba las obligadas vendas y audífonos. Durante la primera mitad de la experiencia no intervenía para nada; se sentaba junto a ellos en silencio y les tomaba la mano si se lo pedían o, si tenían una regresión profunda, les sostenía el cuerpo. Cuando se superaba el punto máximo y comenzaba la fase estable, Jacob les retiraba la venda y sacaba la colección de fotos y una grabadora.

Tomo la primera foto, se la entrego y digo: "Solo mírala, mírala y observa tu experiencia. Si tienes algo que decir, bien, dilo. Si no, no estás obligado a decir nada". Le voy pasando las fotos una a una. Las que fueron tomadas alrededor de los seis años suelen tener gran relevancia para los pacientes. Ese es el punto de la vida en que perdemos la naturalidad. A menudo lloran cuando llegan a esta foto. Y no paran de llorar.

Me molestó saber que no había sido la primera persona en descubrir el valor de las fotografías bajo los efectos del LSD, pero de algún modo me compensó el hecho de que Jacob usara una grabadora (desde luego, esto lo aprecié en retrospectiva).

Estoy grabando todo lo que se dice. Hablan y lloran mucho. Hay mucha reflexión y recuerdos. Esta conversación es muy importante para ellos cuando vuelven a escuchar la grabación. Los reconecta con toda la experiencia. Les entrego la cinta. Después de ver todas las fotografías, simplemente nos sentamos a hablar. Entonces, a eso de las cuatro de la tarde, por ejemplo, hago que el cuidador pase[1].

Si a los sujetos les parecía que la experiencia era lo que buscaban, podían seguir a la segunda etapa de la iniciación de Jacob. Eran presentados a uno de los diversos grupos existentes.

Por lo general, los grupos se reunían una vez al mes en una casa de campo aislada. El viernes por la noche, se reunían unas doce personas, sociabilizaban un poco y formaban un círculo para hablar de lo que esperaban de esa sesión. A la mañana siguiente, todos buscarían un lugar en la casa o en el terreno circundante que les pareciera bien y allí experimentarían su viaje psicodélico. Aunque el LSD solía ser la típica elección, había disponibilidad de otras sustancias psicodélicas, y se fomentaba la experimentación con ellas. Había dos o más ayudantes por si se presentaba algún problema pero, fuera de eso, se dejaba a cada uno en lo suyo.

El grupo completo no se volvía a reunir sino hasta la mañana siguiente, cuando de nuevo se formaba el círculo y todos contaban a los demás lo que les había pasado en su viaje. Esta sesión plenaria duraba varias horas y era el clímax del fin de semana.

Jacob siguió expandiendo esta red clandestina durante sus sesenta y setenta años. Al final, calculaba que había iniciado en el uso de sustancias psicodélicas a unas cuatro mil personas, un gran porcentaje de los cuales eran psicoterapeutas y profesionales de la salud. Sobre todo, desde mediados de los años ochenta, habían utilizado el éxtasis. Nunca se dio un problema serio. No se propiciaron episodios psicóticos. Nadie lo denunció, y Jacob siguió ayudando a las personas a tener experiencias psicodélicas, hasta su muerte en los años noventa.

El jefe secreto, a pesar de ser una obra breve, tuvo un efecto desmitificador para mi percepción de la psicoterapia con LSD. Al fin y al cabo, pensé, esto lo puedo resolver solo. Por instinto me había dado cuenta de que el material que aparecía en una sesión requería un trabajo posterior, y hacía lo mejor que podía con mi cuaderno de viajes. Asimismo, había descubierto por mi propia cuenta el uso que podía dar a las fotos y, fuese cual fuese el bloqueo con que me topara, podía encontrar la manera de resolverlo. ¿Acaso no aprendieron por su cuenta los primeros terapeutas? Si ellos pudieron, ¿por qué no nosotros?

De hecho, si las personas normales no comienzan a educarse por su cuenta, no veo qué futuro podrá tener el psicoanálisis. Está claro que los problemas de cada quien son únicos, con raíces que llegan hasta los primeros años, y el proceso de desenmarañarlos exige una atención personalizada. Pero ese proceso lleva mucho esfuerzo, por lo que básicamente el psicoanálisis se ha visto obligado a imponer precios prohibitivos. No obstante, sin ese tratamiento individual, no habría alternativa aparte de la psiquiatría financiada con fondos públicos, que prescribe ciegamente antidepresivos para reprimir síntomas, sin tener la menor idea de los efectos a largo plazo que ello podría acarrear.

Por primera vez comprendí el terrible golpe que implicaba la prohibición de usar LSD en el psicoanálisis. Se ha visto que los terapeutas de la época calculaban que la droga podía recortar la duración de un análisis individual hasta en diez veces. Ello podría haber permitido que el psicoanálisis ingresara a la sociedad como una gran fuerza sanadora. Ese descubrimiento de tan gran potencial tendría que descartarse, o sería necesario dejar de lado la mística profesional del análisis y muchos de nosotros tendríamos que volver a aprender lo básico.

Con el ácido teníamos una ventaja. Cualquiera que fueran las habilidades técnicas de una u otra escuela de terapia, las redescubriríamos por nuestra cuenta. Lo único que realmente se necesitaba para empezar era un buen cuidador (por ejemplo, un amante o un amigo cercano) pues lo cierto es que nada puede igualar el poder sanador de alguien que te quiera de veras. En términos sociales más amplios, ¿no devolvería esta experiencia una buena parte del músculo espiritual a la amistad o a las relaciones sexuales? "El amor ha de reinventarse" escribió el poeta francés Arthur Rimbaud, una observación que ha resistido el paso del tiempo. ¿No proporciona el LSD una aventura psicológica profunda que pueden compartir amigos y amantes, una experiencia que a la vez revigoriza la intimidad y devuelve a las relaciones interpersonales algo de la magia que tan cruelmente falta en ellas?

16

El marco, el entorno y el historial

PERO LA INFLUENCIA DECISIVA en mi forma de ver el LSD no provino de la escena clandestina, sino del cambio radical del clima político. A comienzos de septiembre de 2001, dos Jumbos secuestrados fueron estrellados contra las torres gemelas del Centro Mundial del Comercio en Nueva York, y el evento hizo historia instantáneamente. Las bolas de fuego... la muchedumbre aterrada que huía... Estas imágenes tantas veces utilizadas en la televisión han pasado a formar parte de nuestra psiquis colectiva en el siglo XXI.

¿Los sucesos del 11 de septiembre fueron realmente obra de terroristas del Oriente Medio? Quizás las personas que conozco son particularmente escépticas, pero lo primero que muchos preguntamos fue, ¿crees que lo hizo el gobierno de Estados Unidos? Al investigar cualquier crimen, lo primero que se hace es tratar de establecer el móvil... y, en este caso, ciertamente el beneficiario era el capitalismo corporatista estadounidense. ¿Sabía el gobierno de Bush que venía un atentado e hizo la vista gorda? ¿Fue el ataque del 11 de septiembre un golpe interno desde un comienzo?

Viéndolo en retrospectiva, la respuesta no parece representar una gran diferencia. De cualquier manera, el efecto de los sucesos del 11 de septiembre fue echar por tierra los últimos vestigios de la sociedad de clase media.

Durante décadas (de hecho, durante la mayor parte del siglo XX) el amplio poder económico de la clase media fue socavado constantemente y, ya para fines de siglo, era algo del pasado. Lo que quedó horriblemente claro, mientras el gigante militar-corporatista estadounidense entraba en acción, fue que ya no quedaba ni un amago de democracia. Después de quinientos años de existencia, la sociedad de clase media, con su complejo sistema de pesos y contrapesos, había llegado a su fin, y no quedaba más que revocar las libertades civiles que tantos siglos tomó ganar.

A partir de ese momento, Occidente pasó a ser controlado por unas pocas grandes empresas multinacionales: un gobierno que no solo no había sido electo, sino que estaba compuesto por personas cuya propia identidad era desconocida. Lo único que estaba claro eran sus intenciones: la introducción de una especie de orden neofeudal urbanizado y la creación de un único Estado Mundial.

Y casi de inmediato comenzó a propagarse un espíritu anticorporativo y antimperialista que antes solo era coto de una minoría con cierta preparación política.

Las batallas campales en Seattle (1999) o Praga (2000) o los disturbios todavía más surrealistas de Génova (julio de 2001) comenzaron a parecer más que simples explosiones localizadas en contra de las autoridades establecidas. Empezaban a manifestarse los primeros elementos de una Nueva Izquierda. Pese al horror de la masacre de Manhattan, una bocanada de aire fresco parecía recorrer el mundo. El poderoso imperio estadounidense ya no era el coloso que ahorcajaba al mundo sin oposición. Al menos la verdad, por terrible que fuera, estaba al descubierto y esto era vivificante.

"Otro mundo es posible", era la consigna política más célebre de la década y, al igual que un número cada vez mayor de personas, por primera vez en años volví a participar en manifestaciones y reuniones políticas. Incluso en esas primeras marchas, y acompañado de un grupo muy variopinto de manifestantes, me preguntaba si era posible que naciera una nueva oposición revolucionaria en Occidente. Al principio esto era poco más que una simple especulación pero, al ver que cada vez se nos sumaban más personas, comencé a tomar esa posibilidad más en serio. La hostilidad contra lo establecido no había existido a esta escala desde los años sesenta.

¿Qué había provocado el colapso de la política radical de los sesenta y los setenta? ¿Por qué el "Movimiento" se rindió tan ignominiosamente? El feminismo, la psicoterapia, los intentos por explorar la psicología religiosa de mediados de los setenta, ¿arrojaron alguna luz sobre lo que había salido mal? Cuando al fin se había agotado toda la energía, alrededor de 1980, el caos y el descorazonamiento eran tales que ninguno de nosotros realmente intentó analizar lo que había sucedido. Pero ahora, años después, retomé estas preguntas, desmenuzándolas como nunca antes.

En términos más generales, ¿por qué todas las revoluciones fracasan? ¿Por qué engendran sus propias jerarquías, que son igual de corruptas que las de la sociedad que querían cambiar? ¿Es consecuencia de una corrupción interna inherente a la naturaleza humana, como nos asegura el coro mundial de conservadores, o hay errores identificables, cosas que pudieran hacerse de una forma distinta y corregirse?

¿Era lo esencial la incapacidad de resolver el problema de las jerarquías?

Independientemente de todo el barullo que hacíamos en los años sesenta sobre la "participación", siempre existió la misma distinción entre líderes y liderados. ¿Eso es lo que está detrás de las luchas intestinas de siempre (la competitividad, el dogmatismo, el sectarismo casi gratuito) que persiguen a la Izquierda como una sombra? ¿Es que todos los movimientos revolucionarios son derrotados al fin por sus propias contradicciones internas?

Fuese cual fuese la verdad, una de las ideas que siempre me venían a la mente era que cualquier movimiento revolucionario que surgiera en el futuro debía basarse en algún tipo de psicoterapia, alguna forma de analizar el ego. Esto me parecía tan o más importante que cualquier estrategia puramente política o económica. ¿Qué clase de psicoterapia? Por razones obvias, pensé primero en mis propias experiencias recientes, tanto las de restablecer el contacto con las emociones reprimidas, como las de pensar en la forma de organizar esto clandestinamente en forma similar a lo que hizo Jacob. Pero cuando intenté definir cómo hacerlo a una escala grande pero descentralizada, debí reconocer que no tenía la menor idea...

Varios meses después, estaba investigando la historia de las sustancias psicodélicas cuando, por extraño que parezca, una de las primeras cosas con que me tropecé fue un ejemplo de lo que intentaba concebir.

A mediados de los años sesenta, una joven radical feminista acudió al centro psicodélico de Tim Leary en Millbrook, Nueva York, y consumió LSD. A su regreso, le habló de la droga a su gran grupo de amigos cercanos. El entusiasmo fue tal que empezaron a consumirla juntos con regularidad y a tratar de convencer a las personas que conocían. Fueron cautelosos y responsables y ofrecían la droga solamente a sus amigos, o a amigos íntimos de sus amigos. Se repartían libros y los principiantes eran invitados a asistir a los viajes psicodélicos de grupo únicamente como observadores.

De ahí surgieron dos enfoques fundamentales relativos a la forma de consumir LSD.

El primero era lo que denominaron *sesiones de trabajo,* que estaban orientadas a la sanación. Se componían de grupos pequeños, generalmente no más de tres o cuatro personas, y buscaban ayudar a un miembro a explorar un problema en particular. Este pasaría varios días preparándose para la sesión y tomaba una dosis grande, de 250 a 500 microgramos, mientras que los demás tomaban bastante menos, en el rango de los 100 a 150 microgramos. Se hacía de esta manera para que pudieran mantener un pie en ambos mundos y servir de "espejos" o "puentes".

En esta clase de sesiones había escasa comunicación verbal, pero se sentía una comunicación psíquica tan intensa, que en cierta oportunidad una chica que "pasaba por un infierno" en una habitación provocó que la guía, que se encontraba en otra habitación, perdiera su identidad por completo. Aunque fue angustioso para ambas, la guía dejó que continuara, pues consideró que la otra tenía que "hallar la solución [a su problema] si no quería seguir llevando esa carga para siempre".

Las sesiones de trabajo siempre se hacían de noche y culminaban con un desayuno de celebración entre todos los participantes.

El segundo enfoque que desarrollaron (y que denominaron *sesiones de juego*) era para un grupo mucho más grande y de carácter puramente celebratorio. Las sesiones de juego eran fiestas psicodélicas y, si tenían algún objetivo ulterior, era simplemente explorar el nivel sensorial o estético del LSD. Cuando se escribió el artículo, el grupo estudiaba la posibilidad de fusionar los dos enfoques; a ese respecto, un miembro manifestó:

> Generalmente logramos más en las sesiones de juego que en las de trabajo, en cuanto al desarrollo psicológico y la solución de problemas. Esto lo descubrimos hace muy poco... Cuando se busca algo, lo más probable es no encontrarlo.

Durante su primera oleada de entusiasmo, el grupo había dejado de ser exclusivamente feminista e invitó a participar a un número casi igual de hombres. Los miembros principales se mantenían en estrecho contacto y se celebraba mensualmente una reunión plenaria. No pude inferir del artículo el número exacto de miembros en un momento determinado, pero tengo la impresión de que el grupo principal era de poco menos de doce personas y el círculo completo, de tres o cuatro veces esa cantidad.

Todo esto evolucionó espontáneamente, sin siquiera la mano guía de un terapeuta rebelde como Jacob. Sin embargo, al igual que la red creada por él, durante los años que existió el grupo, nunca ocurrió nada malo. Un tanto perplejos, los académicos que escribieron el informe observaron: "Todos los miembros del equipo de investigación comentaron sobre la alegría inocente que parecía imbuir al grupo". No se podía decir que se hubieran convertido en un culto narcisista y cerrado.

Cuando se le preguntó si tenían alguna tendencia a evadir los problemas de la sociedad por haber consumido la droga, un miembro respondió: "Al contrario... el único efecto que ha tenido es hacernos más selectivos a la hora de elegir a nuestros amigos"[1].

17

Dios como luz

PERO ME ESTOY ADELANTANDO. Cuando ocurrieron los hechos del 11 de septiembre, llevaba menos de seis meses experimentando con el LSD, y lo que estaba sucediendo se mantuvo en gran parte dentro del ámbito biográfico personal.

Para ese septiembre, todavía intentaba dominar el uso de fotos en mis experiencias psicodélicas, y durante la sesión siguiente (convencido de que la última vez el ácido había fallado inexplicablemente) de nuevo preparé mis álbumes de fotos con Asha y nuestro hijo. Pero cuando la droga empezó a hacer efecto y comencé a hojear uno de los álbumes, sucedió exactamente lo mismo que la vez anterior. Comencé a toser. No lo podía creer. Y esta vez la tos no paraba.

Al comienzo me reía en medio de los espasmos, pues me parecía más absurdo que otra cosa. Pero al ver que pasaban los minutos y no podía parar, me empecé a preocupar. No tenía nada en la garganta, de eso estaba seguro. Esto era obra del LSD, pero era completamente distinto a cualquier cosa que yo asociara con los efectos de las sustancias psicodélicas. Para empezar, no era alucinatorio en lo más mínimo. Todo estaba en su orden habitual, excepto que no paraba de toser.

Comencé a escuchar un rugido en los oídos. ¿Y si esto no se detiene nunca?, pensé, y empecé a perder la compostura. Me acordé de un Papa que murió de hipo y de lo gracioso que aquello me pareció en su momento. Ahora no me parecía tan cómico. Tenía un poco de Valium 5, y pensé en tomar un par de píldoras... pero me di cuenta de que no podía tragar, y aunque lo lograra no podría mantener nada en el estómago. Pensé en llamar a mi hijo que vivía cerca, ¿pero qué le iba a decir? "Es Papá. Estoy bajo los efectos del ácido y no paro de toser. TOS TOS TOS. *Aaarg...*"

Pensé en acudir a urgencias en el hospital más cercano, el Royal Free de Hampstead pero, por fortuna, decidí no hacerlo. Ser víctima del ácido era lo último que necesitaba. No había alucinaciones y al parecer podía pensar con claridad. Era de entender que algunos jóvenes de los años sesenta que experimentaron viajes malos (en especial cuando eran exclusivamente físicos como en este caso) creyeran que se habían envenenado, y cómo surgió el mito de que el LSD a veces venía mezclado con estricnina. ¿Qué otra cosa se podía pensar?

La tos espasmódica continuó durante el resto del viaje, si bien durante breves instantes solo sentí dificultad para respirar. Tenía la garganta raspada y los pulmones me latían. Creí que empezaría a sangrar por dentro, pero en realidad no parecía haber daño físico. Aunque prácticamente me ahogaba, todo lo que me sucedía tenía una cualidad sutilmente incorpórea, como si estuviera *poseído* (tal vez por ahí iba la cosa).

Luego, tan abruptamente como comenzó, entre un paroxismo y otro, la tos cesó.

Estaba de nuevo en la cocina. La luz del sol entraba por la ventana. Tomaba con las manos un helado que encontré en el congelador, para tratar de aliviarme la garganta.

Caray, pensé... ¿qué fue eso?

El ataque de tos anuló la experiencia psicodélica. Me puse la chaqueta negra guateada, salí del apartamento y fui a dar un paseo agradable, aunque algo aturdido, por el valle hasta el estanque de Whitestone. Había llovido, pero los árboles, las nubes y el cielo mostraban una hermosura salvaje. Me sentía exhausto.

Después de eso le pregunté a uno de los pocos amigos con quienes todavía podía hablar sobre el ácido (un aficionado en su momento) si

alguna vez oyó hablar de algún viaje con ácido que consistiera únicamente en toser. Me miró con una expresión tan alarmada que cambié el
tema de inmediato. Yo mismo estaba desconcertado. Para ser de los que
decían que una persona podía analizar sus experiencias psicodélicas por
su propia cuenta, debo admitir que no lo hice muy bien en esa ocasión.
Cualquier terapeuta que se preciara de serlo habría notado la coincidencia (fuese cual fuese su significado) entre una tos seca y mi intento por
confrontar lo que sentía en relación con Asha... aunque supongo que
haría falta bastante experiencia práctica para darle algún sentido.

Como soy muy persistente, le di una última oportunidad a las fotos.

Una vez más, en lo que debe haber sido mi duodécimo viaje, alineé
los álbumes de fotos sobre el edredón, puse la Tercera Sinfonía de
Górecki en el walkman y me senté en la cama, recostado contra la pared.
Mientras miraba las fotos, los propios álbumes comenzaron a cambiar.
Primero titilaban y se transformaban en gruesos archivadores de cuero,
que brillaban sobre la seda escarlata en que se convirtió el edredón.
Parecían grimorios o antiguos libros de encantamientos... definitivamente tenían un aire de seriedad. Pero cuando empecé a hojear las páginas, nada cambió: si de energía se trataba, seguían tan desinflados como
una tortilla de harina... y esta vez tuve que darme por derrotado. Lo que
había logrado con las fotos se había terminado.

De pronto sin poder hacer nada, y con el ácido comenzando a surtir su mayor efecto, mi preocupación principal era no pasar otra sesión
tosiendo convulsivamente.

Mis ojos dieron con un CD que había sacado de la biblioteca
pública, de música del medioevo tardío, una grabación de la música de
Santa Hildegarda de Bingen. Rápidamente, antes que me embargara la
tos, cambié a Górecki por Santa Hildegarda en el walkman, cerré las
cortinas del dormitorio y me acosté en la cama a escuchar. Nunca antes
había oído la música de Santa Hildegarda. De hecho, salvo algún que
otro canto gregoriano, nunca había escuchado música occidental "antigua" y solo escogí el disco por impulso. Para mi sorpresa, las canciones
de la santa cristiana del siglo XII sonaban impresionantemente claras y

hermosas. Ella estaba totalmente presente, como una experiencia zen, pero con una energía más femenina que masculina. Escuché, encantado... pero aparte de la apreciación estética no pasó nada más hasta que el disco se terminó.

Ella había sido poetisa, doctora, artista musical. ¡Qué ser más extraordinario!, pensaba mientras me ponía de pie y descorría las cortinas.

De pronto la habitación se inundó de una luz tan intensa que apenas podía ver.

¡Luz!

Mientras los ojos se acostumbraban, quedé sorprendido por lo que se me reveló. Podía ver la luz en sí misma. Siempre supuse que era simplemente un medio natural que hacía posible la vista, pero ahora me daba cuenta de lo equivocado que estaba.

Todo estaba hecho de luz.

La luz era lo sagrado.

Entorné los ojos y miré por la ventana que me encandilaba, a través de las ramas sin hojas del saúco y directamente hacia el sol poniente de aquella tarde de invierno. Profundidad tras profundidad, fulgor tras fulgor, se revelaban en su interior. Vislumbraba vagamente formas geométricas transparentes, intrincadas como la estructura de los copos de nieve, de colores amarillo, blanco o ámbar, saliendo y entrando lentamente unos en otros, en forma instintiva con lo sagrado.

Me di cuenta de que estaba de rodillas. Sorprendentemente, había juntado las palmas de las manos en la posición de la oración cristiana, algo que no hacía desde la parroquia de la escuela. La ventana del dormitorio se transformó en un vitral pero, en vez de los colores sombríos y variados de la ventana de una iglesia, eran exquisitos tonos pálidos de dorado y blanco, que reflejaban el resplandor de la nieve o la escarcha.

Poco después de estar en la segunda escuela pública, perdí ese sentido de la belleza que, durante la infancia, era mi puerta hacia Dios. Ahora los años se hicieron a un lado y esa sencilla sensación de asombro, de silencio interior, volvió a inundarme como si nunca se hubiera ido. Ese fue mi primer viaje psicodélico realmente religioso, mi primer viaje que trataba de Dios (y me refiero al Dios tradicional y chapado a la antigua, no a una aproximación budista diluida). ¿Cuál fue la frase de Aldous Huxley? *Mysterium tremendum...*

No sé cuánto tiempo estuve arrodillado, contemplando embelesado el misterio de la Divinidad en que se convirtió la ventana del dormitorio. Cuando volví en mí, había perdido toda la fuerza de las extremidades, y me acosté boca arriba sobre el suelo del dormitorio. Lo único que quería era fusionarme con Dios y partir. Permanecí allí mirando desde abajo el techo que, por motivos desconocidos, resplandecía con todas sus fuerzas. Muy bien, Dios, pensé al fin, llegó la hora. Después de una pequeña pausa, dije con una pomposidad que me abochorna reconocer: "Estoy listo para morir".

Ciertamente, Dios saber reconocer la falsedad cuando la escucha.

Tan pronto salieron esas palabras de mi boca, fui presa de un pánico ciego. No podía respirar y me empecé a ahogar. Solo que esta vez, en lugar de toser, se me llenó la boca de sabor a sangre, a mucha sangre. Alarmado, me di vuelta y me puse de pie. Mientras lo hacía, sentí algo viscoso que me salía por las comisuras de los labios e intenté quitarlo con el dorso la mano mientras me tambaleaba hacia la puerta. Logré llegar al baño y me recliné sobre el inodoro para intentar escupir la saliva con sangre... pero no había nada.

Solo saliva transparente como siempre. No lo podía creer, el sabor metálico había sido inconfundible.

Muy agitado, lo único que se me ocurrió hacer fue preparar un baño. Quizás el ácido se está nivelando, pensé, mientras veía cómo se llenaba la bañera y le ponía una gran cantidad de burbujas. Como pude, me quité la ropa y me metí.

¿Nivelándose? Menuda broma. Comencé a tener visiones apocalípticas apenas me recosté en la espuma. No había nada de religioso en ellas, sino de pura política. Chocantes visiones de una sociedad cuya infraestructura se había desmoronado, como si fueran tomadas directamente de un noticiero de televisión... Desde el punto de vista político, esta era la época cuando en Estados Unidos se recibieron amenazas de envíos de ántrax a objetivos específicos por correo y los paquetes contribuían en enorme medida a la histeria sobre el bioterrorismo, justo antes de la invasión a Afganistán. Los servicios de correos estaban a punto de colapsar ya que los trabajadores se negaban a seguir manipulando cartas y paquetes... pero en mis visiones de aquella tarde, esta situación de por sí crítica había quedado fuera de todo control.

Acostado entre montones de espuma de un verde irreal, percibí cómo las metrópolis de Occidente se transformaban en trampas mortales.

No estaba claro lo que sucedió exactamente, pero vi cómo las multitudes destrozaban y saqueaban supermercados, volcaban los carritos de compras, se empujaban por los pasillos. En alguna parte leí que en las metrópolis modernas solo hay comida suficiente para aguantar treinta y seis horas... la violencia se hacía cada vez más descarnada entre los saqueadores. Quemaban automóviles y edificios y en las calles brillaban los vidrios rotos. La electricidad fallaba, se tambaleaba y se iba. Luego dejó de haber agua. La primera noche, los centros de las ciudades ya eran verdaderos infiernos. Los núcleos urbanos fueron cerrados y los militares disparaban a cualquiera que tratara de traspasar los bloqueos de las autopistas, pero ya era demasiado tarde. Los campos y los caminos rurales se convirtieron en mataderos para las pandillas enloquecidas, formadas por los que conseguían huir de la ciudad...

Como ocurrió con algunas series de visiones anteriores, estas terminaron con un final elaborado, incluso formal. Las escenas de matanzas en los condados circundantes de Londres se disolvieron y el ojo de la cámara volvió a lugares céntricos de la ciudad. Había tomas en movimiento oníricas, casi elegíacas, a lo largo de las calles llenas de muertos y moribundos. Acercamientos a amigos que se abrazaban sin moverse, mirándose fijamente a los ojos... solemnes frente a la muerte.

"Las balas serán un lujo", me aseguraba una presentadora de noticias con un grosero tono de escolar.

18

"Vi a un hombre
en harapos..."

AL DÍA SIGUIENTE, AL leer lo anotado en el cuaderno de viajes, me fue difícil aguantar la risa. "Esto es ridículo", había escrito, y el fuerte epíteto lo decía todo. ¿Dios como luz...? ¿Plegaria...? ¿Armagedón...? ¿Qué tiene que ver nada de eso conmigo? Toda mi vida fui anarquista: el cristianismo eclesial siempre me pareció más que nada ideología política y la iglesia, la institución más malvada que el mundo haya conocido.

Pero la sesión siguiente terminó siendo exactamente igual.

Las primeras etapas estuvieron dominadas por los mismos síntomas físicos... los temblores de las piernas... la tos seca... el sabor cáustico de la sangre, como algo salido de un cuento victoriano de fantasmas. La segunda mitad, más que nada en la bañera, fue una repetición de las mismas visiones apocalípticas. Nuevas enfermedades que causaban estragos en sistemas inmunológicos destruidos... ciudades que se venían abajo... tomas continuas de calles llenas de cadáveres. Lo único que faltaba era el fundamentalismo y el papel que jugaba la oración.

Lo más disparatado de todo es que yo sí tenía mis propias convicciones religiosas. He mencionado mi interés por las ideas de Gurdjieff y el budismo, y aunque mis intentos de meditar han sido un verdadero fracaso, nunca dejé de sentir que la visión de Gurdjieff, de que todos estamos dormidos y atrapados dentro de nuestras mentes, constituye un reflejo muy acertado de la vida que vivimos.

Durante los años siguientes, me sorprendió la cantidad cada vez mayor de personas que comenzaban a sentirse de igual manera. No solo logró hacer incursiones firmes en la cultura occidental la tradición del budismo, sino la tradición india conocida como *vedanta advaita,* la filosofía no dualista. Quizás Ramana Maharsi haya sido su exponente más celebre en el siglo XX, y sus enseñanzas, como las de Gurdjieff (o como el zen) consistían simplemente en localizar, en cada momento, el sentido más íntimo de uno mismo y analizar si realmente está separado de todo lo demás. En sánscrito, la palabra *advaita* no solo significa "uno", sino algo más sutil. Literalmente, significa "no dos", y para fines del siglo XX, varias corrientes filosóficas religiosas contemporáneas comenzaron a definirse en torno a dicho concepto.

Lo que me pareció más curioso del proceso era la forma en que ocurría, al margen de cualquier contexto "religioso" previo. Quizás convenga recordar que la forma del siglo XX de ver el "sueño" y la ensoñación no se derivó originalmente de un maestro religioso, ni de un psicólogo, ni siquiera de un filósofo. Ese tema fue puesto en la palestra por primera vez por un creador, un novelista: James Joyce en su obra *Ulises.*

Para Joyce, la esencia de la psicología del siglo XX era el monólogo interno. Desde el punto de vista subjetivo, nuestra vida cotidiana se caracteriza porque internamente vamos haciendo un comentario sobre lo que sentimos y pensamos, con un nivel de obsesión tan solo superado por su vacuidad. Momento tras momento nos separamos del mundo y de los demás, y la imagen de la vida del siglo XX que nos da la obra *Ulises* es aterradoramente esquizoide: la vida interior y exterior nunca se encuentran. Estamos completamente solos, tal es el mensaje central de la obra de ficción más importante del siglo XX y, aunque tal vez pareciera una exageración cuando se publicó el libro, creo que se ha convertido en la realidad consciente diaria de millones de personas...

Me estoy adelantando de nuevo... pero ese era el telón de fondo de mis experiencias psicodélicas cuando empezaron a ser "religiosas", y por ese motivo descarté toda posibilidad de que fueran auténticamente espirituales. Creí que a mi inconsciente se le habían cruzado los cables. En lo consciente, quería seguir trabajando con material psicológico personal, con el reino psicodinámico de Grof, del que aún creía que tenía mucho que aprender.

Aparentemente, en mi caso, esto ya no era así. Todo lo contrario: la oración, el despertar religioso en su sentido más basto, se manifestó aun con más fuerza en la sesión siguiente. Hasta las anotaciones del cuaderno son apenas coherentes. Los garabatos en la hoja comenzaban abruptamente en medio de la sesión. Ya sin venda ni audífonos, y sin mi sosa personalidad habitual, me movía por el apartamento como un animal enjaulado.

Estaba desesperado por mi indignidad y el abismo que me separaba de Dios.

No recordaba exactamente lo que sucedió. En un instante, era el yo agnóstico de siempre y, al siguiente, era un cristiano fundamentalista: el ácido me hacía bandearme sin control entre lo uno y lo otro. De momento anhelaba con pasión a Dios, convulsionado por emociones que parecían desgarrarse de lo más hondo de mí, y de momento me quedaba incrédulo, espantado por el espectáculo, como si tuviera las emociones de una persona completamente distinta. Nunca antes había experimentado el fenómeno de la doble personalidad, pero ahora me daba cuenta de que sentirse atormentado, o incluso poseído, era una posibilidad psíquica real. Me sentía exactamente como si se hubiera apoderado de mi mente un protestante del siglo XVII, ese tipo de fanático religioso del que siempre traté de alejarme.

"¿Qué debo hacer?", me repetía en voz alta, *"¿qué debo hacer?"**

Esto sí que era un ser dividido. Por un lado, estaba poseído de un deseo casi incontrolable de arrodillarme a rezar... mientras que, por otro, me resistía a hacerlo con la tozudez de un mulo.

La situación era prácticamente burlesca. Mientras más me hundía, como aplastado por una enorme mano invisible, regresaba de un brinco, como un resorte, contestando con vehemencia: "No voy a hacer esta maldita estupidez". Obligado a estar de rodillas nuevamente, aún con más fuerza, no tenía idea de qué hacer en ese momento. Casi con malevolencia intenté murmurar el padrenuestro. *Padre nuestro que estás en el cielo, santificado sea tu nombre* (prácticamente escupía las palabras) *hágase tu voluntad...* pero no recordaba las palabras siguientes... *perdónamos a nuestros deudores...* pero faltaba algo en el medio, y no podía recordarlo.

Me sentía tremendamente culpable. Iba de un lado a otro por el apartamento, alucinado. Recuerdo que me retorcía las manos, lo que siempre pensé era solo una figura retórica. Pero no, también podía hacerse literalmente.

De pronto, casi haciendo un sonido, mi mente se despejó y volví a mi yo de siempre. Estaba completamente en calma y centrado... en extremo. Sentía que había accedido a un nivel de pensamiento más elevado, que todavía estaba en proceso de evolución, y pensaba con la velocidad y urgencia que solo se conoce en momentos de gran peligro físico. Andaba de aquí para allá por la pequeña sala, con una intensidad teológica casi agresiva. En esencia, tenemos que lidiar con tres factores:

---

*En cuanto a testimonios protestantes, sirva como referencia John Bunyan: "Vi a un hombre de pie, en harapos, vuelto de espaldas a su casa, con una pesada carga sobre sus hombros y un libro en sus manos. Fijé en él mi atención y vi que abrió el libro y leía de él, y según iba leyendo, lloraba y se estremecía, hasta que, no pudiendo contenerse más, lanzó un penoso quejido y exclamó: ¿Qué debo hacer? (*El progreso del peregrino*, primer párrafo, segunda y tercera oraciones). Y, en relación con la pesadumbre en el baño con burbujas: "Además, sé con certeza que nuestra ciudad va a ser abrasada por el fuego del Cielo, y tanto yo, como mi esposa y ustedes mis queridos hijos, quedaremos atrapados en una catástrofe terrible que será nuestra miserable ruina" (segundo párrafo).

Dios, el mundo y el propio ser. Lo que debemos hacer es descubrir la verdadera relación entre ellos. ¿Pueden armonizarse los tres?

Comenzaba a alarmarme la fuerza con que me podía concentrar.

El ácido llegaba a su clímax en enormes y lentas pulsaciones, y me impulsaba irresistiblemente a una intensidad cada vez mayor. ¿Estaría a punto de darse una revelación directa? Recordé un pasaje de la Biblia: *¡Terrible cosa es caer en las manos del Dios vivo!*

Tardé demasiado en reconocer los síntomas, la sensación de que todo se desaceleraba, que los objetos se volvían más pesados y cada vez más densos. En la pequeña habitación, la presión aumentaba en forma alarmante. Antes que me diera cuenta, estaba otra vez abrumado por un terror apocalíptico. El todo estaba a punto de manifestarse en la parte, y el universo iba a ser aniquilado.

Sentí un zumbido en la cabeza, y luego vino un crujido leve pero audible. Estaba sentado a un lado de la cama, con las rodillas unidas con remilgo: la viva imagen de la Virgen Fatua.

No pienses en Dios, me decía.

Hagas lo que hagas, no dejes que la palabra pase por tu mente.

A la mañana siguiente, al hacer la anotación en el cuaderno, estaba verdaderamente enojado. Si bien me sentía atrapado en mi incapacidad de meditar y comprender la naturaleza de mi conciencia en cada momento, creí que al menos tenía una idea clara del rumbo que deseaba tomar. De todos los místicos *advaitas* que leí, me parecía que el más interesante era Sri Nisargadatta Maharajá, el legendario "tendero iluminado" (esto era una falta de respeto, pues tenía una decente aunque humilde cigarrería en Bombay). Al comparar mis últimas experiencias psicodélicas con su colección de charlas, titulada *Yo soy eso,* vi que simplemente no entendía la trama.

Al igual que Gurdjieff o Ramana Maharshi, Nisargadatta se concentra en nuestro inconsciente durante la vida cotidiana. Lo primero es que debemos despertar. Tenemos que tomar conciencia de nosotros mismos y del entorno a cada momento. Sin esto, nada es posible.

Simplemente debes tener presente el sentimiento de "yo soy". Fúndete con él, hasta que la mente y el sentir sean uno. Luego de varios intentos, encontrarás el justo equilibrio de atención y afecto y tu mente quedará establecida con firmeza en el pensamiento y el sentimiento de "yo soy".

Según Nisargadatta, si uno es capaz de mantener tal estado de auto-conciencia, incluso por períodos breves, su percepción propia cambiará radicalmente. El sentido de identidad será mucho más intenso... pero al mismo tiempo no habrá forma de describirlo.

Una vez que te convenzas de que verdaderamente no puedes decir sobre ti mismo nada más que "yo soy", y que no puedes ser nada que se pueda señalar, la necesidad del "yo soy" habrá terminado: ya no necesitarás expresar con palabras lo que eres. Solo tienes que deshacerte de la tendencia a definirte. Las definiciones se aplican solo al propio cuerpo y a sus expresiones. Al desaparecer esta obsesión con el cuerpo, volverás a tu estado natural, de forma espontánea y sin esfuerzo[1].

¿A qué estado natural volveremos?

A la conciencia distanciada que simplemente pone atención, que siempre ha registrado todas nuestras vivencias. A lo que las religiones indias llaman *el testigo,* es decir, la presencia de la conciencia misma en cada individuo. A la conciencia pura, independiente de cualquier experiencia, y anterior a ella. Si buscamos en la totalidad de nuestro pasado, o en el propio momento presente, encontraremos que esto es lo único que siempre hemos sido. O mejor, lo que siempre somos. Es la única constante de nuestra experiencia... el único elemento inmutable, que de algún modo es una sustancia de la que se compone todo. "No soy una persona", como decía afablemente el viejo tendero a sus visitantes al recibirlos. "Nunca he nacido".

19

La resistencia

LO QUE HIZO "el ácido" (como empezaba a verlo) fue echar por tierra mi autodenominado viaje espiritual. Vi que la filosofía *advaita* se había convertido en una forma de dejarme llevar, al asegurarme de vez en cuando y con vaguedad que yo era la propia conciencia. Esto no tenía poder transformativo sobre mi ser. Si fuera honesto, tendría que reconocer que se trataba solo de una venda sobre una herida que no quería sanar. Espiritualmente me encontraba en estado de negación, desde hacía años. Si se raspaba la superficie se podía apreciar una sensación de ser poco más que un zombi. Mi vida era una imagen borrosa. Por breves instantes me despertaba, lo miraba todo con arrobo momentáneo y, sin siquiera darme cuenta, volvía a ponerme en piloto automático. Lo horrible era que parecía despertar solamente el tiempo necesario para darme cuenta de que estaba dormido, y entonces me dormía otra vez. No obstante, casi deliberadamente, me negaba a comprometerme de lleno con la idea de hacer algo al respecto.

Pero, si semejante desesperación espiritual estaba tan cerca de la superficie, tan poco reprimida, ¿por qué el ácido me hacía tener que experimentar estas payasadas y melodramas sobre el cristianismo?

Al parecer había dos interpretaciones posibles. La primera, que estos viajes no tenían nada especialmente personal, sino que llegaban a niveles más profundos del inconsciente colectivo, que ahora se abría y me revelaba una enorme cantidad de información relacionada con el cristianismo. ¿Quizás se podría agregar que personalmente, por la razón que sea, yo tenía hacia el cristianismo una intensa resistencia que de algún modo distorsionaba dichos datos, al permitir únicamente que pasaran censurados (como ocurre con la información reprimida en los sueños) y, en este caso, casi como parodia de sí mismos?

Esto se me hacía plausible, pero al mismo tiempo había elementos que no parecían estar censurados en absoluto, sino que se veían realmente sinceros. La sensación de pérdida, el clamor de la belleza, el anhelo de Dios. Todos parecían sinceros, e incluso urgentes... ¿Había una necesidad genuina (además de tener características de farsa malévola) de reexaminar el cristianismo occidental? ¿Había una sensación de que la verdadera religión tenía una dimensión moral, que mi coqueteo con la filosofía *no dualista me impedía percibir? ¿Que la oración era más adecuada que la práctica de la conciencia? ¿Que, en términos generales, la vida verdaderamente religiosa era dictada mucho más por el corazón que por la cabeza?*

Cada vez más, sentía que estos viajes (como los sueños) exigían alguna interpretación, pero no sabía por dónde comenzar. Lo que necesitaba era un marco general, por lo que volví sobre la obra *Reinos del inconsciente humano,* de Grof, y releí varias secciones que dividían la experiencia psicodélica en tres etapas principales:

el reino psicodinámico, de recuerdos biográficos con alta carga emocional.

el reino perinatal, del nacimiento y otros traumas codificados en lo profundo del cuerpo físico.

el reino transpersonal, que va más allá de los confines del ser individual, del tiempo y el espacio conocidos, donde el inconsciente colectivo comienza a revelarse.

Lo que me ocurría se aproximaba de cierto modo a ese modelo. Dado que la etapa psicodinámica se detuvo algo abruptamente, muchas de las características de estas tres últimas sesiones podían interpretarse como una interacción entre temáticas perinatales y transpersonales, entre fenómenos somáticos bastante brutales (y hasta sangrientos, al menos al nivel alucinatorio), con vistazos ocasionales de lo que parecía ser la mente colectiva... y, con menos frecuencia, destellos de algo auténticamente "espiritual".

No, cuando leí el libro por tercera vez, los recelos que comencé a sentir se relacionaban más bien con el rumbo general que estaban tomando las cosas. Y es que Grof insistía en que no había forma estable de acceder a lo transpersonal sin experimentar todas las implicaciones del nivel perinatal, que culminaban con una crisis convulsiva de muerte y renacimiento. Francamente, no estaba seguro de querer someterme a eso. Decidí leer otro de sus primeros libros, *LSD Psychotherapy* [*Psicoterapia con LSD*], un manual muy profesional y práctico, donde hace una descripción con mayor detalle clínico de los paroxismos finales del nivel perinatal, lo que viene a ser una lectura escalofriante.

En el apartado titulado "Situaciones críticas en las sesiones con LSD", Grof escribió:

Algunos pueden experimentar ciertas reacciones físicas, como un alto grado de asfixia, agonía física, desmayos, o algún tipo de convulsión violenta. Otros han de hacer frente a alguna situación psicológica que les resulte completamente inaceptable y rendirse ante ella. Lo más común son los vómitos, la pérdida del control de los esfínteres, comportamientos sexuales inaceptables, confusión y desorientación, emisión de sonidos inhumanos y humillación o desprestigio. Una experiencia muy difícil e importante que ocurre en el contexto de la muerte del ego es la expectativa de una catástrofe de dimensiones enormes. Los sujetos hacen frente a una tensión agonizante que aumenta hasta alcanzar proporciones fantásticas y se convencen de que explotarán y que el mundo entero será destruido[1].

No cabe duda de que me estaba metiendo en un asunto mucho más complejo de lo que me había planteado unos meses antes. Pensé que sería capaz de soportar la idea de orinarme en los pantalones, emitir sonidos inhumanos y desprestigiarme (cuando uno llega a los sesenta años, todo esto es más normal). Lo que me ponía nervioso era el terror cósmico. En mi estado más paranoico, me temía que hubiera algo peor que el dolor físico, algo verdaderamente malo; un nivel de horror que solo se conoce en las pesadillas de la infancia, una palabra que jamás pensé usar: lo diabólico...

¿Pero acaso Grof no dijo que volver a experimentar el trauma del nacimiento no implicaba necesariamente tener que sentir toda la agonía física? La crisis también podría manifestarse en términos simbólicos o simplemente filosóficos. ¿Abandonaría por cobardía lo único que había despertado mi imaginación desde hacía años? ¿Sin siquiera intentarlo?

No puedo dejarme vencer, pensé. Tengo que encontrar algún otro relato de primera mano de autoexperimentación con LSD. No puedo ser yo la única persona que lo ha hecho. Tiene que haber otros, y seguramente alguien ha dejado anotaciones.

Doctor Grof, pensé, quiero una segunda opinión. Y me dediqué a una de las lecturas más serias y sostenidas que haya hecho en años.

20

Las sustancias psicodélicas después de los años sesenta

HABÍA PERDIDO EL CONTACTO con la escena de las drogas desde hacía mucho tiempo, por lo que me esperaban varias sorpresas. La primera fue descubrir que el LSD ya no era la sustancia psicodélica modelo que había sido para los de mi generación. Con el paso de los años, el único contacto que tuve con sustancias de ese tipo fue con el éxtasis y supuse que el linaje correspondiente había pasado a la MDMA.

Cuando ya había leído algunos libros y revisado varias revistas alternativas, me di cuenta de que no era así. Tanto el LSD como la MDMA habían sido eclipsados por los alucinógenos de origen vegetal, en particular los hongos mágicos y la dimetiltriptamina. Gran parte de los libros que consulté se centraban en el uso de la ayahuasca y el chamanismo sudamericano.

Al principio pensé que esto podía deberse a las obras de Carlos Castaneda. El libro *Las enseñanzas de Don Juan,* publicado por primera vez en 1968, probablemente fue, después de *Las puertas de la percepción,* la obra más leída sobre sustancias psicodélicas. Pero, según la literatura psicodélica de esa etapa, *Las enseñanzas de Don Juan* no había sido la obra precursora en el campo de los alucinógenos de origen vegetal como yo creía. En 1957, más de una década antes de lo publicado por Carlos Castaneda, había salido a la luz un artículo bastante sensacional en la popular revista *Life* titulado "En busca del hongo mágico". Si hay un único texto en el que se basó la nueva orientación de los estudios psicodélicos, sin duda era este.

El artículo relataba una aventura de la vida real, el viaje de R. Gordon Wasson, un acaudalado banquero de Nueva York y su esposa, Valentina, a las profundidades de las montañas de México guiados por los rumores sobre un antiguo culto de setas de éxtasis que aún persistía allí. Al fin, en un remoto pueblo de montaña llamado Huautla de Jiménez, en el estado de Oaxaca, la pareja conoció a la curandera María Sabina, una mazateca diminuta de mediana edad.

Este encuentro entre Gordon Wasson y María Sabina sería tan emblemático como el paseo en bicicleta de Hofmann más de una década antes. Sin mucho preámbulo, esa misma noche María Sabina invitó a Wasson y a otro hombre de su grupo a una velada, una ceremonia con setas, y al cabo de una hora de ingerir los hongos sagrados Wasson estaba en plena experiencia visionaria.

Las visiones venían con los ojos abiertos o cerrados... Eran en colores vívidos, siempre armoniosos. Comenzaban con motivos artísticos, geométricos como las formas que decoran las alfombras, los textiles, el empapelado o la mesa de dibujo de un arquitecto. Luego, pasaban a ser palacios con patios, galerías, jardines, palacios resplandecientes recubiertos de piedras semipreciosas. Después vi una bestia mitológica que tiraba de un carruaje real.

Se apagaron todas las luces y María Sabina cantaba y bailaba en la oscuridad. Por momentos, cuando cantaba, se entendía que su poesía improvisada era el propio recitar de las setas (como supo Wasson después). En otros momentos daba palmadas o sacudía el cuerpo rítmicamente, con algún tipo de ventriloquia, pues los sonidos parecían venir de distintos rincones de la habitación. En la penumbra, Wasson creyó ver que ella tomaba sorbos de una botella de aguardiente. Sin embargo, en el clímax del efecto de las setas, el salón desapareció.

> Ahí estaba, suspendido en el espacio, un ojo incorpóreo, invisible, inmaterial, que veía pero no se dejaba ver. Las visiones no eran borrosas ni inciertas. Estaban nítidamente enfocadas. Las líneas y los colores eran tan claros que me parecieron más reales que cualquier cosa que hubiera visto con mis propios ojos. Sentía que ahora veía claro, y que la visión normal solo nos daba una mirada imperfecta. Veía los arquetipos, las ideas platónicas que subyacen en las imágenes imperfectas de la vida cotidiana. Me cruzó por la mente una idea: ¿sería posible que las setas divinas fueran el secreto que explicaba los misterios de la antigüedad? La movilidad milagrosa que en ese momento disfrutaba, ¿podría ser la explicación sobre las brujas voladoras que tan importante papel desempeñaron en el folclor y los cuentos de hadas del norte de Europa?[1]

Estas especulaciones serían vertidas en la obra de dos tomos *Mushrooms, Russia and History* [Las setas, Rusia y la historia], que Wasson y su esposa publicaron a su regreso de México. Se dice que todo comenzó cuando quisieron hacer un libro de recetas con hongos. Sin embargo, cuando el matrimonio se adentró en la materia, les sorprendió el intenso tabú en contra del consumo de setas silvestres, cuando son en su mayoría inofensivas y las pocas especies venenosas son fáciles de identificar. Esta posición se había extendido por grandes áreas geográficas y, cuando los Wasson comenzaron a rastrear las referencias culturales a las setas, encontraron que en el folclor existía la tendencia a vincularlas con lo supernatural. Etimológicamente, había vínculos reiterados con lo infernal. ¿Por qué una actitud tan generalizada y manifiestamente irracional?

Los Wasson postularon la hipótesis de una religión prehistórica que se habría extendido por la mayor parte de Europa y el norte de

Eurasia, en la que las setas psicoactivas tendrían un papel sacramental. La religión habría sido suprimida por los misioneros cristianos (de ahí la demonización), pero quedarían vestigios hasta un época más reciente, sobre todo en Siberia. Para la eucaristía, los Wasson propusieron la más carismática de las setas, la *Amanita muscaria,* o falsa oronja, el arquetípico hongo de color rojo con puntos blancos, tan recurrido en un sinfín de cuentos de hadas.

Esa, sin embargo, era solo la primera parte de su hipótesis. Más osada aún, la segunda parte sugería que las setas alucinógenas habrían tenido un papel decisivo en la evolución humana. Al ser ingeridas por cazadores y recolectores prehistóricos, tal vez las setas mágicas abrieron una dimensión completamente nueva a la conciencia primitiva. Los Wasson llegaron incluso a sugerir que dichos hongos habrían proporcionado el primer impulso hacia la propia religión.

Nuestras setas divinas, junto con otros vegetales alucinógenos complementarios, pueden haber jugado un papel en los orígenes de la cultura humana... Pueden haber desembarazado la imaginación de los primeros hombres que las comieron, azuzando su curiosidad y poder especulativo. Las setas pueden haber despertado en ellos la mismísima idea de Dios[2].

El siguiente libro que decidí leer fue *Shamanism: Archaic Techniques of Ecstasy* [*El chamanismo y las técnicas arcaicas del éxtasis*], de Mircea Eliade, que demostró ser una elección acertada.

La innovadora investigación de Eliade se publicó solo unos años antes que la de los Wasson, y los dos libros se interrelacionan en diversos aspectos. Al igual que ellos, Eliade creía que todas las sociedades tribales primitivas, virtualmente arcaicas, que se extendían desde Escandinavia hasta Indonesia presentaban rastros de una difundida religión precristiana. Los Wasson creían haber descubierto los sacramentos esenciales de dicha religión, en tanto Eliade consideraba que había descubierto su sacerdocio.

Y es que la vida espiritual de todas las tribus que Eliade estudió giraba en torno a una única figura cismática (al mismo tiempo médico, mago y poeta) a quien se refería con el término siberiano de *chamán*. Es difícil imaginar un personaje que se alejara más del concepto de sacerdote cristiano. Cuando menos, se trataba de inadaptados crónicos y, en los peores casos, los chamanes eran verdaderos dementes. Podían ser hombres o mujeres. Muchas veces eran ambivalentes sexualmente y se travestían. Los chamanes no eran hereditarios ni electos, sino individuos que asumían ese papel por su propia iniciativa. Su derecho para hacerlo se derivaba de haber sobrevivido un colapso mental o una enfermedad que hubiera puesto en riesgo su vida (comúnmente la epilepsia) durante su infancia o adolescencia.

Sus propias experiencias de iniciación siempre giraban en torno a un descenso al inframundo, donde morían y renacían. El siguiente extracto traducido de la lengua yakuta siberiana es típico de muchos de los casos que cita Eliade:

> Las extremidades del candidato se descoyuntan con un gancho de hierro; se limpian y se descarnan los huesos, se eliminan los fluidos corporales y se arrancan los ojos de sus cuencas... la ceremonia de desmembramiento dura de tres a siete días; durante todo ese tiempo el candidato permanece como hombre muerto, respirando apenas, en un espacio solitario[3].

Solo después de pasar por esta experiencia de muerte y resurrección era que se les permitía ser aprendices de un chamán establecido. La enseñanza que recibían estos aprendices era esencialmente la misma en toda una extensa área geográfica: que no se podían identificar con su cuerpo físico y que eran capaces de superar las limitaciones del tiempo y el espacio. Porque este mundo no era el único. Había dos mundos adyacentes a este: uno abajo (el inframundo) y otro arriba (el reino de los cielos). Lo que el principiante aprendía de su mentor era cómo navegar entre estos tres mundos, "las técnicas arcaicas del éxtasis", que conforman la práctica fundamental del chamanismo, que Eliade denomina *el vuelo mágico.*

> Siempre se puede apreciar el esquema esencial, incluso después de las numerosas influencias a las que se haya sometido. Existen tres grandes regiones cósmicas, por las que se puede transitar sucesivamente porque están enlazadas por un eje central. Este eje, desde luego, pasa por una "apertura", un "agujero" y, a través de este, es que los dioses descienden a la tierra y los muertos, a las regiones subterráneas. Por ese agujero puede volar de un lado a otro el alma del chamán en éxtasis durante sus periplos celestiales o infernales[4].

Llegado este punto, las interpretaciones de Eliade y los Wasson sobre la religión arcaica divergen considerablemente. Con enfado, Eliade repudiaba cualquier sugerencia de que tal vez se utilizaran plantas psicoactivas para realizar vuelos mágicos. Descartaba estas sustancias como "narcóticas", lo que revela una falta de familiaridad con el tema. Las vigilias, los bailes en trance, las búsquedas de visiones, sí las podía aceptar, pero la dependencia de plantas psicoactivas era para él una señal segura de que el chamán pertenecía a una tradición cada vez más degenerada.

La disputa se resolvería desde un ámbito completamente distinto: el trabajo de campo de Richard Evans Schultes, botanista de la Universidad de Harvard.

Schultes fue el último de los grandes exploradores botánicos de otra época. Cuando era estudiante de postgrado, investigó el culto al peyote en el sureste de Estados Unidos. Se fue a vivir en México, donde recolectó los primeros especímenes de *teonanácatl,* las legendarias setas psicoactivas de los aztecas (esa investigación fue la que puso a los Wasson sobre la pista de Huautla). Luego determinó que la semilla de un tipo de campanilla era la *ololiuqui,* otra sustancia psicodélica azteca perdida desde hacía mucho tiempo, que supuestamente se utilizaba con fines de adivinación. Cuando las envió a Albert Hofmann para su análisis, resultaron contener ácido lisérgico, con lo que esa fue la primera vez que se descubrió LSD en estado natural.

Sin embargo, sería en la cuenca del Amazonas, en los años cuarenta y cincuenta, donde Schultes llevaría a cabo su investigación realmente revolucionaria. Viajando solo, o con algún acompañante indígena, se adentró cada vez más en su canoa en la selva amazónica noroccidental de Colombia, hasta parajes donde solo habían llegado alguna vez las tribus locales. Cartografió ríos inexplorados, recolectó trescientas nuevas especies de plantas, y abrió la caja de Pandora de los alucinógenos naturales. Gracias a su trabajo, la "etnobotánica" dejó de ser una afición de aventureros y se convirtió en una ciencia incipiente... Una de sus primeras revelaciones fue que las plantas psicoactivas se encontraban por todo el mundo y habían desempeñado un papel fundamental en muchas culturas arcaicas*.

En particular, Schultes situó el caldo de ayahuasca en su posición cimera dentro del mapa cultural de América del Sur e intentó descifrar su compleja composición química.

Antes de Schultes, nadie entendía que el ingrediente decisivo de la ayahuasca no era tanto la liana *Banisteriopsis caapi,* sino más bien las mezclas de distintas plantas ricas en dimetiltriptamina que también se utilizaban en el brebaje. Las visiones se debían en gran medida a la DMT. Lo que la *Banisteriopsis caapi* hacía era algo más sutil. Normalmente, la DMT debe ser fumada o inyectada, ya que si se ingiere oralmente es neutralizada al instante por una enzima estomacal, la monoaminooxidasa (MAO); pero la *Banisteriopsis* contiene alcaloides que son capaces de neutralizar temporalmente dicha enzima (los inhibidores de la MAO) y permiten que la DMT sea digerida gradualmente en el estómago. Esto da como resultado una exposición mucho más larga y estable

---

*Para comenzar a familiarizarse con las plantas más potentes de las ciento cincuenta y tantas especies conocidas por ser utilizadas en virtud de sus alcaloides alucinógenos, puede consultarse la obra de popularización que Schultes escribió en conjunto con Hofmann, *Plantas de los dioses* (1979). Para conocer detalles de la vida de Schultes, sus viajes y descubrimientos etnobotánicos, véase *El río,* de Wade Davis (1996).

al alucinógeno más potente del mundo, en comparación con los pocos minutos llenos de acción que se obtienen cuando se fuma.

Para hacerle justicia, se dice que Mircea Eliade estuvo a punto de cambiar su actitud hacia las sustancias psicodélicas poco antes de su muerte. ¿Cómo no iba a hacerlo? De ninguna manera podía decirse que la composición química del brebaje de ayahuasca era "degenerada". Al contrario, es altamente sofisticada. De hecho, la verdadera interrogante que plantea el trabajo de campo de Schultes es cómo pudieron ingeniárselas las tribus locales para descubrirla. No parece plausible el método de prueba y error, en una selva que contiene alrededor de ochenta mil especies de plantas. El caso del curare, el veneno paralizante que se utiliza en las flechas (cuya composición también descifró Schultes) es todavía más enigmático. En *The Cosmic Serpent* [La serpiente cósmica], Jeremy Narby escribe:

> Hay en la Amazonia cuarenta tipos de curare, que se extraen de setenta especies vegetales. El tipo que se usa en la medicina moderna proviene de la Amazonia occidental. Para producirlo, es necesario combinar varias plantas y hervirlas durante setenta y dos horas, evitando los vapores fragantes y mortales que emite el caldo. El producto final es una pasta inactiva, a menos que se inyecte bajo la piel. Si se traga es inocua. Es difícil pensar cómo alguien pudo haber dado con esta receta por experimentación fortuita[5].

¿Cómo llegaron esas tribus "primitivas" a adquirir semejantes conocimientos botánicos y químicos? Los indios, anota Narby, siempre dicen que (a) los dioses se los revelaron a sus antepasados en el albor de los tiempos, o (b) que las plantas mismas enseñaron, particularmente en el caso de plantas que se consumían junto con la ayahuasca, que desvela las propiedades de una planta determinada. De más está decir que tales explicaciones dejaban mudos de indignación a la mayoría de los científicos occidentales.

21

La resistencia

(continuación)

LO QUE ESTABA CLARO era que no conseguiría una segunda opinión.

El trabajo de Grof era el único intento sistematizado por analizar el LSD y había sido suprimido por las autoridades estadounidenses. En su lugar se publicó un estudio muy académico acerca de la función "etnobotánica" desempeñada por las sustancias psicodélicas en las sociedades antiguas que, si bien es innegablemente fascinante (y demostró que esas sustancias tienen antecedentes tan antiguos como la propia cultura humana), no se refirió a la relevancia que tienen en nuestras vidas.

Ninguno de los grandes precursores del chamanismo, como los Wasson, Eliade o Schultes (ni tampoco Carlos Castaneda o Terence McKenna, discípulo de Wasson), prestaron gran atención a lo que sin duda es su rasgo principal. *El chamanismo tiene fines de sanación,* busca calmar el dolor y, al igual que el LSD, juega con las interacciones complejas entre la sanación y la reconexión con la información que hemos perdido. Aunque algunas personas de Occidente han estudiado para convertirse en ayahuasqueros, no pude encontrar ninguna referencia sobre su preparación, ni sobre cómo creían poder relacionar su experiencia con el Occidente contemporáneo.

Empecé a flaquear en mi determinación inicial acerca del ácido. ¿Debía seguir adelante con experiencias psicodélicas que se volvían más y más alocadas, a sabiendas de que la única persona que había estudiado a fondo el LSD afirmaba que alcanzarían un nivel de locura mucho mayor? Los recelos que antes había desechado comenzaban a reaparecer. Otro libro que estuve leyendo fue *The Archaic Revival* [Renacimiento arcaico], de Terence McKenna, una obra estupendamente subversiva, pero su insistencia incansable en que la DMT y la psilocibina eran las verdaderas sustancias psicodélicas modelo me hizo desconfiar aun más. ¿Estaba mal encaminado al seguir un enfoque que todos habían abandonado hacía tiempo? Se volvía a manifestar gran parte de mi antigua negatividad en cuanto al LSD. Pensé que tenía razón sobre esta droga cuando era joven. Era cierto que podía hacer cosas casi milagrosas pero, en el mejor de los casos, es impredecible.

Además, a un nivel más mundano, se me acababa el ácido.

Cuando fui a ver al único vendedor que conocía, me dijo que lo sentía, pero que de momento no tenía nada. Al ver mi decepción, se ablandó y dijo: "Ven, me queda algo de lo mío, te puedo dar un poco". Tomó del refrigerador un frasco pequeño y un gotero y preparó varias líneas con gotas de 50 microgramos sobre una lámina de papel secante. "Papel orgánico", dijo por encima del hombro. Estoy seguro de que era papel sin blanquear, pero no era muy absorbente y, cuando empezó a gotear, el vendedor simplemente envolvió la hoja en papel de aluminio antes que las gotas se secaran del todo. Luego, sin querer recibir ningún pago, me pidió que me fuera.

Todavía no sé bien lo que pasó. Quizás el ácido tenía una concentración más alta de lo que él pensaba; o quizás hubo una buena cantidad que nunca se absorbió en el papel secante, sino que se secó sobre el papel de aluminio, y después la toqué con los dedos y la absorbí por la piel. No lo sé, pero había decidido elevar la dosis de 200 a 250 microgramos en un intento por liberarme del ciclo en que estaba atrapado, y me pareció que me tomaba una eternidad cortar cinco pedacitos irregulares manchados de color marrón claro.

Finalmente, me los tragué con una copa de agua y volví a guardar el resto en el papel de aluminio. No bien los había guardado cuando comencé a sentir los efectos. Nunca vi un ácido que pegara tan rápido o con tanta violencia. Apenas pude dominar los primeros embates, cuando se me vino encima una enorme ola. Me derribó y perdí el sentido de todo.

...cuando volví en mí, estaba en la bañera. El agua me llegaba al mentón. A lo lejos sentía una alarma, clara pero muy apagada. Algo sobre la posibilidad de ahogarme. Me molestaba no ser capaz de recordar exactamente qué era ahogarse. Algo sobre subir o hundirse, pero no recordaba cuál de los dos... ni podía determinar dónde era arriba y dónde abajo.

De hecho, parecía que había perdido toda capacidad de distinguir una cosa de otra. Por eso hice lo que me pareció más inteligente (si es que podía usar esa palabra) y simplemente me quedé quieto. Se me había terminado el buen jabón líquido para hacer burbujas y solo me quedaba un poco de gel verde barato que había comprado en el supermercado. Aparentemente vertí cantidades exageradas en el agua cuando no sabía lo que hacía. Me quedé sin mover un músculo, mirando torvamente montañas de espuma con un tono de verde neón sumamente repugnante. No había sensación de tiempo. Era una situación sin salida, puramente dantesca.

De nuevo perdí el conocimiento...

Cuando volví en mí, estaba de pie al lado de la bañera, sin recordar cómo me había levantado. Tampoco tenía idea de qué hacer después. Era imposible secarme porque no podía determinar qué era yo y qué no. Quizás el infierno tenga su propia *unión mística*. Lo mismo pasaba con mis calzoncillos, no podía ponérmelos porque no podía determinar lo que iba afuera y lo que iba adentro. Mis calzoncillos y yo éramos, como dicen los místicos, "no dos", pero de ninguna manera podría describirse esta situación como dichosa o iluminadora. Además, estaban empapados, pues al parecer había salpicado enormes cantidades de agua del baño como un niño. Durante el resto del viaje solo me puse mi chaqueta negra guateada, que había encontrado en alguna parte y que, inexplicablemente, también estaba empapada.

Todo esto era bastante simpático, de modo un tanto psicópata, si se compara con la sesión siguiente. De lo que puedo descifrar del cuaderno, todavía no me daba cuenta de que tal vez tenía una sobredosis por haber tocado el papel de aluminio con los dedos; pero este viaje psicodélico resultó ser uno de los más escalofriantes de mi vida.

Todo pareció empezar muy bien. De nuevo vi que era capaz de pensar con una claridad preternatural. Estaba parado en medio de la sala, haciendo el trayecto mental de algún argumento, y después me senté pensativo a la mesa.

Al cabo de un rato miré el reloj y me quedé de una pieza. *Según el reloj, habían pasado dos horas desde que me senté.* Es imposible, pensé. Revisé el reloj una segunda y una tercera vez, pero no, no había error. Habían transcurrido dos horas. De pronto sentí que iba a vomitar.

¿Qué había pasado?

No recordaba nada.

¿Había salido del apartamento?

Oh, Dios mío, pensé, *¿habré hecho algo terrible? ¿Algo terrible que bloqueé de mi recuerdo?*

Cuando intentaba recordar tenía la espalda bañada en sudor. Comencé a percibir mentalmente algunas imágenes fragmentadas del Heath. Imágenes de una tarde luminosa y helada, como la de hoy. Veía unas piernas con unos vaqueros negros gastados, como los míos, que iban por un sendero entre árboles invernales sin hojas... pero seguía delirando, con la imaginación a toda máquina, y no podía determinar si se trataba de recuerdos reales o imágenes que se me ocurrían. Esta fue la primera vez que sentí que algo me reptaba por la piel. Igual que la de retorcerse las manos, era una expresión literal: realmente se puede tener esa sensación...

A la mañana siguiente, aún me sentía descolocado y físicamente perturbado.

¿Qué había pasado? Había tenido experiencias excesivas antes, episodios breves de viajes psicodélicos que no podía recordar... pero jamás había perdido el conocimiento durante horas. ¿Eran totalmente acertadas las advertencias oficiales de que el LSD podía desatar cuadros psicóticos? Por primera vez en mi larga trayectoria comencé a sentir mucho miedo.

Entonces recordé que Grof había mencionado la pérdida del conocimiento en la parte de su obra *Psicoterapia con LSD,* que cité en un capítulo anterior. Releí con mayor detenimiento el apartado "Situaciones críticas en las sesiones con LSD" y encontré otro párrafo que era igual de escalofriante:

> La muerte del ego supone una experiencia de destrucción de todo lo que el sujeto es, posee o le inspira apego. Sus características esenciales son una sensación de aniquilación total a todos los niveles imaginables, pérdida de todos los sistemas de relación y referencia y destrucción del mundo objetivo. A medida que la muerte del ego se aborda desde distintas direcciones y a diversos niveles, el proceso requiere un sacrificio psicológico cada vez mayor. En las etapas finales, los sujetos deben enfrentar y confrontar experiencias, situaciones y circunstancias que son inaceptables o incluso inimaginables para ellos.

Incluso después de calmarme un poco (debo confesar que revisé furtivamente el diario local para ver si habían encontrado algún cadáver en el Heath), algo había colapsado en mi psiquis.

¿Qué demonios crees que haces?, pensé. Estás exponiéndote a una psicosis sin siquiera tener un cuidador. Es cierto, empezaste con experiencias muy positivas. El ácido disolvió tu depresión crónica y esos viajes sobre la infancia y adolescencia cambiaron la forma en que ves la vida, pero estos últimos episodios van más allá de cualquier límite. Todas esas locuras sobre el cristianismo... Estás haciendo exactamente lo mismo que hacía la gente con el ácido en los años sesenta: consumes demasiado. No seas tonto. Lo que te pasa ahora es un claro mensaje de que debes parar.

¿Qué pasó en esos dos viajes psicodélicos? ¿Fueron producto de una sobredosis? ¿Se puede absorber el LSD por vía transdérmica, por la punta de los dedos? Muchos creen que eso fue lo que le ocurrió a Albert Hofmann cuando descubrió la psicoactividad del LSD... pero he oído a otros decir que eso es imposible.

En términos más generales, yo diría que se trataba de un problema de... resistencia. La resistencia es un concepto analítico del que no se habla mucho en relación con las drogas psicodélicas, como si fuesen tan potentes que fueran imposibles de bloquear. Esa no ha sido mi experiencia. Había logrado detener en seco mi primera experiencia con mescalina y me cuestiono si muchas de las sesiones recreativas con el ácido no deben su poca profundidad al mismo temor inconsciente de perder el control.

Pero, ¿a qué me resistía?

¿A algo personal? ¿A algún trauma enterrado desde hacía mucho tiempo? Podría ser eso, ya que poco después salió a la luz una enorme herida física y emocional de mi infancia... pero, de algún modo, no creo que haya sido así. Más bien, en retrospectiva, sospecho que hay una ruptura cualitativa cuando se dejan atrás los reinos estéticos y psicodinámicos y se empieza a incursionar en niveles más profundos y transpersonales de la mente. Quizás no estamos diseñados para hacer esto. Quizás el ácido tiene una cualidad prometeica, como de tormenta celestial, que despierta niveles de resistencia profundos y casi biológicos. Quizás todo el miedo que hemos negado nos explota de pronto en la cara.

Simplemente no lo sé. Lo único que puedo decir es que cuando uno hace estos viajes en serie, pueden presentarse fenómenos que no tienen sentido, a menos que se tenga en cuenta la variable de la resistencia. De lo contrario (como me ocurrió a mí), se puede sentir el deseo de abandonar el proyecto por completo.

Pero no lo iba a dejar por las buenas.

Casi desafiante, decidí hacer unos últimos viajes. Reduje la dosis, volviendo a los 200 microgramos, para lograr un efecto menos psicótico, pero el precio fue volver al fundamentalismo protestante, el mismo estado de confusión y embriaguez que me producía la tos seca, el sabor inexplicable a sangre y la sensación apocalíptica. En tales momentos sentía la cabeza como ropa húmeda que daba vueltas y vueltas en una secadora.

Comencé a cuestionar toda mi incursión en las sustancias psicodélicas. ¿Estaría enfrentando una crisis espiritual real, provocada por la vejez y la certeza de la muerte... y en vez de usar el ácido para explorar estos temas, lo usaba para distraerme? ¿Para distraerme de lo que debería hacer, o sea, comprometerme de lleno con la oración y meditación? ¿Para afincarme en el momento actual por encima de cualquier otra cosa en el mundo... que en el fondo sabía era la única manera de lograr que esto diera resultado?

Finalmente, la mañana después del último de estos viajes psicodélicos, decidí que todo había terminado. Me levanté bruscamente de la mesa donde trataba de volcar mi frustración sobre el cuaderno de viajes y lo guardé al fondo del aparador de la sala.

Al diablo, pensé. Ya no quiero tener nada que ver con esto.

22

Anna y el canto a capela

INSISTO EN ESTO PORQUE mi verdadera confianza por el ácido se forjó cuando creía haberlo abandonado por completo. Lo que comenzó a ocurrir en las semanas y meses siguientes fue sin ningún rastro farmacológico de la droga en mi organismo. Solo en los últimos momentos llegué a pensar que existía una conexión entre los hechos que relataré y el LSD.

Lo primero fue el papel que mi amiga Anna comenzó a jugar en mi vida.

Anna era la amiga que conocí en la India, a la que diagnosticaron cáncer, y por quien lloré en mi primer viaje psicodélico. En el invierno anterior, había sufrido dos pequeños ataques que supuso eran epilépticos. Solo le quedó una leve cojera, pero los exámenes médicos posteriores revelaron que el problema no era epilepsia, sino un tumor cerebral. Otras pruebas revelaron que el tumor se había formado por metástasis de un cáncer de pulmón. Su tamaño se redujo mediante radiación, pero el médico le advirtió que los efectos del tratamiento solo serían temporales. El cáncer era inoperable y le dijeron que le quedaban seis meses de vida.

Anna tenía el mismo aspecto de siempre, solo que un poco más débil. Así se mantuvo el verano y otoño, pero a comienzos del invierno quedó postrada en cama. Su mejor amiga, quien demostró ser extraordinariamente leal durante todo ese tiempo, gestionó su traslado a un hospital local para enfermos terminales. En términos espirituales, Anna tenía el mismo historial de interés en Gurdjieff y el budismo que yo, y creía que el cáncer era un llamado de atención casi al final de la jornada. Hablaba de "morir conscientemente" e hizo que le compráramos un espejo grande para colgarlo a los pies de la cama. Con ese gesto de Gurdjieff, estaría todo el tiempo haciendo frente a su muerte. Me emocionó su valentía, pues su proceso para morir no fue nada agradable.

Anna era sueca y fue de una belleza despampanante en su juventud. En su adolescencia trabajó como modelo en París y cuando la conocí (mientras andaba por Goa en una Harley-Davidson destartalada con su novio inglés, que confeccionaba maletas con fondo falso para los traficantes de drogas de Anjuna) todavía conservaba el aplomo y la audacia de una princesa de hielo. Unos años atrás había recorrido el Himalaya por su propia cuenta, caminando durante semanas por las montañas de Garhwal, desde Mussoorie hasta Jamunotri, sin guía ni mapas, con poquísimo dinero, hospedándose con pastores y eremitas que iba conociendo por el camino.

Ahora, con poco más de cincuenta años, estaba paralizada de la cintura para abajo. Sus piernas eran apéndices inútiles, palillos agarrotados como las extremidades de los prisioneros de los campos de concentración nazis. Con estreñimiento crónico, pasó sus últimos meses con un catéter y con los pañales de color verde claro que le daba el gobierno. Tenían que venir las enfermeras a limpiarle el trasero como si fuera un bebé. Desde que le aplicaron la radiación perdió el cabello y un diente delantero, y los tratamientos con esteroides la habían inflamado y le pusieron la piel de un color rojo furioso con manchas.

Esto era lo que el espejo mostraba, y creo que Anna esperaba que el impacto la dejara anclada en el aquí y ahora. Esperaba despertar a las puertas de la muerte, y si veía que algo se le interponía, creía que sería el dolor físico... pero no fue así. Le pusieron un parche transdérmico con uno de los nuevos analgésicos de fentanilo, lo que efectivamente neutralizó la peor parte del dolor.

Como su hospital no estaba lejos de donde yo vivía, comencé a pasar cada vez más tiempo con ella.

Ese tiempo que pasé con Anna mientras agonizaba fue lo primero. Lo segundo fue la música.

Durante el viaje en que tuve mi primer atisbo de lo sagrado, estaba escuchando un CD de Hildegarda de Bingen. La música me debe haber llegado más hondo de lo que creí, pues cuando devolví el CD a la biblioteca, tomé prestados dos discos más de música medieval tardía y de principios del Renacimiento. Los llevé a casa y los escuché diligentemente, pero no tenían la claridad prístina de Hildegarda, y, si acaso, sonaban predeciblemente eclesiásticos.

Sin embargo, una tarde me fumé un cigarrillo antes de prepararme la cena y puse en el estéreo como música de fondo uno de los discos, el *Réquiem* de Ockeghem, del siglo XV. Estaba en la cocina *cuando de pronto lo escuché. Era como si se me hubieran desbloqueado los oídos.* Quité la olla de la hornilla y volví a la sala para oírlo. Al principio, solo me sorprendía la complejidad e intensidad del contrapunto, la estética de las voces que se entrelazaban; luego me fasciné cada vez más con la naturaleza de la emoción expresada. No encontraba adjetivos para describirla... pero lo cierto es que aquella cualidad lúgubre y eclesiástica se había desvanecido.

El disco traía comentarios poco esclarecedores, pero que daban alguna información de antecedentes. Desde el punto de vista histórico, Ockeghem era considerado el primer maestro verdadero de la polifonía occidental. A comienzos del Renacimiento los antiguos cantos llanos medievales (donde todos cantan al unísono, que yo siempre llamaría canto gregoriano) comenzaron a ceder paso a nuevos enfoques sobre la música sagrada. Unas pocas voces, generalmente entre cuatro y ocho, cantaban partes individuales en contrapunto. Nunca se usaban instrumentos, solo voces, y este estilo se llegó a conocer con el término italiano *a cappella*. Pero esa música sagrada no se originó en Italia, sino en el norte de Europa, en los antiguos Países Bajos, y la mayoría de sus maestros eran holandeses, franceses o belgas.

Todo esto era nuevo para mí. Durante años, aparte de un poco de minimalismo, casi nunca escuché música clásica occidental, pero ahora empecé a sacar de la biblioteca cada vez más CD de música de comienzos del Renacimiento. Al principio, la mayoría de las composiciones eran como la de Ockeghem, y simplemente no era capaz de apreciarlas, pero de pronto, como si me destaparan los oídos, escuchaba maravillado. Casi siempre me pasaba cuando fumaba. Pero de todos modos no podía definir la naturaleza de la emoción que inspiraba esa música. ¿La fe? ¿El deseo de celebrar? ¿El arrobamiento? Fuese lo que fuese, la complejidad y la necesidad de una precisión de milésimas de segundo producían una vivificante sensación de pureza, rapidez y euforia que jamás habría relacionado con la Iglesia. A veces, mientras escuchaba, sentía que mi cuerpo se fundía o disolvía, y había una marcada sensación como si ascendiera o volara.

Me acostumbré a la rutina de pasar casi todas las veladas en el hospital con Anna. Nunca antes había estado junto a un lecho de muerte y no tenía la menor idea de lo que debía hacer. Anna pasaba el día dibujando y pintando en la cama, como una niña, y por la noche nos sentábamos a conversar, o su amiga y yo le leíamos, o meditábamos los tres un rato. A veces, venía algún amigo, y de cierto modo comenzamos a disfrutar realmente nuestras tardes juntos.

En esa época de abstinencia del ácido fue cuando por primera vez detecté que la droga todavía me estaba haciendo efecto.

Si no hubiera estado viviendo una vida tan plácida y sin mayores incidentes, difícilmente lo habría notado, pero la información personal y biográfica que creí agotada en esos últimos viajes seguía fluyendo, y en ese momento más. Los recuerdos de la infancia siguieron aflorando en la misma forma abrupta, pero ahora comprendía lo que querían contarme. Estaba ocurriendo una suerte de autoanálisis espontáneo. Pieza a pieza, fui armando el rompecabezas que me reveló que fui un hijo indeseado y que había reaccionado ante ello con una sobrecompensación exagerada. Me tracé metas excesivamente elevadas, porque (estoy seguro de que esto es típico) la única forma que encontré de lidiar con esa realidad era creerme especial. De pronto, parecía que estaba aprendiendo a leer la historia de mi propia vida. Lo que cambió fue el período del que provenían los recuerdos. En lugar de solo enfocarse en mi infancia, también tenían que ver con los dos internados donde estudié. Para mi sorpresa, ya que siempre creí que detestaba la escuela pública, me di cuenta de que gran parte del tiempo que pasé allí fui muy feliz. Vi de nuevo mi escuela preparatoria (el lago, los bosques, el camino por los rosales hacia la antigua capilla con sus tumbas desarregladas) y sentí una nostalgia estremecedora. Vi las caras de mis amigos, uno a uno, y aprecié la belleza de cada una: eran perfectas como las caras de los animales. Vi mi segunda escuela pública, que no era una grandiosa y deteriorada mansión del siglo XVIII como la primera, sino una gran nave desolada y rústica en las cercanías de Gales. No obstante, vi que allí también, pese a lo que creí durante tantos años, gran parte de mi estancia me sentí muy feliz, y tuve algunos de los mejores amigos de toda mi vida.

Acostumbraba alardear de haber abandonado la escuela pública, pero ahora veía que parte de mí siempre quiso ir a la universidad y tener un buen desempeño académico. Era como si tuviera que pensar en todas las cosas de mi vida sobre las que nunca antes me permití reflexionar. Lo que más rabia me daba era que la sobrecompensación implicaba que nunca podría analizarme con objetividad. De modo imperceptible, la vida me había ido empujando hacia la estupidez. Esto es lo que más me molestaba. Había sido forzado a ser un estúpido.

De algún modo, el ácido catalizó un proceso que continuó sin necesidad de acción química. Gradualmente, este constante examen de vida me empezó a provocar una sensación de disociación cada vez mayor del ser con quien tan ciegamente me identificaba. Parecía que mi vida se había convertido en algo más objetivo, más integrado en el mundo. Algo que ya no era subjetivo... incluso, en cierto sentido, que ya no era "mío" en lo absoluto. De más está decir que eso sucedió casi sin darme cuenta en el transcurso de varios meses, pero recién había comenzado a notarlo.

23

La muerte de Anna

DURANTE LAS ÚLTIMAS SEMANAS antes que muriera Anna, me puse obsesivo con el canto a capela. Terminaba el invierno, pero el tiempo seguía tormentoso y muy frío, y me iba y venía del hospital escuchando el walkman. Ya había agotado la pequeña muestra de música renacentista de la biblioteca (Josquin des Pres, Lassus y Tallis, Palestrina y discos de compilaciones de maestros menores, regresando finalmente a las raíces con Dunstaple y Dufay) y, a estas alturas, si quería algo nuevo tenía que tomar el metro hasta West End. No había estado tan involucrado con la música desde los buenos tiempos del *rock and roll*. En efecto, no me diferenciaba mucho de un adolescente enamoradizo al andar de noche, bajo la lluvia, escuchando una y otra vez el *Infelix Ego* de Lassus. Con sus sombríos arranques de éxtasis, de seguro el motete es de las piezas más impactantes de toda la música renacentista... aunque por fin comencé a preguntarme, ¿por qué no puedes dejar de escucharla?

La oscuridad y el frío parecían durar una eternidad, cuando de pronto llegó la primavera. Bajó el viento, salió el sol y, como por arte de magia, todos los cerezos florecieron. Los días perfectos se sucedían uno a otro e, instintivamente, la amiga de Anna y yo supimos que eso era lo que ella había esperado. Nos hizo abrir una ventana de par en par y empujar su cama de hospital hasta que casi se salía para afuera: el conjunto formado por la cama, el narciso en su maceta y el enorme espejo de Gurdjieff parecía algo sacado de la época dorada del surrealismo.

Tarde tras tarde, Anna se quedaba ahí, mirando el cielo en silencio. Pero se acercaba el fin. Interiormente, volvió la cara hacia la pared. Durante sus últimos días estaba cada vez más confundida, balbuceaba en sueco a las enfermeras y nunca estaba cómoda. Hasta ese momento yo no sabía lo que era la "agitación" de los moribundos. En su último día de vida, aunque inconsciente, daba vueltas y vueltas de aquí para allá en la cama.

Ya entrada la tarde, le habían inyectado suficiente diamorfina como para sedarla y, cuando comenzó a anochecer, la enfermera trajo dos sillones y mantas para nosotros. Luego conectó al brazo de Anna una máquina que le administraba dosis regulares de morfina con un zumbido como de mecanismo de relojería. Me parecía que lo hacía demasiado seguido.

Cuando cayó la noche me percaté de que su respiración era cada vez más fatigosa. Cada exhalación parecía ser la última, pero entonces sus pulmones reunían fuerzas y comenzaban a inhalar nuevamente. Se oía un líquido. Recordé que alguna vez me dijeron que cuando se muere de enfisema, los pulmones se inundan y no se puede respirar. *"¿Se va a ahogar?"*, le susurré con horror al oído a la amiga de Anna.

Más tarde en la noche, la respiración de Anna se volvió a estabilizar y estábamos cabeceando en los sillones cuando de pronto nos dimos cuenta de lo silenciosa que se había quedado la habitación.

Había pasado la medianoche, era la hora bruja. La cabeza de Anna estaba inclinada ligeramente hacia un lado de la almohada y, por un momento, pensé que le hacía muecas a su amiga. Muy despacio, y muy a propósito, parecía tirar trompetillas. Sus labios hacían un perfecto capullo, más exacto de lo que cualquiera podría hacer conscientemente, como si fuera un efecto natural de algún órgano interno. Cada vez se liberaba una cantidad exacta de aire; luego había una larga pausa, y al final lanzaba otro beso. Recuerdo con mucha claridad que no se sabía si estaba consciente o inconsciente: se encontraba en un estado completamente distinto. Era como si estuviera alrededor de sí misma. Sin duda alguna, en la habitación del hospital había una enorme carga presente, ¿pero de qué?

Las pausas se hicieron cada vez más largas; por fin hubo una última mueca... pero ya no quedaba más aire que soltar.

Creo que unos diez o quince días después de la cremación de Anna (recuerdo que fue una tarde) entendí súbitamente lo que estaba sucediendo. En un destello, vi que todo era una manifestación continua de la apertura a la religión, al cristianismo en particular, que había intentado negar en mis últimos viajes con el ácido.

Ya varias veces había sospechado que lo que me incitó a ayudar a Anna había sido algo más que el llamado de la amistad: una necesidad inconsciente de exponerme a la realidad de la muerte que yo, como toda nuestra cultura, negué durante toda mi vida. Aunque durante los últimos viajes conseguí reprimir los sentimientos religiosos, el ácido había flanqueado mis defensas y empezó a operar directamente en mi vida cotidiana. El canto a capela era parte de lo mismo. Ante todo, no se trataba de la música, sino de lograr que yo reconociera la realidad de la oración y la devoción. Yo era más receptivo en lo estético que en lo intelectual. La música sagrada me permitía rendirme a una fusión interna (un impulso extático hacia la separación del cuerpo) que de otro modo habría seguido negando.

Mi condicionamiento había sido esquivado en forma elegante y efectiva; cuando me di cuenta, ya había sucedido. Canto de misa y lecho de muerte, ¿qué más quería?

Durante los días siguientes fui dando con las piezas que faltaban. Mi resistencia al ácido se basaba en la objeción más común a las sustancias psicodélicas: que si bien las experiencias de los viajes pueden ser electrizantes, en cuestión de horas la sustancia parece perder todo su poder de seguir transformando o incluso influenciando al que la consume. El ácido puede elevarnos del suelo... pero después nos deja caer exactamente en la posición anterior.

En mis incesantes lecturas encontré un ensayo de Houston Smith titulado "¿Tienen algún valor las drogas desde el punto de vista religioso?" El texto era conocido y fue uno de los trabajos sobre sustancias psicodélicas más difundidos durante los años sesenta. Pese a ser en muchos sentidos insólitamente positivo para un académico, Houston Smith se sintió obligado a trazar una línea delimitadora frente a las sustancias psicodélicas, y su conclusión tentativa se convirtió prácticamente en axioma en todo estudio sobre el tema:

Es posible que las drogas induzcan experiencias religiosas, pero no es tan evidente que puedan propiciar vidas religiosas.

Aunque con renuencia, yo habría coincidido con esa valoración si hubiera seguido consumiendo ácido. Pero desde que paré de hacerlo observé, como he mencionado antes, que había un proceso de autoanálisis, que no cesaba aunque no volviera a consumir la droga. Al parecer, el ácido había puesto en marcha un proceso que de por sí era espontáneo. Los viajes psicodélicos no eran "simplemente efecto de la droga". La imagen original de Aldous Huxley de que la mescalina esquivaba una válvula reductora en el cerebro, por más simplista que parezca en términos de química cerebral, era sustancialmente correcta. Se liberaba algo que había estado reprimido.

Pero se liberaba durante mucho más tiempo de lo que Huxley imaginaba. Y no solo eso. Mientras estaba activado, era capaz de responder a distintos individuos con gran flexibilidad. Si se le bloqueaba intelectual o emocionalmente, era capaz de cambiar el rumbo y expresarse a través de aspectos de la naturaleza personal tan diversos como la amistad o el gusto musical. Incluso era capaz de comunicarse directamente a través de sucesos en apariencia externos.

Sin duda se trataba de pensamientos primitivos reprobables, pero empezaba a ver el ácido como una entidad inteligente, capaz de acción autónoma. El concepto jungiano del "Yo" era la explicación intelectual más aceptable que le podía dar... aunque en mi estado de ánimo de ese momento habría dicho mejor "el Yo Supremo". Estas nuevas perspectivas me dejaban con una radiante sensación de que me fusionaba con alguna entidad mayor que andaba buscándome.

Y no, la máxima de Houston Smith me parecía en extremo debatible. Sentía que él, así como muchos de nosotros en esa época, pensaba que se podía pasar directamente a la experiencia "mística", pero ahora me daba cuenta de que primero debía haber una etapa preliminar de sanación y transformación moral. No se puede obviar la etapa de autocomprensión, que es precisamente el eslabón perdido entre la experiencia religiosa y una vida verdaderamente religiosa.

24

La sesión 21

Ser dos personas a la vez

JUSTO CUANDO LO NECESITABA me llamó por teléfono mi nuevo amigo el vendedor de drogas para decirme que pasara por su casa. Cuando llegué al apartamento, me dijo que por fin había vuelto a conseguir algo de LSD, tanto en hojas de papel secante como en frascos y me preguntó cuál prefería.

Por un momento me quedé pasmado de pensar lo que hubiera significado un frasco entero en los buenos tiempos (suficiente para noquear a toda una ciudad, pensé). Sentí alivio cuando me explicó que cada frasco contenía cien dosis de 100 microgramos. Agregó que la pureza era aceptable, pero de todos modos le parecía que lo habían mezclado con un poco de agua. Cada gota del gotero, que debería contener unos 100 microgramos, probablemente tendría en realidad unos 80 microgramos. El precio del frasco era de 150 libras esterlinas y, considerando los riesgos que corrían todos los involucrados, era totalmente increíble, por lo que de inmediato le compré uno.

De vuelta en mi apartamento, saqué el recipiente de su pequeña bolsa plástica. Lo puse sobre la mesa de la sala, me senté y lo observé. Un frasquito como otro cualquiera de color ámbar y un gotero, la imagen de la inocencia hasta que uno se preguntara por qué no tenía etiqueta... Me hizo evocar afectuosamente el romanticismo de las drogas. Lo destapé como si estuviera en un sueño, extraje un poco de ácido con el gotero y lo observé a trasluz. El líquido tenía un color pálido parecido al del té: el vendedor me dijo que habían utilizado brandy como disolvente...

Pese a mi entusiasmo pensé que debería poner a prueba el frasco. No había hecho ningún viaje desde hacía cuatro meses y quería estar seguro de que este fuese memorable. Entonces, dos días después por la tarde puse dos gotas en una copa de agua, que, según el vendedor, debería tener unos 160 microgramos... pero me pareció que estaba muy disuelta. La sesión fue agitada y nunca se concentró en nada en particular. La primera de mis notas en mi nuevo cuaderno, el volumen dos, parece un pasaje de la obra *El extraño caso del Dr. Jekyll y el Sr. Hyde*.

> ¿Este frasco estará un poco aguado? ¿Será que el primer lote era más fuerte o puro? ¿O es que uno desarrolla resistencia después de cierto tiempo? ¿Se hacen cada vez más débiles los efectos hasta que se pierden del todo?

Quizás, diez días después, estos recelos hicieron que mi promisorio gran viaje psicodélico tuviera un mal comienzo.

Pese a haber vertido tres gotas esta vez (lo que debía ser 240 microgramos, equivalente, a todos los efectos, a la dosis estándar de 250 microgramos usada por los *hippies*), el viaje seguía estando aguado y amorfo. Transcurrió una hora, y no pasó nada; otra y todavía nada, excepto que me sentía muy ansioso y nervioso. Me acosté en la cama, escuchando de mala gana una misa de Josquin en el walkman, hasta que llegó la tercera hora, cuando los efectos de la droga debían estar llegando a su apogeo.

Demonios, pensé, me timaron. Miré la soleada tarde por la ventana y me sentí realmente molesto. De pronto pensé, ¡al diablo con esto!, me voy a dar un paseo por el Heath.

Una de mis reglas básicas era nunca salir del apartamento hasta mucho después que la sesión hubiera llegado a su nivel de meseta, y fue la primera vez que me atreví a salir cuando el ácido debía estar en pleno efecto... En realidad, una de las historias más comunes es la del viaje psicodélico malogrado. Por suerte no hice como muchos y no tomé una segunda dosis, para evitar que las dos me hicieran efecto al mismo tiempo. Aunque lo que me sucedió fue tan extraño que no puedo siquiera imaginarme cómo habría sido si hubiera duplicado la cantidad.

Bajé por las escaleras, y enfilé por la primera calle que conducía al Heath.

La avenida estaba vacía.

El sol brillaba, los pájaros cantaban, era una gloriosa tarde de comienzos de verano... aparte de que el ácido me había fallado. Sentía una impresión muy extraña e inquietante mientras iba por la calle. *De cierta manera todo era mucho más normal de lo común.* No había nadie cerca y ya había caminado unos cuarenta y cinco metros cuando una figura dobló en la esquina más adelante y vino por la acera hacia mí.

Era un hombre, como de mi complexión, pero no lo miré directamente hasta que estuvimos a pocos pasos de distancia. Entonces, nuestros ojos se encontraron, y retrocedí como si me hubieran dado una bofetada.

Era yo el que miraba por sus ojos.

¡Era yo!

El reconocimiento fue tan instantáneo y evidente como cuando uno se mira en el espejo.

¡Él era yo!

¡Yo era él!

Nunca antes me sentí tan espantado. Mecánicamente doblé en la esquina y seguí caminando por la calle. Estaba tan aturdido que la mente se me quedó en silencio. Tenía el pulso acelerado, es cierto, pero aparte de eso parecía estar funcionando con normalidad... y todo lo demás mantenía su desconcertante cualidad de estar más que normal.

Caminé hacia el Heath, pasando bajo un par de plataneros. Luego, de la nada, recordé que años atrás una novia me había contado exactamente la misma historia. En medio de un gran viaje con ácido, se había convertido en su propia interlocutora. Ella era las dos personas a la vez: estaba igualmente presente a ambos lados de la conversación. A pesar de la seriedad con que lo decía, no hice mucho caso a su historia y luego la olvidé del todo. Hasta este momento.

No hubo más transeúntes hasta que llegué a la intersección. Había un bar al otro lado de la calle, y unas cuatro o cinco personas que caminaban por la acera. Mientras avanzaba hacia el grupo disperso, uno de ellos miró hacia mí... y de nuevo la tarde se convirtió en una locura.

Cuando nuestros ojos se encontraron, vi que éramos la misma persona.

No es que fuera como yo ni se pareciera a mí. En lo absoluto. Él era yo, y yo era él. De la misma manera en que usted sabe quién es usted, sabía que yo era él. Era algo evidente.

Y al mirar a cada persona que pasaba por allí, sucedía lo mismo. Yo era cada uno de ellos, y luego todos nos convertimos en uno colectivamente, en un campo existencial con forma de estrella que se extendía quizás unos diez metros en varias direcciones. Si bien yo era parte integrante de esta configuración, no tenía sensación de ubicuidad. No veía las cosas a través de los ojos de los demás ni mucho menos, pero sentía oleadas de algo parecido a un mareo. Era ontológico. Yo era la madre que paseaba a su bebé en un cochecito. Era el hombre preocupado de mediana edad que cruzaba la calle. Era la jovencita hermosa que se apoyaba en la baranda. Era todos ellos, y todos eran yo.

No tenía idea de qué hacer, así que crucé la calle con la mayor cara de impasibilidad que pude, y seguí caminando por la acera en medio del sol moteado y las sombras. Pero por dentro sentía un gran regocijo. Es más, lo que sentía era un frenesí. Esto es ciencia-ficción de la buena, pensé. Como en la película *La invasión de los usurpadores de cuerpos*, ¡y me ha tocado el papel protagónico! ¡Soy el monstruo del espacio!

No sé a dónde fueron todos esa tarde, pues la calle volvió a quedar vacía. Ni siquiera vi autos cuando crucé hacia el Heath. Allí tampoco había nadie y ya sentía que la ola de regocijo enloquecido comenzaba a mermar cuando llegué al estanque del Vale of Health. Por fin, me encontré con un grupo de turistas extranjeros que visitaban el Heath pero, cuando hice contacto visual con uno de ellos, no sucedió nada fuera de lo normal.

Al parecer mi enorme demencia hizo extinguir los últimos efectos del ácido, por lo que deambulé alrededor del estanque en forma cada vez más errática, hasta que al fin me senté en una pequeña arboleda de abedules donde crece la *Amanita muscaria* en otoño.

Durante la siguiente hora o más, simplemente me recosté en el pasto, apoyado en un codo, observando la brisa jugar en las copas de los árboles en el otro extremo del estanque. Nunca me había fijado en lo complejas que eran las corrientes de aire, cómo un grupo de hojas se mueve hacia un lado mientras que otro grupo, a solo centímetros de distancia, se mueve en otra dirección. Se veía cómo cada pequeña ráfaga de viento se incorporaba en el movimiento del conjunto. Los árboles respondían al viento cada uno a su manera, algunos tranquilos, otros ondeando apasionadamente, pero todos reaccionaban al unísono, como un conjunto orgánico.

¡Qué extraño que una alucinación tan vívida pueda estar seguida de una sensación tan profunda de paz! Y es que me di cuenta de que esta fue la primera ocasión en que me sentí realmente meditativo durante una experiencia psicodélica. El ácido no había terminado de actuar aún. La misma sensación de disipación de las fronteras, que me permitió ser uno con las personas de la calle, me dio esta sensación más apacible de empatía con el viento, el agua y los árboles. Sentí que me podía quedar allí recostado, mirándolos, para siempre.

¿Por qué algo tan difícil siempre se tornaba tan natural ahora?

De pronto me pareció una burda manipulación mi intento de hacer expresarse al ácido hacia el interior, con la máscara y los audífonos puestos. Necesitaba abrirme, no contraerme más. Tenía que dejarme llevar. ¿Era eso lo que me querían hacer saber mis sesiones de meses atrás que había desestimado? ¿Que mi enfoque era demasiado intelectual y debía ser más sincero? ¿Más apasionado? ¿Más devoto? Me parecía claro que ese era el mensaje del primer grupo de viajes, cuando escuchaba a Santa Hildegarda.

Debía dejarme llevar... pero tenía que ser por algo. Debía dejarme llevar por la belleza natural. Ese era mi rumbo.

Debo empezar a hacer mis sesiones en el Heath, pensé, cuando por fin me puse de pie. Debería buscar un rincón tranquilo en el bosque y ver qué pasa si no trato de controlar nada.

25

Lo transpersonal

A LA MAÑANA SIGUIENTE abrí mi ejemplar de *Reinos del inconsciente humano,* riéndome en voz alta mientras lo hacía. De verdad, esto está yendo demasiado lejos, pensé, mientras hojeaba algunas páginas... ¡y ahí estaba! *Unidad dual,* así llama Grof a tales momentos, y son extensamente tratados entre los fenómenos transpersonales que componen la categoría final de la experiencia psicodélica.

> El sujeto experimenta diversos grados de disolución y pérdida de las fronteras del ego, fusionándose con otra persona en un estado de unidad e identidad. Pero aunque el individuo se siente completamente fusionado con su acompañante interpersonal, simultáneamente, conserva la conciencia de su propia identidad. En las sesiones con LSD, ese estado de unidad dual puede experimentarse con el terapeuta, el cuidador, los familiares u otros participantes[1].

Los capítulos finales de *Reinos del inconsciente humano* son los que verdaderamente deslumbran. Según Grof, si bien los fenómenos transpersonales pueden aparecer esporádicamente en las sesiones iniciales, solo ocurren con regularidad en la medida en que se sobrelleve la crisis de la muerte y el renacimiento. ¿Qué es lo "transpersonal"? Quizás el término *pérdida de las fronteras* sea más gráfico. En *Las puertas de la percepción,* Aldous Huxley cita al filósofo inglés C. D. Broad, y tiene tanta fuerza el pasaje que lo quiero reproducir aquí:

> La función del cerebro, el sistema nervioso y los órganos sensoriales es principalmente eliminativa y no productiva. Cada persona, en cada momento, es capaz de recordar todo cuanto le ha sucedido y de percibir cuanto está sucediendo en cualquier parte del universo.

Por exagerado que parezca, la experiencia psicodélica sí parece ofrecer esta posibilidad. Comienza a filtrarse algo parecido a la Inteligencia Libre de Huxley, y con ello se obtienen atisbos de la dimensión de la vida que la sociedad industrializada, obsesionada con el hemisferio izquierdo del cerebro, ha intentado negar con todas sus fuerzas, de todo lo que ha relegado a la misma bolsa del ocultismo, lo esotérico o lo paranormal. Pero, desafortunadamente, nada de esto se presenta en forma coherente. La magia se va manifestando muy poco a poco y anárquicamente, con estallidos que dificultan su reproducción en condiciones de laboratorio.

Con dificultad, Grof clasifica lo que parece ser la naturaleza inevitablemente variada de dicha información bajo tres encabezamientos generales: el primero es lo que él llama "expansión de la dimensión temporal de la conciencia"; el siguiente es la correspondiente "expansión de la dimensión espacial de la conciencia", y el último, la "extensión de la experiencia más allá del marco de la realidad objetiva".

expansión temporal de la conciencia

Los primeros casos de experiencia transpersonal con que se encontró Grof provinieron de sujetos que experimentaron regresiones más allá del trauma del nacimiento; inicialmente como recuerdos fragmentados de la vida en el vientre materno. Posteriormente, aunque parezca increíble, las remembranzas eran recuerdos de las vidas de sus padres. En los casos en que fue posible verificarlos, se correspondieron con lo que recordaban sus padres (en *Reinos del inconsciente humano* aparecen los detalles específicos). Lo siguiente fueron imágenes de lo que aparentemente eran "vidas pasadas" y entonces, más increíble aún, destellos de experiencia ancestral o racial. Pero no solo se manifestaba el pasado, sino el futuro. También se dieron casos de lo que parecía ser precognición.

expansión espacial de la conciencia

Esta segunda categoría corresponde a la pérdida de las fronteras entre el sujeto y el objeto. Los episodios de "unidad dual" no se dieron siempre con otras personas, como me sucedió a mí, sino con animales, plantas, materia inorgánica, hasta con el propio planeta. Los sujetos experimentaron un cambio correlativo en su sentido de identidad, y se registraron situaciones de experiencias de desdoblamiento, con inclusión de clarividencia viajera y clariaudiencia.

extensión de la experiencia más allá de la "realidad objetiva"

Aunque tal cosa parezca imposible, la última categoría de Grof es una afrenta todavía más grande a la razón. La experiencia fuera del cuerpo y de la mente se convierte en lo principal. Comienza a aparecer un universo completamente distinto, habitado por seres cualitativamente distintos. Me limitaré a enunciar algunos de los subtítulos de Grof: "Experiencias espiritistas y mediúmnicas"; "Experiencias de encuentros con entidades espirituales sobrehumanas"; "Experiencias arquetípicas y secuencias mitológicas complejas"; "Comprensión intuitiva de símbolos universales"; "Activación de los chakras"; "Conciencia de la mente universal"; "El vacío supracósmico y metacósmico".

En mi caso personal, el hecho de convertirme en otro transeúnte que iba por la calle desencadenó un ciclo de experiencias de pérdida de las fronteras, que representó una ruptura cualitativa con todo lo que me había sucedido hasta entonces. En mis experiencias iniciales era como si estuviera tratando de sintonizar un radio y captara brevemente una u otra estación. Pero desde que tuve esa primera experiencia en la calle sentí que había sintonizado fuerte y claramente una sola estación. Todo se volvió coherente y las sesiones posteriores me permitieron profundizar más en las mismas temáticas.

Sin embargo, a la vez que esas temáticas se hacían más coherentes, se volvían más alarmantes. Me gustaría citar las experiencias de otras personas, en esencia para ilustrar cuán extremas pueden ser las experiencias psicodélicas (y hasta qué punto pueden representar una amenaza contra los conceptos de la realidad normal) así como para demostrar que no soy el único que está fuera de sí... Utilizaré las tres categorías de Grof, pero no citaré sus propios historiales de casos, para no dar pie a que se cuestione su credibilidad personal, sino que simplemente mostraré que tales fenómenos han sido informados por su cuenta por un gran número y variedad de personas*.

Primero veamos un caso de expansión de la conciencia en términos del espacio.

Es un ejemplo bastante claro de pérdida de las fronteras e identidad empática con el objeto de la percepción. Es un relato de la primera experiencia psicodélica de Paul Devereux, tomado del prólogo de su libro *The Long Trip* [El largo viaje]. Después de una desgarradora experiencia cercana a la muerte, Devereux despertó a un mundo transfigurado. Lo primero que observó fue un "ligero resplandor de color" que bordeaba el hombro de un amigo.

> Miré más de cerca y me concentré en el efecto. Vi bandas de colores muy suaves, casi etéreos, alrededor de la cabeza y hombros de la persona. Con facilidad podía ver el empapelado de la pared a través de ese contorno delicado, parecido a un arcoíris que cam-

---

*Los numerosos relatos de primera mano de los años sesenta y setenta son cosa del pasado. Hoy, la única compilación famosa es *Tripping: An Anthology of True-Life Psychedelic Adventures* [Viajes con ácido. Una antología de verdaderas aventuras psicodélicas], de Charles Hayes (2000). Los cincuenta relatos que contiene, pese a su heterogeneidad, son una lectura fascinante. Mientras terminaba el manuscrito de mi libro, Grof publicó una nueva obra, *Cuando ocurre lo imposible* (2006), que contiene una gran variedad de casos de experiencia transpersonal sacados de sus propios archivos.

biaba lentamente. De pronto me di cuenta de que estaba presenciando el aura humana, tan recurrida entre los clarividentes y otros practicantes del ocultismo. "¡Jesús! ¡El aura existe de verdad!", pensé maravillado. Fue una observación verdadera: lo sabía en ese momento y sigo convencido de ello.

Luego, sentado frente a una mesa, su atención se concentró en un narciso solitario en un florero. Al principio estaba fascinado por la forma en que la flor parecía respirar, pero al mirarla más de cerca observó otra cosa.

Con horror vi como unos insectos diminutos que caminaban por el tallo de la flor. Miré más de cerca y vi que no eran insectos, sino diminutas gotas de agua que subían por el interior del tallo debido a la acción capilar. Me di cuenta de que solo podría ver ese efecto si tuviera visión de rayos X. ¿Será posible que la corteza visual procese energía que se encuentra fuera del espectro visible? Mientras intentaba entender cómo podía pasar esto, perdí esa facultad y el narciso volvió a ser una flor normal.

Pero ahí no terminó mi interacción con la flor. Al poco rato, entré en una curiosísima relación de empatía con ella. No tenía componente visual, era un vínculo estrictamente emocional. No perdí mi propio sentido de la identidad (aunque se encontraba en un estado bastante frágil), pero sentí que mi conciencia se fundía con la del narciso. Aunque sabía que estaba sentado en una silla, ¡también podía sentir mis pétalos! Luego me recorrió todo el cuerpo una sensación exquisita y supe que estaba sintiendo cómo caía la luz sobre los pétalos. Era virtualmente orgásmico, el equivalente táctil de un coro de ángeles. En todo momento sentía, una y otra vez, como si estuviera recibiendo los primeros rayos de sol del primer albor en el Edén. El mundo era absolutamente nuevo e inocente[2].

Por supuesto, si se quiere desestimar esto, basta decir que fue solo imaginación... una imaginación llevada a una intensidad extraordinaria, sin duda, pero solo eso. Y en cierto sentido, no sería incorrecto verlo así. Mientras más se estudia lo transpersonal, más se pone de manifiesto su estrecha relación con la imaginación. Y esto nos lleva a lo más importante: ¿Qué es la imaginación? ¿Es una forma de razón bastarda, como nos quiere hacer creer la sabiduría convencional? ¿O tiene un estatus ontológico propio y distinto, por ejemplo, más allá de la antinomia de lo real e irreal?

A continuación, permítanme citar un caso de expansión de conciencia desde el punto de vista del tiempo. Este ejemplo es particularmente interesante porque se refiere a la relación entre el tiempo y la intemporalidad, o sea, no solo a la expansión de la percepción del tiempo, sino a trascenderlo por completo.

A mediados de los años cincuenta, Christopher Mayhew, antiguo periodista y escritor (y, en esa época, miembro del Parlamento británico), consumió mescalina bajo la supervisión de Humphry Osmond, el mismo que tuvo que ver con la primera experiencia psicodélica de Aldous Huxley. Un equipo de la BBC filmó la sesión completa para la televisión. ¡Qué tiempos aquellos! Posteriormente, en un intento por resumir su experiencia, Mayhew escribiría:

> Esa tarde, existí varias veces fuera del tiempo. No lo digo de manera metafórica, sino literal. Me refiero a que mi ser esencial... tenía una existencia, estaba muy consciente de sí mismo... en una realidad intemporal fuera del mundo que conocemos.

El primer síntoma que provocó la droga fue una sensación de separación del cuerpo: "Me sentía completamente desdoblado de mi cuerpo y del mundo, y estaba consciente de cómo veían mis ojos, cómo escuchaban mis oídos, y cómo hablaba mi boca; pero todo esto ocurría a cierta distancia debajo de mí". Después Mayhew se dio cuenta de que su percepción del tiempo se había distorsionado dramáticamente. Empezó a percibir las cosas en otro orden. *Se había desvinculado del tiempo.*

Experimentaba los sucesos de las 3:30 antes de los de las 3:00; los de las 2:00 después de los de las 2:45, y así sucesivamente. Hubo ciertos momentos en que los experimenté más de una vez, con idéntico grado de realidad... estaba consciente de que mis ojos veían cómo se vertía el té luego de que mi garganta lo había tragado... En las películas, las "retrospectivas" nos llevan hacia el pasado y el futuro. De pronto hechos de 1939 interrumpen situaciones de 1956. Así mismo, momentos posteriores que ocurrieron en nuestro salón (en los que participé a nivel corporal) se interrumpían por momentos previos y viceversa.

Esto se mantuvo a lo largo del viaje y solo se interrumpió por una segunda experiencia (genuinamente mística, según entiendo esa palabra) en la que el tiempo se detuvo y el sujeto experimentó la eternidad.

A intervalos irregulares (quizás dos veces cada cinco minutos en el clímax del experimento) dejaba de estar al tanto de mi entorno, y disfrutaba de la conciencia de mi existencia, en un estado de maravilla y dicha absoluta, durante un tiempo que (para mí) simplemente nunca terminaba. No duraba minutos ni horas, sino que me parecían años. Durante ese período, percibí una luz brillante y pura, como una especie de nieve invisible iluminada por el sol. Durante varios días recordé la tarde del 2 de diciembre, no como una cierta cantidad de horas que pasé en el salón interrumpidas por estas "excursiones" extrañas, sino como incontables años de dicha absoluta a veces interrumpida por breves momentos en el salón... En la primera ocasión en que "volví" de una excursión, supuse que había transcurrido un inmenso período de tiempo y exclamé atónito al equipo de filmación: "¿Siguen ahí?" Su paciencia me pareció extraordinaria pero, por supuesto, no había pasado nada de tiempo, y no me habían tenido que esperar.

Lo único que le anunció que la sesión llegaba a su término fueron las apariciones y desapariciones cada vez más frecuentes del carrito del té (que, "en el mundo real", entró una sola vez, al final del experimento). El carrito, que llevaba tazas de té y galletas, aparecía y desaparecía cada vez más frecuentemente, hasta que por fin permaneció en el lugar y Mayhew se dio cuenta de que había vuelto al tiempo normal.

Varios meses más tarde, en un intento por darle algún sentido metafísico coherente a esa tarde, escribió:

> Es posible llegar a una explicación racional si aceptamos una suposición revolucionaria: que desde mi particular perspectiva de separación del cuerpo, todos los sucesos ocurridos en el salón entre la 1:30 y las 4:00 de la tarde se dieron a la vez. Desde luego, esta idea es muy difícil de asimilar pero, pese a las apariencias, no se contradice consigo misma. Cuando despegamos de un aeropuerto de noche, vemos las distintas luces de la pista que brillan sucediéndose unas a otras. Pero cuando miramos hacia abajo un rato después, las vemos juntas e inmóviles. No es contradictorio decir que las luces se suceden unas a otras y, al mismo tiempo, que existen juntas e inmóviles. Todo depende del punto de vista del observador[3].

Para ilustrar la tercera y última categoría de Grof ("extensión de la experiencia más allá de la realidad objetiva") citaré el caso de un joven que aparentemente tuvo un encuentro con seres espirituales más evolucionados. El relato proviene de la obra *Tripping: An Anthology of True-Life Psychedelic Adventures* [Viajes con ácido: Una antología de verdaderas aventuras psicodélicas] de Charles Hayes, y el protagonista, que se llamaba Jason y tenía poco más de veinte años, había tomado dos dosis de ácido de alta concentración para lograr un efecto verdadero, y lo consiguió. Después de recibir varias percepciones acerca de la primacía de la conciencia sobre la materia, el viaje comenzó de veras.

> Sentí que ascendía y pasaba a una nueva dimensión... Empecé a oír sonidos celestiales (que no venían del tocadiscos) como

pequeños ostinatos de sintetizador... Percibí formas de energía que provenían de lo alto. Daba igual si tenía los ojos abiertos o cerrados. Sentía que había otra realidad superpuesta. Además de mi conciencia expandida, tenía un campo visual ampliado. Parecía que tenía visión panorámica de trescientos sesenta grados, como si mis ojos no estuvieran limitados a sus órbitas, y ahora podía observar todo el campo ocular como un domo. Se oía un zumbido mientras las formas descendían de las alturas. De inmediato intuí que se trataba de seres. Sentí cómo otra conciencia entraba en contacto conmigo, en una comunión de las mentes. Hice un esfuerzo por ver esas formas, que al principio me parecían masas amorfas de luz y energía. Luego, adoptaron contornos vagamente humanoides, como siluetas brillantes de yoguis en la posición de loto... Me di cuenta de que eran seres superiores, entes angelicales de una dimensión espiritual a la que ahora accedía. Eran seres iluminados que trabajaban por el bien de la creación y me bendecían con su visita. Me hablaban por vía telepática, asociándome a su conciencia. Podía distinguir voces individuales... Tocaban mi mente, enviándome pensamientos como en un coro de éxtasis que decía: "Jason, esto es hermoso. Ven con nosotros. Forma parte de nosotros". Extendí los brazos para tocarlos, no mis brazos físicos, sino los de mi forma astral. Todas sus manos tocaron las mías, apretándolas mientras sus voces insistían: "Es hermoso. Eres parte de nosotros". Las lágrimas me corrían por la cara. Fue el momento cumbre de mi vida. No era como una comunión con otro ser humano, donde uno no está seguro de la posición que ocupa en la mente del otro. Aquí no había duda. Nuestras almas se tocaban... Permanecí en ese estado todo el tiempo que pude, pero poco a poco los entes angelicales se empezaron a retirar. Redoblé mis esfuerzos por contactarlos, pero se desvanecían. "No, no, no. ¡No se vayan! ¡No se vayan!" Me alejaba de la dimensión astral y se hacía más oscuro. No podía quedarme allí. Luché todo lo que pude, pero me alejé de ese plano radiante[4].

Como siempre, el punto de vista materialista sería decir que fue pura imaginación. Y tampoco lo rebatiría; solo respondería que esas supuestas explicaciones llevan a hacerse la pregunta ¿qué es la imaginación? Ahí está el quid de la cuestión. ¿Por qué se menosprecia tanto la imaginación? Una de las características fundamentales de los viajes psicodélicos es que *la experiencia es más real que la realidad normal*. "Nos imaginamos la verdad", decía Osho, resumiendo en una frase la postura de los idealistas.

Filosóficamente, las implicaciones de esto nos llevarían de vuelta a las propias raíces de la cultura occidental, específicamente al neoplatonismo y a la teoría de Platón sobre los arquetipos. No obstante, si bien Platón sostenía que (a) la única sociedad cuerda sería aquella en que todos fueran filósofos; pero que (b) esto era imposible y, por lo tanto, (c) lo único que se podía hacer era educar a un Rey que fuera al mismo tiempo filósofo, nosotros replicaríamos que el uso ritual de sustancias psicodélicas podría poner al alcance de todos un mundo mucho más esencial que guía a este mundo. Y, en cualquier proyecto de ese tipo, la imaginación apasionada podría ser una herramienta mucho más poderosa que la lógica.

26

Los viajes en el Heath

HALLAR UN LUGAR PARA meditar en el Heath era mucho más fácil que intentar meter en mi cabeza aquella metafísica idealista, por lo que pasé varias tardes explorando la zona entre el Vale of Health y Kenwood.

Reduje la búsqueda a los bosques hacia el sur del palacio conocido como Kenwood House, y pasé otra tarde saltando verjas y abriéndome camino con dificultad entre los helechos, sin poder encontrar el lugar adecuado. Sin embargo, me estaba acercando, podía sentirlo. Me cautivaba que la variedad forestal me recordara la escuela preparatoria, el ruinoso palacete de estilo georgiano en Derbyshire.

Atravesando torpemente los arbustos descubrí al fin una vieja haya en medio de un pequeño claro cubierto por un denso manto de hojas. Aunque un tronco caído a medio podrir hacía invisible el lugar, no quedaba muy lejos de un sendero poco usado, y alguna que otra vez se oían las voces de la gente que pasaba... pero mi instinto me pedía estar en el bosque, y ese era el mejor sitio que había encontrado.

Los bosques de Kenwood suelen estar desiertos durante los días entre semana, por lo que al siguiente viernes al mediodía puse tres gotas del líquido de mi pequeño frasco de ácido en una copa de agua, y me lo tomé. Coloqué un par de cosas en una mochila, cerré el apartamento y me dirigí hacia el Heath.

Llegué al claro antes que la droga surtiera efecto, extendí un chal a los pies de la haya y me senté. Había decidido no vendarme los ojos; solo los iba a cerrar cuando quisiera, pero había traído el walkman y un par de CD de Josquin.

En los últimos días había vuelto a leer *The Secret Chief* [El jefe secreto], y había memorizado una parte de la oración del siglo XVII que había sido el marco preferido de Jacob para su trabajo con sustancias psicodélicas.

> *Señor, no sé qué debo preguntarte...*
> *Estoy en silencio; me ofrezco en sacrificio;*
> *me rindo a Ti; no quiero tener*
> *otro deseo que no sea cumplir Tu voluntad.*
> *Enséñame a orar.*
> *Invócate en mí.*
> *Amén.*

Sentado allí escuchando a Josquin, los árboles comenzaron a volverse no solo similares, sino idénticos a los bosques de los alrededores de mi escuela preparatoria. Tras su grandeza durante el siglo XVIII y principios del XIX, la casa y el lugar habían pasado tiempos difíciles. Durante la Segunda Guerra Mundial fue confiscada por el Ejército para establecer un centro de entrenamiento de oficiales y, cuando volvió a funcionar como escuela, los bosques no solo estaban salpicados de pérgolas y paseos georgianos en ruinas, sino también de alguna que otra barraca militar semicilíndrica. Había un cobertizo para botes con el techo parcialmente desplomado y un siniestro recinto para conservar el hielo, excavado en la ladera de una colina. Detrás de nuestras chaquetas y gorras de colegio habíamos tenido una vida muy violenta, como sacada de la novela *El señor de las moscas*. En esa época anterior a la televisión, éramos mucho más creativos en nuestras travesuras... me encantaba esa vida.

Estaba tan fascinado por la procesión de imágenes, que no me di cuenta de que estaba reapareciendo poco a poco mi autodesprecio, el sentimiento de un paraíso perdido... de haber perdido el tiempo con la política romántica condenada al fracaso... de indecisión espiritual crónica. Entonces las imágenes comenzaron a cohesionarse en torno a una tarde de verano particular durante mi último semestre.

Estaba con un grupo de chicos, acostados sobre el largo césped al borde de la cancha de cricket. Era la temporada de exámenes para terminar la escuela, y alardeábamos de lo que íbamos a hacer con nuestras vidas. Tenía la cabeza repleta de historias de aventuras, como las de *La flecha negra*, *Ella* y *La pimpinela escarlata*. Nunca deja de sorprenderme la enorme cantidad de obras anarquistas y surrealistas que había en la biblioteca de la escuela...

Podía recordar las largas hojas filosas de hierba que masticábamos, los sonidos distantes de la pelota y el bate, las ondas de aplausos irónicas y esparcidas...

Mi desesperación se recrudeció.

Creo que ya habían transcurrido más de dos horas del viaje, y me había recostado contra la haya mientras observaba su follaje, contemplando ociosamente los jejenes que volaban hacia uno y otro lado bajo los rayos solares. ¡Cuánta energía utilizaban en algo tan trivial! No hay ninguna diferencia real entre mi vida y la de ellos, pensé con aire taciturno, observándolos con repentina simpatía... y, sin aviso de ningún tipo, todo se transfiguró.

Por un instante fui uno de los insectos. Experimenté la emoción de volar entre los rayos de luz, el don de girar repentinamente en el aire. Vaya, pensé, y me senté, embelesado. Mientras lo hacía, las hojas y ramas sobre mi cabeza titilaron, como si las recorriera una ola, y cuando volvieron a estar quietas era como si sucediese algo increíblemente hermoso y cósmico, pero de gran delicadeza: las hojas, que eran del más sutil verde pálido, se tornaron doradas.

El aire estaba lleno de magia.

Una hoja de helecho se inclinó hacia un lado del chal sobre el que estaba sentado y, mientras miraba, un jején se acercó a una de sus puntas aún sin abrir. La criatura era perfecta. Podía apreciar su pequeña cabeza y cuerpo, pero todo alrededor de sus alas era como una mancha en forma de arcoíris. El jején seguía contemplando la punta de la hoja.

"Oh, no", susurré, mirando con asombro. *¡Tiene cara!*

Por un instante vi la mente de Dios. Todo era lo mismo, ese era el secreto. Toda la creación era una sola cosa. Los problemas (y esto era tan claro como el agua) nunca se pueden resolver, solo se pueden trascender. Lo único que se puede hacer es dar un paso atrás en un marco más amplio e inclusivo, donde las cosas son perfectas tal y como son.

Era una impecable tarde de junio y me recosté, mirando hacia arriba a través de las hojas y los rayos de sol, brevemente libre de mis Furias. En lo profundo, el ácido debió haber penetrado hasta un nivel más allá de la realidad, aunque haya sido con suavidad, casi de manera imperceptible, pues lo que sabía era que estaba de vuelta con mis amigos en la hierba a la orilla del campo de cricket. Todo parecía igual... pero tenía una sensación extraña, de un cambio diametral de significado, como si el paisaje cambiara en silencio tras unas alas oscuras. La imagen de los niños a punto de dejar atrás su infancia e inocencia ya no parecía trágica, sino curiosamente serena. Me sentí como si hubiera vuelto a conectar con mi yo más joven y hubiera comenzado un diálogo entre ese nervioso colegial bronceado por el sol y la persona en que me había convertido.

Me quedé recostado contra el tronco de la haya hasta bien pasada la tarde. Finalmente, me incorporé, coloqué el chal, la botella de agua y los CD en la mochila, y poco a poco emprendí el camino de vuelta por el bosque. Esa fue la primera vez que tuve alguna noción de lo que podría llamarse la "redención" del tiempo pasado.

27

Las flores moradas

EL SEGUNDO VIAJE EN el bosque no pudo ser más distinto. En lugar del paraíso de amor iluminado por el sol de verano de la vez anterior, el claro estaba nublado, húmedo y casi con niebla; los helechos se erguían de manera más prominente, dando al lugar la imagen plomiza de un bosque neozelandés. Había rocíos de lluvia.

No obstante, la sesión comenzó de igual modo que la anterior.

De nuevo me hundía más y más en un estado de depresión parecido a un trance y volví a hacer todo lo posible por dejarme llevar. Pero esta vez la serie de imágenes, al comenzar a revelarse, reflejaban algo muy distinto a la desesperación personal. Reflejaban... la muerte.

El punto de partida fue un recuerdo del hospital de Anna. Una tarde había visto un grupo de personas en la sala principal, sentados en silencio alrededor de la cama de un familiar que agonizaba. Todos vestían de negro y ni siquiera se habían quitado los sombreros y abrigos. Eran como una fila de buitres. Pensé, "Dios mío, no me dejes morir así". De pronto me vi en una camilla, en pañales como Anna, con un tubo que iba desde el brazo a un frasco de suero. Un detalle horrible era que los enfermeros que empujaban la camilla parecían ser niños. Al final, los vi mover las cortinas de plástico alrededor de la cama; incluso oía el ruido de los ganchos de la cortina. Morir así como así, en una sala de hospital público con la televisión a todo volumen, parecía una triste manera de poner punto final a mi vida.

Me apoyé contra el árbol y traté de relajarme. Déjate ir, me dije. Deja que te lleve a donde quiera... pero el problema era que el aspecto del lugar a dónde me quería llevar me gustaba cada vez menos.

Sentí una presión creciente en el pecho y se me hacía difícil respirar... Entonces me pareció vislumbrar interiormente algo que me hizo helar de incredulidad. *Vi que quería morir... En el fondo, no quería vivir en absoluto.* No, no, pensé. Eso no puede ser así. No tiene sentido. Entonces me acordé del concepto freudiano del instinto de muerte y me pregunté si después de todo tenía algo de cierto. Freud lo llamaba "el principio de Nirvana". Eso tenía connotaciones muy distintas. Volver al estado de no vivir ni morir... volver a lo inmutable, a lo no manifestado.

De pronto, la muerte estaba en todas partes.

En ese mismo instante, aparecieron en el aire ante mí, flores moradas, de claridad deslumbrante.

Retrocedí sobresaltado. Las flores eran una total alucinación. Eran siluetas, en grupos de tres y de cuatro, y parecían tulipanes estilizados, solo que la parte de arriba estaba ligeramente inclinada. Traté de hacerlas desaparecer cerrando los ojos, pero siguieron allí, con un tono morado más oscuro y sobre un fondo violeta.

En esa primera ocasión en que aparecieron las flores, no tenían ningún aspecto amenazador. En todo caso, se veían como flores de empapelado corriente, aunque intuitivamente sabía que en la antigüedad clásica ese tipo de flores moradas se asociaban con la muerte o el inframundo.

Por un momento, todo se congeló. Sin habla, me puse de pie, y las flores permanecieron inmóviles en el aire. Entonces, igualmente sorprendente, sentí como la situación comenzó a perder intensidad. El efecto más intenso, que me había recorrido como una imponente ola sobre la cabeza, comenzó a retroceder. Las flores moradas iban y venían pero luego desaparecieron y la ola retrocedió completamente y se desplomó.

Traté de sentarme de nuevo, pero las enormes ráfagas de energía seguían recorriendo mi cuerpo. Volví a ponerme de pie y comencé a andar de un lado a otro en el claro... En el diario de viajes anoté que no solo estaba aterrorizado por no saber si lo que había visto era el instinto de muerte que describió Freud, sino porque me había acordado de que, en los primeros tiempos de la investigación sobre el LSD, se habían dado informes de que la droga podría funcionar como agente de diagnóstico de sorprendente precisión, y ahora estaba paranoico de que esta fuera una premonición de una grave enfermedad. ¿Tal vez la hepatitis C era mucho peor de lo que había imaginado?

Al menos, aún tenía suficiente sentido común para reconocer que el delirio había terminado y que la horrible sensación de malestar cósmico que estaba sintiendo había sido una de las características de la resistencia en viajes anteriores. Finalmente, solo me quedaba recoger mis cosas y emprender el camino a casa, a través del bosque, nervioso y malhumorado.

El ciclo de viajes que luego experimenté en el claro tuvo características marcadas de "malas experiencias psicodélicas", en particular en las primeras etapas de cada sesión, y me hizo pensar una vez más que algunas personas aseguran no tener nunca viajes escalofriantes con ácido, de autoconfrontación, o simplemente extenuantes, mientras que otras los experimentan en abundancia.

"Es demasiado pronto para entrar en definiciones científicas", había dicho Terence McKenna. "Lo que hace falta ahora son diarios de exploradores". Y mientras no tengamos más de dichos informes de primera mano, sería absurdo generalizar. Sin embargo, tal vez vale la pena señalar que algo similar ha ocurrido con la historia de la religión en el mundo. El cristianismo se divide en su *vía positiva* y su *vía negativa:* la teología del primer tipo se basa en la alabanza a Dios, al contrario de la *vía negativa,* que afirma que ningún tipo de atributo finito se puede aplicar a "lo que siempre ha existido". Por un lado, San Francisco, por el otro, San Juan de la Cruz. La misma distinción, aunque de una manera más sólida, tiene lugar en la primigenia división budista de la humanidad entre personas con "avaricia" y con "odio"; entre los que siempre quieren más experiencia, y los que quieren menos.

¿Será que en este caso existen diferencias esenciales entre los seres humanos? ¿Algo parecido a la distinción entre extrovertidos e introvertidos? La verdad es que no lo sé. Solo puedo especular que ambos polos podrían ser parte de un único proceso global y fundamentarse en una visión ampliamente aceptada, como la de Dante. En *La divina comedia,* se llega al Paraíso después de atravesar el Infierno y el Purgatorio y, aunque haya formas más directas y rápidas de llegar ante la presencia de Dios (la de Beatriz sería la más famosa), solo cuando se completa íntegramente la experiencia psicodélica, con sus terrores y éxtasis, es que se pueden alcanzar los mayores niveles de comprensión y compasión.

Algunas de esas perspectivas han sido abordadas en estudios recientes sobre los efectos de las sustancias psicodélicas.

Durante aquel verano en el claro leí la obra *Dark Night, Early Dawn* [Noche oscura, temprano amanecer], de Christopher Bache, que acababa de ser publicada y sigue siendo el intento más destacado de volver a poner en marcha los estudios sobre el LSD. En gran parte de su autoexperimentación, Bache tuvo una serie de experiencias psicodélicas horrendas. En el momento más agonizante de cada una, sin embargo, cuando sentía que no podía soportar más, la situación daba un giro de ciento ochenta grados, quedaba absorto en nuevas percepciones y lo embargaba una sensación de regocijo.

A partir de tal experiencia, Bache sugiere que la dinámica de un viaje totalmente resuelto se divide en mitades opuestas, que están relacionadas dialécticamente.

En la primera parte, que denomina "provocativa", el sujeto es desbordado, y a menudo sumergido, en material inconsciente. En la segunda, que denomina "integradora", la nueva información se digiere en un todo mucho más equilibrado, evolucionado y holístico. La fase provocativa puede ser nefasta, pero la integradora casi siempre tiende a ser jubilosa. En ese sentido, el único viaje verdaderamente "malo" es aquel en que el proceso no logra terminarse del todo y la información que no se ha integrado puede persistir y causar problemas durante días o semanas. Tal vez, esto puede ser visto como la confirmación de la antigua sabiduría callejera de los *hippies,* en el sentido de que una dosis alta de sustancias psicodélicas suele ser más "segura" que una dosis baja.

Poco a poco, leía más y más material religioso, y la perspectiva más satisfactoria que encontré fue el modelo propuesto por Evelyn Underhill en su libro *Mysticism* [*La mística*]. En ese clásico, la autora desglosa la espiritualidad cristiana en cinco grandes etapas. Las tres primeras son:

Conversión

Purgación

Iluminación

Se explican por sí solas. En el caso de la experiencia psicodélica, la mayoría de los viajes corresponden a las fases de Purgación e Iluminación. En la práctica, la intensidad y duración de cada etapa varía con el individuo, pero es común que la Purgación coexista y se interrelacione estrechamente con la Iluminación (en ese aspecto, Underhill coincide claramente con Chris Bache).

Las tres etapas constituyen la esencia de una vida sensata y con plena espiritualidad en el mundo. Sin embargo, en última instancia, no son más que lo que Underhill describe como "la primera vida religiosa", y luego procede a describir otras dos etapas, que forman una "segunda" vida religiosa, verdaderamente mística. Las dos etapas más avanzadas son la de la Noche Oscura del Alma (que es cualitativamente más devastadora que la Purgación) y solo después de esto, al final, la de la unidad con Dios.

Me parece que la simple descripción de Evelyn Underhill ofrece una visión general muy útil sobre la experiencia espiritual. Hasta cierto punto influye en gran parte de lo que sigue en este libro, o al menos lo matiza. Más adelante volveré en detalle sobre este punto.

28

"Travesía exultante de los vivos al reino de los muertos…"

EL VIAJE SIGUIENTE FUE el verdaderamente horrible.

Una vez más me hundí en la depresión sin fin. Era como estar en un ascensor y solo caer y caer… experimentando estados de negatividad emocional que ni siquiera sabía que existían. Nunca había sentido tanta repugnancia de mi propia vida. Al principio de la sesión reaparecieron las flores moradas, pero ahora eran abiertamente hostiles, agresivas, palpitantes, con tonos que nunca antes había visto. No se trataba de la depresión ordinaria, plomiza y aburrida; era una sensación cargada de autodesprecio. Recuerdo haber embestido repetidas veces contra el tronco de la haya porque el dolor físico me proporcionaba un alivio momentáneo de la agonía psíquica.

Pero en medio de todo esto hubo momentos de total distanciamiento y lucidez.

Me preguntaba: ¿cómo puedes estar tan disgustado contigo mismo cuando ni siquiera recuerdas quién eres? Era cierto, hacía tiempo que había olvidado quién era y tampoco sabía por qué me sentía tan despreciable. *En un instante comprendí que ya no se trataba de mi propio dolor.*

Me había hundido hacia el fondo del sufrimiento personal y me estaba ahogando en un océano de dolor colectivo anónimo*.

Recuerdo que en un momento pensé: soy personalmente responsable del fracaso de todo lo que la civilización occidental se ha propuesto lograr desde el Renacimiento. Es de suponer que uno sea tildado de loco por pensar mucho menos que eso... pero, ¿en qué consiste la verdadera moralidad, si no en hacer que cada uno de nosotros, personalmente, se sienta responsable por todos y por todo? Creo que estaba dando una mirada al mundo a partir de un punto de vista genuinamente postindividual, casi posthumano...

En su forma más intensa, el dolor perdía sus características específicas. Eran todas las emociones labradas en una, a un grado intolerable de intensidad. Pensé que moriría. Daba vueltas alrededor del claro como un borracho. Ráfagas de flores moradas explotaban en el aire como fuegos artificiales. Fundían lo sórdido y lo psicopático de una forma que me pareció singularmente aterradora. (Tanto así, que me oriné en los pantalones... bueno, un poquito. El Dr. Grof estaría complacido, pensé abatido).

Y transportado, como en una ópera, me tiré al suelo.

No me lo esperaba, pero todo parecía mucho mejor desde esa perspectiva. Con la mejilla contra el manto de hojas en descomposición, mi percepción cambió y justo frente a mí vi una hojita de helecho que brotaba de la tierra... y así, sin más, el infierno se convirtió en cielo. La hojita no tenía mucho más de seis centímetros de alto y poseía tonalidades de verde sumamente tiernas. Era apenas un solo brote, de sencillez platónica, todavía enroscado y sin abrirse. Si las flores moradas pertenecían al inframundo, el brote de helecho provenía de los reinos celestiales.

---

*Las visiones de Bache en *Noche oscura, temprano amanecer* fueron: "Ondas de dolor cada vez más intenso, angustia multidimensional, elemental y a una enorme escala social... Las formas del horror eran tantas que no hay manera de describirlas. Montones de cuerpos destripados, vidas maltratadas, miles de muertos... Guerra, barbarie, destrucción, asesinato, angustia. Al tratar de describirlo me viene a la mente el Infierno de Dante, pero increíblemente acelerado y multiplicado" (Traducido de Christopher Bache, *Dark Night, Early Dawn* [Nueva York: SUNY Press, 2000], Capítulo 3).

Directamente del Edén.

Estaba tan conmovido que me senté debidamente y me sacudí la ropa para tratar de quitarme la mayor cantidad posible de los restos de hojas. Luego crucé las piernas y, con un poco de timidez al principio, empecé a hablarle al helecho.

A medida que me adentraba en el tema, perdí las inhibiciones y traté de explicarle a la planta que me sentía muy feliz al ver que ella también era parte de todo lo demás. Limpié un poco los restos de hojas que rodeaban su tallo (las hojas en descomposición daban a mi mano una sensación de densidad y frescor, y sus minúsculos pedazos parecían atropellarse unos a otros) y le mostré a la pequeña criatura que provenía de una raíz más extensa y gruesa.

"Ves", le confié, recostándome con afabilidad y hablando esta vez en voz alta. "Tienes raíces. El problema es que yo no tengo".

Yo actuaba muy paternalmente.

En ese momento decidí que quería ir a dar un paseo por el bosque. Me sentía perfectamente capaz de hacerlo, pues al parecer ya se me habían pasado los efectos de la droga y estaba funcionando con absoluta normalidad. Sin saberlo, había aparecido en mis sesiones un nuevo fenómeno, que se menciona en la bibliografía clínica como "estado de sobriedad ilusorio". Sucede cuando, en medio de un viaje psicodélico, de repente uno se siente totalmente despejado y cree que la ensoñación ha terminado. Debo destacar con toda claridad que no era así.

Mi único temor era que había perdido la noción del tiempo, lo que no era particularmente raro. Para contrarrestar ese efecto, había adquirido el hábito de tomar siempre mi dosis exactamente a las doce del día. Era una hora que siempre recordaría y solo tenía que mirar el reloj para saber en qué punto me encontraba en la trayectoria de la droga. A la primera hora aún está empezando a hacer efecto; a la segunda iba profundizándose rápidamente y a la tercera alcanzaba el clímax. Durante este viaje en particular, incluso encontré una nota en mayúsculas que había escrito para mí y la había puesto contra la botella de agua. La nota decía: "CLÍMAX DURANTE LA TERCERA HORA". Por desgracia, en ese momento no podía saber con exactitud lo que esto significaba.

De doce a una, pensé, va una hora. De una a dos, ya van dos horas (lo contaba con los dedos, como un troglodita), de dos a tres, son en total tres horas. Pero lo que no conseguía descifrar era si la nota indicaba que el clímax llegaba a la hora anterior a la tercera, o a la posterior. Me puse en cuclillas bajo el árbol, mirando los tres dedos mudos. Dios, pensé, soy como los pájaros que decía mi abuela. Aunque estos tenían ventaja sobre mí, porque sabían contar hasta tres, mientras que yo solo contaba hasta dos. Como un místico novato, yo era muy hábil con el uno y el dos... pero cuando llegaba a tres, me confundía irremediablemente y tenía que volver a empezar.

Nada intimidado, me abrí paso entre los helechos, salté la valla de madera y pronto me encontré en el camino principal de Kenwood al Vale of Health. Durante la primera parte de la caminata, parecía que de veras se me había pasado el efecto y, cuando llegué al punto en que el sendero desciende por un tramo de casi treinta metros y luego asciende abruptamente a los campos que dominan el Vale of Health, el efecto psicodélico volvió a hacerse sentir.

Llegué bien a la base de la pendiente, pero cuando iba a medio camino para llegar al otro lado, de pronto todas las fuerzas se escurrieron de mi cuerpo. Apenas podía levantar un pie y pisar antes de levantar el otro. Me sentí requetemal. Un sudor frío me brotó en la espalda, todo empezó a volverse más pequeño y lejano y, abruptamente, con convicción repulsiva, supe que iba a morir. Levanté la vista hacia el roble nudoso y antiguo que estaba en lo alto de la pendiente. Su silueta, contra un cielo que hervía como plomo fundido, parecía ser un logotipo del Juicio Final.

Ay, Dios mío, pensé, *me llegó la hora.*

¿Cómo expresar la convicción abrumadora que transmiten las experiencias psicodélicas? No es que no se pueda ver la realidad que todos reconocemos, es que se está en las manos de algo inconmensurablemente más real...

De alguna manera me las arreglé para seguir poniendo un pie

después del otro, aunque lentamente y, tras una eternidad, llegué a la cima de la pendiente y salí del bosque a tumbos. Ante mí se extendía un prado bañado por el sol, lleno de altas hierbas y flores silvestres de una hermosura desafiante. Serán las últimas flores que vea, pensé, y busqué entre las hierbas un lugar donde echarme a morir. Me sorprendió lo fácil, casi placentero, que me resultó. El sol brillaba y yo estaba sobre mi espalda, mirando las grandes nubes doradas que cruzaban el cielo de verano. Eran indescriptiblemente bellas y sentí un enorme agradecimiento de haber nacido y morir.

Podía escuchar voces de niños en las cercanías; sus risas repicaban literalmente como campanillas de plata. Con una pedantería que me parece en extremo propia de mí, me acordé de los últimos minutos de la pieza "Phaedra" de Tangerine Dream, cuando lo único que se oye son niños que juegan a lo lejos, y muy lentamente, a medida que el personaje muere, las risas y gritos se vuelven cada vez más débiles y lejanos... solo que en mi caso, no ocurrió esto, porque en realidad no me pasaba nada.

Al cabo de un rato me volvieron las fuerzas y me sentí como un completo estúpido. Volví a ponerme en pie y miré alrededor para ver si alguien me había observado. Luego me coloqué la mochila sobre los hombros y me dirigí hacia el chapitel de la iglesia Christchurch, que se elevaba por encima de los árboles.

Rezando por no encontrarme con ningún otro inquilino, volví sigilosamente a mi bloque de apartamentos (un edificio alto y tétrico, como salido de una obra de Dickens) y, por fin, subí las escaleras.

Pero apenas había cerrado la puerta detrás de mí, la ola de dolor colectivo, que había desaparecido sin dejar rastro desde mi encuentro con la hoja de helecho, volvió a hacerse sentir, con más ímpetu que en el bosque. No tenía para dónde ir. Todo lo que pensaba me lastimaba mentalmente. He leído que el cerebro no siente dolor físico, pero mi experiencia no fue así. Volví a sentir que la única forma de anular el horror sería golpearme la cabeza o cortarme las venas.

Recuerdo haber pensado: *"Esto es lo peor de lo peor"*. Entonces, sin anunciarse, como los otros cambios emocionales alocados de la tarde, el dolor simplemente desapareció.

Me encontré mirando todo el apartamento como si fuera la mismísima esencia del Misterio.

No había pensamiento. Estaba solo y al mismo tiempo era una parte integral de todo. Era pura maravilla... pero, en comparación con cualquier estado de meditación que hubiera conocido en el pasado, no había sentido de fragilidad ni de precariedad. Era sólido. Sustancial. Tentativamente di unos pasos por la sala. Entonces, con regocijo infantil, di saltos en el suelo para ver si así se iba la sensación. Nada se movió ni un ápice. Vagamente, sentí la levísima perturbación material de lo que podría haberse convertido en pensamientos, pero el espíritu la compensó con facilidad, del mismo modo en que el cuerpo mantiene el equilibrio sobre una bicicleta.

En tal ausencia continua de actividad mental, cualquier hijo de vecino podía ver lo mismo que Buda: que el único lugar donde no hay confusión ni sufrimiento es el momento presente e inmediato.

Percibido así, cada instante puede ser sacramental.

29

"Travesía exultante..."
(continuación)

CADA VIAJE EN EL BOSQUE comenzaba, como episodios de una serie, en el punto en que había quedado el anterior... que, este caso, fue el momento de la muerte.

La anotación en el cuaderno fue otro de mis garabatos bajo presión, que empezaba por describir mi experiencia en el claro del bosque, en medio de la descarga. Entre ataques de tos y asfixia, me encontraba a gatas, tratando de vomitar, sobre el manto de hojas secas que cubría el suelo.

De repente, se me paralizaron los pulmones y no podía respirar. Entré en un pánico ciego. Como si una represa hubiese reventado, me sacudieron de golpe todos los años que dediqué a negar la muerte. Literalmente, me quedé petrificado, como un ciervo cegado por los faros de un camión que se le viene encima a más de cien kilómetros por hora. Encandilado así, sentí que era el último segundo de mi vida, pero el tiempo se detuvo...

Mis piernas cedieron y caí con pesadez al suelo.

Una vez más, me sorprendió comprobar que lo mejor era dejarse llevar por completo. Un instante después, me acosté boca arriba y me quedé observando en silencio los árboles.

Curiosamente, sentía paz. Todo lo que me había separado de otras personas en la vida iba quedando atrás en la muerte. Era la muerte que había experimentado todo el que alguna vez vivió; la muerte que todos los que aún estaban por nacer experimentarían inevitablemente cuando les llegara el momento, y el miedo ya no parecía venir al caso siquiera. A pesar de que aún era temprano en la tarde, la luz del cielo comenzó a atenuarse y, con una curiosidad distante, casi científica, observé cómo una especie de delicado filamento comenzaba a estirarse entre las copas de los árboles y alcanzaba las ramas más bajas, extendiéndose hasta ser tan complejo y simétrico como una gran telaraña que abarcaba el claro.

Los filamentos atrapaban la luz. Eran nacarados, con breves destellos de las flores moradas, aunque estas eran más pequeñas y se encontraban a media distancia, extrañamente hermosas a su manera, casi festivas... como la Navidad en el inframundo, pensé. ¿Era un recuerdo personal de mi infancia, de árboles navideños que brillaban con luces y oropel? ¿O eran los propios árboles de Navidad un recuerdo de algo mucho más antiguo, de las celebraciones primitivas cuando bosques enteros resplandecían en las visiones?*[1]

Me pasó por la mente la frase "la vasta compañía de los muertos" que expresaba muy bien el modo en que veía las cosas. Me había vuelto genérico. Eran colectivos los ojos que veían cómo se juntaban las ramas y todo se ponía silencioso y oscuro. Ociosamente, me pregunté cuántas personas habrían muerto en ese mismo lugar con el paso de los siglos. ¿Cientos? ¿Miles? ¿Cuántos, en tardes nubladas y oscuras como esta, habrían advertido que todo lo que habían conocido comenzaba a diluirse y desaparecer? Y si también se contaban todos los animales que habían muerto, serían montones y montones acumulados a lo largo de miles de años. Puestos uno encima del otro, ¿hasta dónde llegaría el montón?

---

*La frase "travesía exultante de los vivos al reino de los muertos" proviene del estudio sobre brujería *Ecstasies: Deciphering the Witches' Sabbath* [Éxtasis. Interpretación del aquelarre], de Carlo Ginzburg. El pasaje completo dice: "Los vuelos nocturnos a las reuniones diabólicas se hacían eco, de forma distorsionada e irreconocible, de un tema muy antiguo, la travesía exultante de los vivos al reino de los muertos. He ahí el núcleo folclórico del estereotipo del aquelarre".

¿Hasta las primeras ramas grandes, o hasta las copas de los árboles?

¡No! ¡No! ¡Eso no!

¡No quiero ser despedazado por animales salvajes!

¡No mientras siga vivo!

Apenas me dio tiempo para volver a ponerme a gatas antes que me empezaran las arcadas y tratara de vomitar...

Cuando se me aclaró la mente, estaba sentado en silencio, apoyado contra la haya y pensando en la muerte. Gurdjieff solía decir que en el ser humano había dos "centros" superiores, uno emocional y otro intelectual. Y sé que en varios viajes psicodélicos he alcanzado un tipo de pensamiento cualitativamente más evolucionado, algo mucho más centrado, vertiginoso e incisivo que la perezosa reflexión que normalmente llamo pensamiento.

Lo mismo sucedía ahora. Lejos de ser un tabú que mis pensamientos rehuían inevitablemente, la muerte se había convertido en un tema de interés apremiante. Lo que trataba de entender era hasta qué punto hemos perdido la libertad con la negación de la muerte en todos los aspectos de nuestra cultura.

Una vez que realmente sabes que vas a morir, no hay manera de que puedas tomar este mundo con la misma falta de humor mortífera. Se abre una grieta en la identificación con tu propia vida. Comienzas a ver la naturaleza insustancial, siempre evanescente, de todos los objetos y sucesos. Se empieza a intuir que lo único verdaderamente sólido es lo que parecía menos importante de todo, la conciencia misma.

Pensé que seguramente por eso los místicos siempre insisten en que seamos conscientes de la muerte. "Muere antes de morir..." "Vive cada día como si fuera el último..." Solo viviendo a la luz de la muerte se puede estar completamente en el momento presente, en la total ignorancia de lo que realmente es la vida, y lo inútil que es la mente para siquiera intentar abordar este problema.

Entonces, ¿cómo abordarlo? ¿Cómo? Según mi propia experiencia anterior, nunca lo logré a través de la meditación. Por mucho que dijera estar abierto, o me entregara al momento presente, el ego seguía orquestando todo sutilmente. Me parecía necesario perder de veras el control.

Tal vez me fui aquí por la tangente, pero me puse a pensar en la guerra, en situaciones de grave amenaza a la vida. Hace poco empecé a leer *La Ilíada,* por primera vez, y me llamó la atención la dimensión espiritual tácita en todas las grandes epopeyas, la forma en que las culturas aristocráticas desde los albores de la humanidad han dependido de que el ser humano arriesgue su vida. ¿Era el camino del guerrero, a pesar de la carnicería espantosa, más auténtico que la manipulación de lo contemplativo? (Caramba, me vendría bien un cigarrillo, pensé). Por otro lado, tampoco hay que ser tan sofisticado culturalmente para pensar así. El único período de las vidas de mis padres del que hablaban con verdadera efusión fue el de la guerra. Tengo entendido que mi madre se había involucrado con un grupo seguidor de Gurdjieff en Londres y se fue a vivir con ellos durante el bombardeo alemán, simplemente para experimentar la intensidad de esa experiencia. A los *hippies* de Vietnam los llamábamos "chicos de la guerra" cuando fuimos por primera vez a la India...

Ah, cállate esa boca, me dije campante para mis adentros, mientras el torrente de energía mental comenzaba a debilitarse y me reí de mí mismo con genuino humor. De hecho, me sentía de un humor excepcionalmente bueno al dejar el claro, disfrutando de cada detalle del paseo. Estaba a medio camino de Hampstead cuando me acordé de que tenía que buscar algo en el supermercado. Puse una de mis piezas favoritas de Lassus en el walkman, y tomé otro camino hacia Belsize Park, a través de South End Green.

Una vez más, creía que el efecto ya casi se había terminado, hasta que di la vuelta en la esquina y llegué a South End Green.

Me horroricé al ver que había ocurrido un gran accidente. Los automóviles se encontraban atascados y hacían sonar incesantemente las bocinas. Los peatones corrían. El aire estaba lleno de humo y pensé que habría un coche en llamas. Estiré el cuello para tratar de ver por encima de la multitud, cuando de repente me di cuenta de que había demasiada gente como para un accidente múltiple...

Caramba, esta es la hora punta, comprendí.

Había un hoyo profundo en medio de la calle; partes de la acera estaban arrancadas. Había luces de tráfico improvisadas por aquí y por allá, y tableros con flechas rojas apuntaban hacia direcciones sin sentido. Con un presupuesto ilimitado y millones de empleados, no se hubiera podido crear una escena más infernal. Me sentí arrastrado por la calle, pasando frente a los quioscos de prensa (con titulares del *Evening Standard* sobre niños asesinados), frente al Royal Free Hospital y hasta lo alto de Rosslyn Hill, donde salían multitudes de la estación de metro de Belsize Park.

Frente al restaurante Kentucky Fried Chicken había un loco callejero que husmeaba en la basura. Llevaba el pelo en forma de cresta e iba prácticamente desnudo, si no fuese por un *dhoti* indio anaranjado que tenía alrededor de la cintura. Era tal la furia con que lanzaba a la acera los paquetes de alimentos empapados y las latas de refresco vacías que, instintivamente, la multitud se apartaba de él, aunque por lo demás nadie parecía alarmado ni interesado. La misa de Lassus, ahora en su plenitud, otorgaba a la situación una dimensión de desconcertante jovialidad cósmica.

Retrocedí para mirar a la multitud y, al hacerlo, me sentí mal del estómago. Estas no eran las personas desgastadas de mediana edad que yo pensaba. Todos eran jóvenes, en la edad gloriosa de la juventud (la de enamorarse, querer recorrer Suramérica, rebosar de nuevas ideas) y allí estaban, arrastrando los pies como viejos cansados, como si desde hacía rato se les hubieran desinflado sus últimos ímpetus.

Si hubieran sabido realmente que todos iban a morir, se habrían despertado como si les hubiesen echado encima un cubo de agua fría. Les habrían dicho a sus jefes que se fueran al diablo con sus estúpidos trabajos. Hubieran comenzado a comunicarse de corazón, porque nada puede ser peor que seguir viviendo así. Allí, de pie, frente al Kentucky Fried Chicken, supe que no había estado tan desacertado en el bosque. A fin de cuentas, el temor a la muerte es el pegamento que mantiene unida la sociedad esclavista, en él radica nuestro miedo a la libertad, y no saldremos de este embrollo hasta que integremos la vida y la muerte en una unidad superior. La conciencia de la muerte es lo único que puede despertarnos, lo único que puede hacernos amables y alegres.

30

Belleza terrible

POR FIN SENTÍ QUE empezaba a entender cómo funcionaba el ácido. Por un lado, pude apreciar lo que Grof quiso decir en el pasaje antes citado. "La muerte del ego supone una experiencia de destrucción de todo lo que el sujeto es, posee o le inspira apego", escribió. "En las etapas finales, los sujetos deben enfrentar y confrontar experiencias, situaciones y circunstancias que son inaceptables o incluso inimaginables para ellos". Según mi experiencia, eso era cierto, y aunque fuera escalofriante o extenuante, valía la pena. Si la Purgación es el precio de la Iluminación, bienvenida sea. Había llegado a confiar en el proceso.

Tal vez fue así porque, además, estaba empezando a ver lo ancestral que era. Reconocía cada vez con mayor claridad que esas experiencias en el bosque iban recreando rasgos de iniciación chamánica de tiempos inmemoriales. Antes cité la narración original en lenguaje yakuto sobre el descenso que debe hacer al inframundo el aspirante a chamán:

> Las extremidades del candidato se descoyuntan con un gancho de hierro; se limpian y se descarnan los huesos, se eliminan los fluidos corporales y se arrancan los ojos de sus cuencas… la ceremonia de desmembramiento dura de tres a siete días; durante todo ese tiempo el candidato permanece como hombre muerto, respirando apenas, en un espacio solitario.

Ajá... me sonaba como una tarde de viernes en Kenwood. Tal vez incluso empecé a creer que sabía cómo controlar la droga, pero eso sería un gran error. La pérdida de control (la discontinuidad total con el pasado) parece ser esencial para obtener la visión.

El viaje siguiente, que a la postre fue el clímax del ciclo, comenzó de una manera diferente a los anteriores. Estaba sentado, apoyado contra la haya, mirando los helechos, que ya empezaban a tornarse dorados, cuando una pequeña área (aproximadamente del tamaño del haz de luz que emitiría una linterna de bolsillo en la noche), de repente, se volvió incolora. La sección se tornó blanca y negra, como una película antigua y, de un tirón, comenzó a moverse por el claro, haciendo que todo lo que tocase se volviera monocromático y recobrara su color solo cuando el haz se alejaba con un movimiento errático muy parecido al de la luz de una linterna.

Ah, pensé, es el momento, y me apoyé contra el tronco del árbol. Cerré los ojos y vi claramente una masa de serpientes y gusanos que se retorcían justo detrás de mis ojos. Grandes serpientes entrelazadas que más bien parecían enormes lombrices de tierra, solo que eran de color carmesí y se sacudían con furia, como las que crecen cuando se prepara abono natural.

Me erguí de golpe y mantuve los ojos bien abiertos. Una vez más, estaba al borde del pánico. Las serpientes siempre me habían asustado, y ahora estaba sentado en el claro, alternando intermitentemente entre imágenes en tecnicolor y en blanco y negro ("se arrancan los ojos de sus cuencas", como había dicho el chamán yakuto) con un nido de serpientes en el cerebro. ¿Y si las viera en la realidad y empezaran a apretarme y asfixiarme? Quedar enterrado bajo serpientes era una muerte a la que jamás me podría entregar.

Me salvó un fenómeno que nunca había experimentado antes ni después: una alucinación auditiva inequívoca. Una voz me habló desde el aire, con un inconfundible acento de Cockney.

"¡Dos grandes pedos!" anunció animadamente, con el tono de una comedia musical de Cheeky Chappie*.

---

*[Cheeky Chappie se refiere a Max Miller, un comediante famoso en la Inglaterra de los años treinta a los cincuenta. —*N. del E.*]

"¡Dos grandes pedos y te desapareces!"

Me reí tanto que me caí de lado.

Lo más extraño fue que, tan pronto dejé de reír y volví a sentarme, se cumplió lo que decía la voz.

Con pedos o sin ellos, yo estaba en otro mundo.

El claro se había convertido en algo sagrado y encantado. El fastidioso espectáculo de luz había desaparecido y ahora los colores eran exquisitos. Los árboles resplandecían con una luz de ultramundo. Cuando miré hacia ellos, la corteza ya no parecía ser de madera, sino de algún cristal o mineral que nunca antes había visto.

El mundo se había reducido a este pequeño claro del bosque. La manifestación del todo en la parte, posibilidad que antes me asustaba, había ocurrido de la manera más hermosa y profundamente pacífica. Solo quedaba el aquí y ahora. El resto era un oscuro y sedoso mar compuesto por la nada, contra el cual se suspendía el claro, como un único árbol mágico.

Me quedé inmóvil en el claro mientras la visión se atenuaba y se desvanecía poco a poco.

Se me despejó la mente. Todo comenzó a volver a la normalidad, y pensé que aquello había sido el punto culminante del viaje. A la mañana siguiente, cuando hice la anotación correspondiente en el cuaderno, desestimé lo que sucedió después como una muestra más de "sobriedad ilusoria", pero ahora me pregunto si tal aparente desintoxicación no sería parte de un proceso más amplio, que precedería la verdadera detonación de la visión, como si la mente alcanzara un grado tal de alucinación que sencillamente no pudiera funcionar más porque sus procesos normales se atascarían hasta detenerse*.

---

*Sin duda, en este caso hay un paralelismo con las ideas del poeta y visionario francés Arthur Rimbaud. La hipótesis básica de Rimbaud era que, mediante el "desarreglo sistemático de todos los sentidos" era posible llegar a ser vidente. "Me obligué a experimentar alucinaciones", escribió. "Vi una mezquita donde había una fábrica, un grupo de ángeles que aprendían a tocar los tambores, un carruaje tirado por caballos en un camino en el cielo, un gran salón en el fondo de un lago". Si la cognición se sobrecarga hasta bloquearse, puede entrar en funcionamiento una facultad de percepción superior. El vidente aprende a ver el mundo como una radiografía.

Cualquiera que fuera el mecanismo, ya estaba de lleno en mi rutina de sobriedad ilusoria. Es hora de un paseo, pensé, y aparentemente dotado de mis facultades mentales, reuní algunas cosas, las guardé con cuidado y emprendí el camino a través de los arbustos y helechos, pasando por encima de la valla de madera para llegar al sendero.

Quizás fue por el impacto del salto.

Yo era la madera.

Yo era todo.

¡Solo existía yo!

Mientras escribo esto, el verdadero recuerdo de lo que sentí, su existencialidad concreta, ha desaparecido. Pero, al igual que los otros estados de pérdida de las fronteras que experimenté ese verano, lo que recuerdo perfectamente es la forma abrumadora en que se manifestaban. *Yo era todo.* Tan sencillo como eso. Esto no era una novedad, pues siempre lo había sido todo. Lo realmente difícil de entender era cómo alguna vez pude pensar que yo era alguna otra cosa.

Sentí un rugido en los oídos y trepidé con la energía que me recorría. En el fondo de mi mente oía una voz lejana y estridente al mismo tiempo. *¡Un momento! ¡Espera! ¡Dices que te has convertido en Dios! ¡Es un estado psicótico clásico!*

Deseché sin esfuerzo tal pensamiento y la revelación volvió.

Solo existo yo.

Soy cualquier cosa que perciba.

¿Qué otra cosa podría ser?

Pero, al mirar a mi alrededor, tuve que reconocer que nunca había visto nada remotamente parecido a esos bosques. De nuevo los árboles parecían estar hechos de algún tipo de cuarzo o mineral pero, en comparación con esto, la visión del claro había sido mera hermosura. La magia había sido eclipsada por el misticismo. En cambio, la intensidad existencial que irradiaban estos árboles era apabullante. Su belleza llegaba a ser intolerable. Era una plena fusión con Dios.

Creí que me desmayaría. Por fortuna, había un banco debajo de un pequeño acebo (o lo que había sido un acebo) y me senté. La revelación me llegó en oleadas y apenas tuve tiempo de recuperar el aliento antes que me inundara por tercera vez.

¡Todo soy yo!

¡Soy este bosque!

¡Estoy sentado dentro de mí mismo!

Aquella fue la última de las grandes oleadas... y en los minutos siguientes pude sentir que la intensidad comenzaba a menguar, gradualmente al principio, luego más rápido, hasta que desapareció.

En lugar de caer de rodillas en señal de gratitud y admiración, que de seguro habría sido la respuesta adecuada, la identificación con mi mente comenzó a manifestarse de inmediato.

¿Me equivoco, o podría ser eso lo que tan evidentemente parecía ser? ¿La presencia de Dios? ¿La demostración directa de que la religión se basaba en la verdad? Te estás engañando, me dije. Es la droga lo que te tiene así.

Afortunadamente, aún tenía suficiente buen juicio como para cuestionar mi propia vehemencia. ¿Por qué me sentía tan amenazado por la idea de que Dios fuera real y que fuese posible conocerlo directamente? ¿Por qué era tabú el solo hecho de pensar en eso?

Algo de esto me resultaba conocido... de repente lo recordé. ¿La maestra *advaita* Suzanne Segal no había descrito algo muy similar en las últimas páginas de su obra *Collision with the Infinite* [Colisión con el infinito]? Justo antes de su despertar final, conducía su auto por un paisaje invernal cubierto de nieve y, de repente, había pasado a formar parte de todo lo que la rodeaba. *Se dio cuenta de que conducía sobre sí misma.* Estaba seguro de que esas habían sido las palabras exactas que empleó y era la misma frase que yo acababa de utilizar para describirme cuando me encontraba bajo el acebo.

Estaba sentado dentro de mí mismo...

Al fin sentí que tenía fuerzas para caminar y me levanté. Salí del bosque tambaleándome y una energía frenética seguía recorriéndome en ráfagas.

Definitivamente, todavía estaba conmocionado. Nunca antes había tenido una experiencia tan intensa... pero de todos modos había algún detalle sutil que no me cuadraba. No podía procesarlo adecuadamente en mi mente. ¿Había sido un momento de abrumadora percepción mística, o había sido otra cosa?

En tal caso, ¿qué fue?

31

"No es el verdadero *samadhi*..."

BUSQUÉ EL PASAJE DEL que me había acordado bajo el acebo, de la obra de Suzanne Segal *Collision with the Infinite* [Colisión con el infinito]:

En medio de una semana particularmente agitada, iba conduciendo con rumbo norte junto a unos amigos, cuando de repente me di cuenta de que conducía sobre mí misma. Aunque mi yo había dejado de existir desde hacía años, en esa carretera, todo era yo y conducía a través de mi propio ser para llegar a donde ya estaba. En esencia, no iba a ninguna parte, porque ya me encontraba en todas partes. Sabía que yo era un vacío infinito y ahora este se me manifestaba como la sustancia infinita que componía todo lo que alcanzaba mi vista.

Colisión con el infinito fue una de las crónicas del despertar espiritual más aclamadas a finales del siglo XX. Cuando Suzanne Segal dice "mi yo había dejado de existir desde hacía años", se refiere a una experiencia fundamental de su vida. Un buen día, así como así (cuando iba a subir a un autobús) perdió completamente su sentido de identidad.

Toda su vida posterior la pasó en un estado de disociación del ego, en el que, sorprendentemente, podía funcionar perfectamente bien. El pasaje citado fue el comienzo de su búsqueda de un sentido de la identidad renovado y mucho más intenso.

A ese primer despertar, le siguió otra iluminación aun más profunda. También ocurrió mientras conducía, cuando iba a un retiro de meditación.

Mientras conducía por el paisaje invernal, todo parecía más fluido. Las montañas, los árboles, las rocas, los pájaros, el cielo, iban perdiendo sus diferencias. Miraba a mi alrededor y lo primero que veía era que todos eran uno. En una segunda oleada de percepción vi las distinciones. Pero esa percepción de la sustancia que los componía a todos no se produjo a través del cuerpo físico. Más bien, la inmensidad se percibía a través de sí misma en todos los puntos. Una agradable calma predominaba en todo; no era éxtasis ni dicha, solo calma...

Desde ese día he tenido la experiencia constante de moverme dentro de la "sustancia" que lo compone todo y, al mismo tiempo, de estar hecha de esa sustancia[1].

A mi entender, esto parece ser una experiencia auténtica. Aunque sea inusual la forma en que llegó a esto, el estado que describe es como el despertar a que se han referido la filosofía no dualista hindú y budista desde hace siglos. Si se pone la obra *Colisión con el infinito* junto a *Yo soy eso,* de Sri Nisargadatta Maharajá, las semejanzas saltan a la vista. Una y otra vez, los *satsang* de Nisargadatta dan testimonio de la fusión con la propia fuente de la vida. Este es solo uno de los pasajes de ese estilo:

Soy el mundo, el mundo soy yo; estoy a gusto en el mundo, el mundo me pertenece. Cada existencia es mi existencia; cada conciencia, mi conciencia; cada dolor, mi dolor; y cada alegría, mi alegría.

De igual modo, lo que me había sucedido en el bosque se asemejaba a la experiencia descrita tanto por Segal como por Nisargadatta. Pero no me dejó lleno de júbilo e inspirado, como siempre imaginé que lo haría una "experiencia mística". O, más bien, sí me dejó enormemente emocionado... pero, a la vez, presa de una gran desconfianza. Me sentía arrastrado en dos direcciones opuestas. Es que, a pesar de algunos rasgos básicos en común, lo que me pasó no era exactamente igual a la experiencia de Suzanne Segal.

"Una agradable calma predominaba en todo", escribió. En mi caso no fue así. Todo el bosque era como un torbellino rugiente. Estoy seguro de que los ojos se me salían de sus órbitas. De cualquier manera, ¿cómo se puede decir que una visión por la que un santo o un ser contemplativo habrían trabajado por años, es "igual" a la que produciría el consumo de una droga? En primer lugar, la revelación, que corona años de esfuerzo, permanece y transfigura la vida y el entendimiento, mientras que uno de los rasgos más inquietantes del ácido lisérgico es la rapidez con que se desvanece su efecto. Aunque considero que el ácido puede transformarnos la vida, no funciona de la misma manera.

En ese caso, ¿cómo explicar los innegables paralelismos?

Durante los años sesenta, cuando estaba en su apogeo el debate sobre si las sustancias psicodélicas proporcionaban una experiencia mística auténtica, parecía haber solo una solución: encontrar a alguien que hubiese experimentado ambos estados y que, por lo tanto, pudiera afirmar o negar su similitud.

El único que logró hacer algo al respecto fue Ram Dass, cuando ofreció dos fuertes dosis de LSD a Neem Karoli Baba, un gurú indio que recién había conocido. Según la versión popular de la historia, la droga no tuvo ningún efecto observable en Neem Karoli, que se limitó a hacer un comentario despreciativo en el sentido de que el LSD no produce el "verdadero" *samadhi*.

La historia fue bastante divulgada en su momento, pero cuando leí la versión de los hechos del propio Ram Dass, narrada en su obra *The Only*

Dance There Is [La única danza que existe], encontré una observación mucho más ambigua... e interesante.

Ram Dass (nombre que le dio el propio Neem Karoli) era antes Richard Alpert, quien fue la mano derecha de Tim Leary durante la cruzada para la legalización del LSD, a principios y mediados de los años sesenta; pero a finales de esa etapa, Alpert se dio cuenta de que la escena psicodélica estaba fuera de control, y fue a la India en busca de un gurú. Es decir, el fondo de la historia es que Alpert, o Ram Dass, quería alejarse de la contracultura de la droga, aunque todavía no estaba muy familiarizado con la filosofía hindú.

Lo que sucedió fue que, durante una de sus primeras visitas a Neem Karoli, el gurú preguntó fortuitamente a Ram Dass si tenía LSD consigo. Efectivamente, lo tenía y, ante la insistencia de Karoli, le dio unos 900 microgramos, que no produjeron ningún efecto visible. En otra ocasión, a la visita siguiente, Karoli le preguntó si tenía más y, rápidamente, consumió el resto de la reserva de Ram Dass, de 1.500 microgramos. Este le aseguró que produciría efectos en menos de una hora.

> Al pasar la hora Karoli preguntó: "¿Tiene algo más fuerte?" Le dije que no. "Ah". Y comentó que esas sustancias eran conocidas en el Valle de Kulu desde hacía mucho tiempo, pero que ya se había perdido ese conocimiento. Luego dijo: "Es útil, es muy útil, no es el verdadero *samadhi,* no lo es, pero es útil".

Ram Dass no cita, sino que parafrasea lo que Neem Karoli dijo después:

> Dijo que esto te permite entrar y recibir la visita (el *darshan*) de un santo, de un ser superior proveniente de un espacio superior: una conciencia superior, es como puede traducirse. Pero dice que no puedes quedarte allí, que al cabo de un par de horas tienes que volver. Opinó que sería mucho mejor convertirse en santo, en lugar de ir y recibir su visita, pero que de todos modos la visita es

agradable. Dijo que fortalecía la fe en la posibilidad de que existan tales seres[2].

El inglés rudimentario de Neem Karoli y la falta de familiaridad de Ram Dass con la terminología hindú ofrecen una imagen un tanto engañosa. Literalmente, *darshan* quiere decir ver un objeto sagrado o a un ser iluminado, y es un concepto hinduista de un gran significado, no muy distinto a la idea occidental del estado de gracia. De ninguna manera puede traducirse como "visita". Lo que decía Neem Karoli es que el LSD es una apertura auténtica al espíritu, aunque ciertamente no identificable con la autorrealización. "Es muy útil", insiste a Ram Dass tres veces en una sola frase... pero lo que Ram Dass escuchó fue una descalificación general del ácido lisérgico.

Al leer el relato hoy, parece una gran pérdida que alguien que tan involucrado con la investigación psicodélica como Ram Dass hubiera conocido a un ser de conciencia muy evolucionada que quisiera consumir LSD y hablar de sus efectos y, sin embargo, no haya logrado aprovechar al máximo esa singular oportunidad. En otro contexto afirma que, después de un segundo "viaje" con la droga, Neem Karoli incluso le había revelado que las sustancias psicodélicas debían combinarse con el ayuno y el yoga. Sin embargo, Ram Dass no se percató de ese claro intento de sonsacarlo.

De modo que, si un maestro tradicional, tan respetado como Neem Karoli, decía que el LSD era muy, muy útil, aunque no para alcanzar el verdadero *samadhi*, ¿para qué otra cosa era tan útil?

32

La sesión 27
El último viaje en el bosque

YA ERA OCTUBRE, EL invierno se acercaba y parecía que sería la última ocasión del año en que podría realizar mis sesiones psicodélicas en el bosque. Recuerdo que estaba sentado bajo mi árbol, apreciando el tono dorado de los helechos bajo el sol de finales de otoño, y que el efecto empezaba tan lenta y suavemente que ni siquiera me percaté de su comienzo...

Nunca había visto muchos pájaros en el claro, pero esta tarde estaban apareciendo en grandes cantidades. Primero uno, luego otro, luego pequeños grupos de dos o tres empezaron a posarse en lo alto de los árboles por encima de mí. ¿Tal vez estarían migrando? Pero, si estuvieran volando al sur, ¿no vendrían en mayor número? Cuando estiré el cuello para tratar de ver con mayor claridad, vi que el cielo se había iluminado tanto que se tornó incoloro. Entrecerré los ojos por el resplandor, por lo que no pude apreciar qué tipo de aves eran.

Incluso los árboles se me estaban haciendo difíciles de identificar. Parecían estar más juntos y tenían un aspecto más exótico que antes, en tanto la maleza se hacía más densa. Varias veces me vino a la mente la palabra "maya", aunque no recordaba lo que significaba. Supuse que tenía algo que ver con templos. Miré con desconfianza en derredor.

¿Veía plantas trepadoras que colgaban de los árboles... o simplemente creía que las veía?

Si a esto era a lo que se refería Rimbaud con la expresión "el desarreglo de todos los sentidos", entonces lo que comencé a ver me sacudió hasta la médula.

Los pájaros, los árboles, el cielo feroz e incoloro, comenzaron a entretejerse y formar una sola presencia colosal.

Todo se solidificaba, como si ahora pudiera percibir directamente algo que antes entendía a nivel intelectual: que todo en el mundo estaba interconectado, por mucha distancia o tiempo que lo separara. En última instancia, todo se reducía a ser una sola cosa: un conjunto funcional increíblemente inmenso, una entidad que lo abarcaba todo y de la que mi cuerpo y mi mente formaban parte integrante... *y de la que yo como conciencia me separaba violentamente...*

Instintivamente sabía que tenía que permitir que esto sucediera. Tenía que dejar ir todo si quería encontrar mi verdadera naturaleza. Debía renunciar a cualquier rastro de forma o representación. Cada pensamiento, cada percepción, era una parte del mundo, no de mi verdadero yo...

Pero las cosas empezaban a suceder tan rápido que me confundí y luego perdí el control. Era el mismo pánico ciego que comenzaba a conocer tan bien: la sensación de que se me aflojaban los pies y que el tiempo se detenía mientras caía hacia atrás...

La gran ola retrocedió.

Por un momento recuperé la cordura.

Esto era lo que tenía que pasar para dejar ir todo. Precisamente por eso era que tomaba ácido. Me maldije por cobarde, traté de cruzar las piernas y sentarme derecho. Algo repetía en mi cabeza: *"Hay un mudra, hay un mudra"*. ¡Qué mudra ni qué diantres!, pensé, si es que ni siquiera logro cruzar bien las piernas...

Pero ya era muy tarde. La ola se estrelló contra mí y no me pude dejar llevar. Me resistí desesperadamente, como si estuviera en medio de un huracán. Era demasiado. Tal vez debí haber gritado sin parar, quizás así me habría dado resultado...

El claro se movía. Me incorporé a trompicones y me apoyé contra el árbol con una mano... entonces recordé lo que estaba tratando de hacer y me volví a sentar.

Por tercera vez sentí la misma inmensa inhalación de Vacío. Aunque instintivamente supe que sería la última vez, desde antes que empezara supe que no era buena, que no debía entregarme a ella. Pero no sabía si me quedaba otra opción...

De repente, el claro estaba vacío. Permanecí sentado allí, pero sabía que el viaje había terminado. Lo había echado a perder.

Me sentí pésimo, como me sucedió en el segundo viaje que experimenté en aquel lugar, a principios del verano, cuando aparecieron por primera vez las flores moradas. Todavía sentía por dentro olas enormes de energía y no podía concentrarme adecuadamente. Di vueltas por el claro, como si tuviera fiebre, tratando de concentrarme en juntar mis cosas y guardarlas. Al fin me marché de allí, y me alejé todo lo que pude, aunque sin rumbo específico. No podía pensar en nada con claridad y pasé una tarde de ebriedad y confusión.

Aparte de un episodio.

De pronto me encontré en medio de Hampstead Village, como si acabara de despertar allí. Estaba de pie delante de Christchurch y en el patio delantero de la iglesia había una guardería. Los niños ya no eran tan pequeños, pues la mayoría era como de dos o tres años. Todos estaban haciendo de lo suyo, con la euforia y embelesamiento que los caracteriza, tropezando y levantándose, cuando me sorprendió ver que de ellos emanaba una luz plateada. Era sutil, pero perfectamente clara. Me moví para mirarlos desde otro ángulo y seguí viendo la luz plateada que irradiaban.

No hacían nada en particular, solo se dedicaban a observarlo todo con asombro y a quedarse embelesados. *¡Esa es la cordura!*, me dije. *¡Están actuando de la manera en que todos deberíamos actuar!* Quería saltar por encima de la reja, sentarme a sus pies, y aprender la forma correcta de ser... pero, afortunadamente, me di cuenta de lo sucio y extraño que me veía. Perdido, confundido y desesperado, tuve que apartar los ojos de aquel pequeño grupo de ángeles que se había cruzado en mi camino.

Una vez más, Nisargadatta me aportaba un reflejo luminosamente claro de lo que había sucedido. En *Yo soy eso,* desempeña un papel crucial la idea de que la conciencia se separe de su identificación con la materia. En referencia a la meditación, Nisargadatta señala:

> Cuando la mente está tranquila, podemos conocernos como testigos puros. Nos retiramos de la experiencia y de quien la experimenta, y nos encontramos al margen como conciencia pura, que está entre los dos, pero también más allá. Sigue existiendo la personalidad, basada en la autoidentificación, en imaginarse que uno es algo ("Soy esto, soy aquello"), pero solo como una parte del mundo objetivo. Se rompe su identificación con el testigo.

Eso lo describía a la perfección... aparte de que la frase "se rompe" parecía ser una forma muy discreta de describir la separación de ambas partes. Para "encontrarnos al margen como conciencia pura" debemos deshacernos absolutamente de todo. A todos los efectos, debemos morir; y el terror que sentía al morir era lo que me seguía teniendo bloqueado.

Que yo recuerde, esa fue la primera ocasión en que intenté trabajar con la idea de desarrollar un nuevo enfoque de meditación, en el que pudiera incorporar las sustancias psicodélicas. ¿Sería posible utilizar el ácido lisérgico para hacer saltar por los aires las masas casi sólidas del condicionamiento y luego valerse de una práctica más sedada para digerir lo sucedido y familiarizarse con sus implicaciones?

Parece ser que el propio Nisargadatta logró vivir en ese estado, combinando la estabilidad y el éxtasis, durante la mayor parte de su larga vida. En una ocasión exasperó a uno de sus visitantes hasta el punto de hacerlo exclamar: "¡Pero usted vive en el mundo!", a lo que el maharajá respondió:

> ¡Eso es lo que usted dice! Sé que hay un mundo, donde están este cuerpo y esta mente, pero no considero que sean más "míos" que

otros cuerpos y mentes. Están ahí, en el tiempo y el espacio, pero yo existo fuera del tiempo y el espacio...

PREGUNTA: Le hago una pregunta y usted responde. ¿Está consciente de la pregunta y la respuesta?

MAHARAJ: En realidad ni escucho ni contesto. La pregunta y la respuesta suceden en este mundo, pero a mí nada me sucede. Todo simplemente sucede.

El ácido me había llevado hasta el punto de entender esto desde adentro. En lo que respecta a mi último viaje psicodélico, había entrado en pánico... pero ya antes había traspasado ese umbral y estaba seguro de que podría hacerlo de nuevo. Durante los quince días siguientes imaginé que en mi próxima sesión vería desaparecer cualquier resistencia, cualquier miedo primigenio que me paralizara, tal como había sucedido en el claro al principio del verano.

33

Manifestaciones, éxtasis, *advaita*

EL SIGUIENTE VIAJE TAMBIÉN comenzó en el punto donde el último había terminado. Cuando empecé a sentir los efectos, me encontré de nuevo en el estado de confusión semidelirante al que había quedado reducido en el claro... pero no pasó nada más. La sesión se desarrolló en un estado más parecido a una enfermedad que cualquier otra cosa: como una gripe. Esto continuó durante toda la tarde y solo desapareció con el anochecer. Me dejó cansado, irritable y con resaca.

Lo que es peor, el que vino después fue exactamente igual.

Nunca había tenido una experiencia psicodélica así, y mucho menos dos seguidas. ¿Qué diablos estaba ocurriendo?

El invierno ya había llegado de lleno; los días eran fríos y húmedos, y me encontraba de vuelta en el apartamento. ¿Fue el hecho de salir del bosque y volver a la pequeña y estrecha habitación? ¿O me estaba volviendo informal, incluso irrespetuoso, en mi forma de relacionarme con la droga? Para la tercera sesión volví a utilizar la venda y el walkman, y decidí mantenerme acostado durante la mayor parte de la experiencia; pero tampoco me sirvió de nada. Daba vueltas y vueltas en la cama y me pasé toda la sesión con fiebre alta, lo que me dejó con poco más que recuerdos confusos de la tarde.

175

Al parecer, había comenzado un nuevo ciclo de viajes psicodélicos. No eran como ninguno de los anteriores: todo porque cada uno era el mismo, algo que nunca antes había sucedido. No había belleza... ni terror... ni humor disparatado. Lo único que quedaba de las sesiones anteriores eran los extraños síntomas somáticos que siempre había supuesto eran efectos secundarios, pero que ahora estaban en primer plano. Es cierto que en todos los casos anteriores me temblaban las piernas, pero nunca antes habían vibrado con tal violencia. Primero empezaba una, después la otra, luego las dos juntas, y los talones golpeaban la cama frenéticamente: cuando me levanté la venda de los ojos para mirar, eran literalmente un torbellino de acción. Me volvió la tos seca, ahora tan fuerte que temí que me dañara los pulmones. Sentí oleadas de náuseas. El inquietante sabor a sangre iba y venía.

En todo momento había negado esa dimensión puramente física del ácido. Suponía que el temblor de las piernas sería por la liberación de algún tipo de bioenergía. En cuanto a la tos conjeturé, con mayor torpeza mental aun, que podría estar relacionada con el nacimiento: quizás con la sensación de ahogarse al respirar por primera vez. Como he dicho antes, este era uno de los aspectos en que mi psicoanálisis de aficionado no me llevaba a ninguna parte. Cualquier profesional se habría concentrado en esos síntomas, mientras que yo me limité a tratar de fingir que no estaban sucediendo.

La tercera sesión dio paso a la cuarta, y esta a la quinta, pero seguía sin ningún cambio. No sabía qué hacer, por lo que decidí realizar un viaje cada tres semanas más o menos, con la esperanza de que tarde o temprano hubiera un gran avance. Después de todas las experiencias increíbles que había tenido durante el verano, me sentía, cuando menos, amargamente decepcionado.

En un primer momento, súbitamente desconectado de lo que había sido una obsesión durante meses, no sabía qué hacer conmigo mismo. Sin embargo, durante el verano que pasé experimentando con el ácido en el bosque, seguí yendo a las marchas y mítines políticos en el West End sin encontrar nada contradictorio en mis dos intereses (en todo caso, me parecían profundamente compatibles) y ahora me dejé llevar por el movimiento de oposición a la guerra, que había crecido a pasos agigantados. Apenas comenzó la invasión de Afganistán, las facciones antiguerra y antiglobalización de la izquierda se habían fusionado, creando un movimiento que reunió a todos los elementos de una oposición hasta ahora fragmentada. Esto, a su vez, comenzó a atraer a personas cuya indignación contra la sociedad asumía formas que normalmente no se considerarían políticas. El capital corporativo había caído en un error que las tiranías nunca deben cometer: había trazado una línea definida donde la gente pudo decir "¡basta!". Se sentía en el aire más que un soplo de la época de la guerra de Vietnam.

En mi primera manifestación vi a afganos de ojos chispeantes que distribuían con toda seriedad *maajun* gratis en la Plaza de Trafalgar. Definitivamente, esto aportaba una nueva connotación. Se notaba que todos los jóvenes allí presentes eran mucho más truculentos que sus llamados líderes. Quizás aún no estuvieran en condiciones de componer una crítica sofisticada de la sociedad contemporánea, pero lo que sí estaba claro era que no iban a abordar el tema desde las perspectivas sindicalistas y politiqueras de la antigua izquierda. La propia izquierda, con su proyección insípida y su ferviente gazmoñería, era mucho más parte del problema que de la solución. Si los adolescentes y los veinteañeros que participaban en esas primeras marchas usaban algún rasero, era el éxtasis y la cultura del baile: esto se podía apreciar en su determinación de incluir bandas en las marchas para enfatizar la cualidad carnavalesca, y de experimentar con la danza como táctica de acción directa no violenta...

Aquello ocurrió ya hace mucho, pero el gran éxito de las primeras fiestas en recintos industriales abandonados en los años ochenta parecía prometer ese sentido político y cultural. Desde entonces, el éxtasis se ha comercializado hasta tal punto que es difícil recuperar el entusiasmo con que fue recibido originalmente en la Inglaterra de Thatcher, que parecía el país de los muertos vivientes. Al fin se había logrado crear una sustancia psicodélica viable, capaz de escindir el ego con precisión quirúrgica, pero sin que la experiencia se tornara apabullante como a veces ocurre con el ácido. Una sustancia psicodélica que cualquier persona, incluso sin experiencia, podría utilizar de forma segura, pues la MDMA simplemente desconecta el mecanismo por el que se activa el miedo psicológico. Hace innecesario tener que defenderse, pues nos revela que la buena relación con los demás es la esencia misma de la vida social... aunque de todos modos la experiencia podía ser de gran profundidad. Por lo menos para mí, fue la primera vez que tuvo un sentido evidente la afirmación de los místicos de que el mundo está hecho literalmente de amor.

En ese momento, a finales de los ochenta, mi concepto de revolución se había ampliado, abriéndose a perspectivas en que el éxtasis también pudiera desempeñar un papel importante. Acababa de familiarizarme con la obra de Arnold Toynbee. Antes de lo que me pareció su momento de represión, había sido el historiador más famoso de mediados del siglo XX, con su grandioso *Study of History* [*Estudio de la Historia*], considerado ampliamente como la contribución más creativa a nuestra comprensión de la sociedad desde los tiempos de Marx. A pesar de la abrumadora calidad de esa obra (creo que la edición original tenía diez volúmenes), lo que Toynbee trataba de hacer era muy sencillo: examinar todas las civilizaciones conocidas de la Tierra (unas veintiocho, según sus cálculos), con el objetivo de analizar los factores que definían las cuatro etapas más grandes que todas presentaban: su génesis, crecimiento, degradación y, por último, su desintegración.

Como era de esperar, al saberme rodeado de *yuppies* desesperados por revolcarse más aun en su cochiquera, me concentré primeramente en las secciones relativas a la degradación y desintegración de las civilizaciones. Lo que allí encontré fue una visión electrizantemente contemporánea de los cambios sociales.

La primera observación de Toynbee acerca de la degradación de las civilizaciones era que siempre tiene lugar cuando la civilización parece encontrarse en el apogeo de su poder. Y siempre asume la misma forma: la necesidad psicopática de la élite gobernante de controlar absolutamente todo: a nivel de la vida cotidiana, cada pequeño e insignificante detalle y, a nivel económico y político, la necesidad obsesiva de construir un solo Estado Mundial "universal". Según Toynbee, de ese modo se crean inevitablemente las condiciones de la ruina de la civilización dominante.

En su reconocida obra *Historia de la decadencia y caída del Imperio Romano,* Gibbon declaró que Roma fue destruida por el cristianismo y los bárbaros. El análisis de Toynbee podría considerarse un comentario extendido sobre dicha tesis. Al igual que Gibbon, sugiere que los incontables millones de personas esclavizadas por la civilización dominante se dividen en dos grandes grupos, que Toynbee denomina dos "proletariados" bien diferenciados (insiste en usar el término marxista, lo que puede haber dado pie a su posterior ruina académica). El primero sería un *proletariado interno,* compuesto por casi todas las personas que viven dentro de la sociedad dominante: tienen una existencia de frustración y, si se profundiza un poco, de desesperación, con un insignificante revestimiento ideológico para enmascarar la realidad de que carecen en absoluto de control sobre sus vidas.

Con todo, su existencia es un verdadero lujo en comparación con la de sus homólogos: el *proletariado externo.* Este se compone de todos los que viven más allá de las fronteras cada vez más militarizadas de la civilización dominante: los que se llevan la peor parte de la explotación y el trabajo brutal, y viven y mueren no mucho mejor que las bestias de tiro. Humillado y tratado con abierto desprecio, este proletariado termina por recurrir a la violencia. Luchan como terroristas y guerrilleros y exhiben una ferocidad e inteligencia que las tropas mercenarias del imperio jamás llegan a igualar.

Ambos proletariados se van uniendo como una pinza, y ese movimiento define los últimos días de la civilización en desintegración, porque entonces también se rebela el proletariado interno. Los análisis que hace Toynbee de las diversas formas que toma tal resistencia son demasiado complejos para describirlos en detalle (al principio los trabajadores son de tendencia conservadora y solo quieren volver a una etapa anterior de la sociedad, menos deshumanizada, pero a medida que tal utopía resulta imposible, recurren a la insurrección violenta) y solo después de repetidos fracasos en ambos frentes un número importante comienza a darse cuenta de que solo les queda una forma efectiva de separarse: lo que Toynbee, que debe haber sido uno de los primeros occidentales en utilizar la frase, llama "estar en el mundo, pero no pertenecer a él"*.

Este fenómeno, que Toynbee describe además como un proceso de *distanciamiento y transfiguración,* forma la matriz de una religión universal nueva o "más elevada". Tal religión se basa en la igualdad de todos los seres y en la hermandad espiritual por encima de la preocupación por la salvación personal que dominó los anteriores y menos exitosos intentos de la misma civilización por renovar la conciencia espiritual. Toynbee señala al cristianismo original o al budismo *mahayana* como ejemplos clásicos de tales religiones, producidos por grandes civilizaciones en su agonía. Esta es la única forma en que la civilización precedente puede redimir y conservar los verdaderos valores que todavía posee y, según mi interpretación, Toynbee insinúa que ese es el proceso en que actualmente nos encontramos.

Por supuesto, lo que me preguntaba en ese momento era si el éxtasis podría desempeñar el papel sacramental en un proceso de ese tipo. No creo que pueda haber muchas dudas en cuanto a si la droga es un sacramento al que le falta encontrar una religión. No es que las cuestiones religiosas reflejadas en la descripción de Toynbee sean de carácter exclusivamente sacramental. En un sentido más general, también observó que las nuevas religiones universales tienden inicialmente a cristalizarse en torno a un culto exótico, a una filosofía profundamente ajena a la civilización precedente, generalmente extraída de las profundidades del proletariado externo. La filosofía *advaita* cumplía perfectamente esos

---

*[Desde hace mucho tiempo, esta ha sido una frase común del cristianismo, derivada del versículo Juan 17:15-16: "No te pido que [a los que creen en mí] los quites del mundo, sino que los protejas del maligno. Ellos no son del mundo, como tampoco lo soy yo". —N. del E.]

requisitos. A principios de los noventa, la última enseñanza de Osho en Poona, y la simplificación que hizo Harilal Poonja del concepto hindú de los *satsang* como una toma de conciencia, marcaron la primera popularización verdadera de la contracultura espiritual fundamentalmente "oriental" del siglo XX, cuyas raíces se remontan a Gurdjieff y Ramana Maharshi. A mediados de la década parecía que el *advaita* se convertiría en el prototipo de un nuevo resurgimiento no denominacional*.

En retrospectiva, llama la atención el hecho de que el éxtasis y el *advaita* parecen ser complementarios entre sí. Ambos estaban enraizados en la comprensión de las intolerables proporciones que han alcanzado el aislamiento y la incapacidad de relacionarse que impone esta sociedad. Ambos son parte de un apasionado empeño por disolver fronteras. Ambos fueron prácticamente prohibidos: las fiestas *rave,* como la brujería, quedaron relegadas a los campos durante la noche, y los *satsang* de la filosofía *advaita,* a feos salones de alquiler. La distinción principal entre los dos es que el éxtasis y las fiestas *rave* abordaban el problema desde un ángulo emocional, mientras que el *advaita* lo hacía desde un ángulo intelectual y espiritual. Uno desde el corazón, el otro desde la cabeza.

Pero lo cierto es que ambos, cada uno a su manera, alcanzaron un tono mucho más coherentemente radical que cualquiera de los fenómenos producidos por la contracultura de los años sesenta y setenta. "Allí donde hay dos, hay miedo", dice el Upanishad *Brihadaranyaka.* Ese debe ser uno de los análisis más incisivos de la condición humana que jamás se haya hecho. Sin embargo, tanto el éxtasis como el *advaita* pueden evaluarse según ese criterio y salir airosos. La visión del éxtasis no es solo que uno es amor, sino que *siempre ha sido amor.* De igual modo, la visión del *advaita* no es solo que uno sea la conciencia misma, sino

---

*Tal hibridación del Oriente y el Occidente parece haber dado excelentes resultados. Véanse, por ejemplo, Tony Parsons, *The Open Secret* [El secreto abierto] (1995); Suzanne Segal, *Collision with the Infinite* [Colisión con el infinito] (1996); Satyam Nadeen, *From Onions to Pearls* [De cebollas a perlas] (1996), y Eckhart Tolle, *The Power of Now* [El poder del ahora] (1997). Tanto es así, que el libro de Tolle estuvo cerca de convertirse en un *bestseller.*

que *siempre ha sido conciencia.* Esto da pie a una atmósfera espiritual muy explosiva, que en términos religiosos se caracteriza por la vitalidad renovada de la "ruta" abrupta o repentina, donde una sola percepción puede producir una transformación interna definitiva. Tanto es así, que muchos se declararon totalmente "iluminados" (y, como habrían observado los maestros Zen, tenían todos los visos de haber alcanzado efectivamente la iluminación) pero, un par de semanas o meses o años más tarde, bajarían de esa nube y sentirían que habían hecho el tonto a un nivel sin precedente. En cierto sentido era así, pero en otro no. La vieja psiquis está podrida hasta la médula: hubiera bastado con un buen empujón...

A principios del invierno de 2002-2003, la propia sociedad occidental parecía estar poniéndose al día con tales ideas. El movimiento contra la guerra estaba deformando y comenzando a inclinar la órbita de toda la sociedad: el desacuerdo ya no era solamente a nivel nacional, sino que estaba alcanzando una magnitud internacional. Para noviembre o diciembre de 2003, se percibía en el horizonte la posibilidad de una disidencia verdaderamente mundial, a una escala que dejaba chiquita la oposición de la época de Vietnam.

34

El regreso de los recuerdos reprimidos

YA CASI HABÍA PERDIDO la esperanza de hacer un gran avance cuando el bloqueo desapareció, sin motivo aparente. Después de semanas y semanas de sesiones idénticas (con tos, náuseas y temblores), simplemente se desvaneció. El cuaderno de viajes indica:

Al cabo de veinte o veinticinco minutos de ponerme los audífonos y la venda en los ojos, las piernas me empezaron a temblar; luego apareció la tos, la fiebre y las náuseas. No sé bien cuánto tiempo duró esto. Simplemente mantuve los ojos fuertemente cerrados y traté de seguir acostado y sin moverme. El CD terminó, por lo que debe haber pasado casi una hora, y luego me vinieron de pronto a la mente distintos datos dispares que se entrelazaron como piezas de un rompecabezas.

De repente supe que una vez en mi infancia estuve gravemente enfermo, cuando vivía en Windle Hey. Tal vez fue bronquitis, aunque creía recordar que mamá me dijo que yo casi había muerto de tos ferina durante la guerra. ¿Cuántos años tenía entonces? ¿Dos? ¿Tres?

De todas formas, estaba seguro de que la tos que se manifestó en varios de mis viajes psicodélicos era el espectro de esa enfermedad y que dicho trauma físico podía ser tan devastador como cualquier golpe puramente emocional, si no más. No solo creía que me moría de asfixia, sino que me sentía abandonado, pues interpretaba como indiferencia y desconsideración la incapacidad de mi madre y de mi abuela de hacer algo por sanarme.

Por otra parte, era perfectamente plausible que el hecho de experimentar tal dolor durante semanas formara una "matriz", un modelo original en el que se basó toda mi posterior desconfianza crónica de la vida. Veía exactamente por qué la tos me había sobrevenido por primera vez durante una experiencia psicodélica, cuando estaba tratando de concentrarme en los sentimientos profundos que había detrás de mi ruptura con Asha. El inconsciente iluminó el trauma de raíz que permeaba todos mis sentimientos de abandono y desesperación, y que debían resolverse antes de poder deshacerme del contenido afectivo irracional de cualquier aflicción ulterior.

Varios días después tuve la oportunidad de ir a la biblioteca pública y leer sobre la tos ferina en el *Manual Merck de información médica.*

La *pertussis,* nombre científico de la tos ferina, es sin duda la peor de todas las enfermedades infantiles. Normalmente afecta a niños menores de cuatro años y sus primeros síntomas se parecen a la gripe, pero rápidamente se desarrollan paroxismos de tos incontrolable. Su característica más peculiar es la rápida y profunda inhalación de aire después de un arranque de tos, que tiene un sonido escalofriante, como un intenso gemido. Los episodios casi de asfixia, agravados por el pánico, pueden sobrevenir durante varias semanas. Pero eso no es todo. Al toser, se expelen grandes cantidades de mucosidad (aquella especie de "telaraña" que se me deslizaba por las comisuras de los labios) y la intensidad de la tos puede romper minúsculos vasos sanguíneos de los pulmones y la garganta (de ahí el "sabor a sangre"). Si el niño es muy pequeño, la tos ferina lo puede matar. Es un mal que persiste de cuatro a diez semanas, pero la tos seca que lo caracteriza puede durar mucho más.

De nuevo me sorprendió la flexibilidad de la droga. Durante todo el verano me había adentrado cada vez más en los estados de pérdida de las fronteras y del ego y, cuando por fin sentí pánico al comprobar cuán profundo debía llegar en mi entrega, el ácido se ensañó y se concentró exclusivamente en sacar a la luz un trauma que al parecer era la raíz de gran parte de mis dificultades para confiar, dejarme ir y entregarme a la experiencia. Ese trauma debía ser desenterrado para que pudiera seguir avanzando el proceso de descondicionamiento.

Los efectos se siguieron sintiendo. La tos seca desapareció casi por completo desde esa fecha, pero la fiebre alta y los temblores de la parte inferior del cuerpo siguieron sin ningún cambio. De hecho, la vibración de las piernas pasó a ser el elemento central de las sesiones. Durante cinco viajes seguidos, no pasó mucho más que eso. Me vibraban las piernas, y eso era todo. Era como una especie de fisioterapia espontánea, tan impersonal como una corriente eléctrica que se transmitiera por toda la parte inferior del cuerpo. Durante largos períodos incluso la febrilidad desapareció: podría haberme quedado leyendo una novela... pero de todos modos, al final de la sesión, la parte de atrás de las piernas me latía como si hubiera andado treinta kilómetros.

Tardíamente, vi en toda su extensión lo que quiso decir Grof al referirse a la experiencia "perinatal": no solo lo que yo, y tal vez muchos otros que han leído sus primeros libros, solemos interpretar exclusivamente como el trauma del nacimiento, sino todas las demás conmociones que experimenta el cuerpo físico.

En realidad no lo podría afirmar, pues lo que me pasó no trajo al nivel consciente nada parecido a "recuerdos" verificables. Lo que sí pasó fue que el material más típicamente psicodélico comenzó a reaparecer en las sesiones posteriores. Durante una de esas sesiones, la silla blanca de madera curvada que estaba en el dormitorio se convirtió en algo tan menudo, tan exquisito, que no daba crédito a mis ojos. Durante otra, una estantería quedó cubierta por un arcoíris de sutiles colores pastel. Otra anotación del cuaderno de viajes, reproducida tal cual:

Me encontré mirando con asombro un cuadrado de luz solar que recaía sobre la pared amarilla de la habitación. La única palabra que se me ocurrió para describirlo fue "sagrado". Al mirar fijamente la luz, la naturaleza del mundo se me hizo luminosamente clara: el momento se enmarcaba en un contexto mucho más amplio, un orden superior invisible, que era divino. Si tan siquiera pudiéramos dar un paso atrás y apreciar el panorama más amplio, sabríamos que todo estaba inundado de Dios.

A nivel intuitivo, sabía que estaba recuperando rastros de la percepción inmaculada de la infancia: de la manera en que había visto el mundo antes que mi condicionamiento lo hubiera despojado de su magia. Lo importante no era que hubiese visto estantes cubiertos por los colores del arcoíris, sino que alguna vez, al igual que todo ser humano, viví en un mundo en que nuestra percepción se caracterizaba esencialmente por la capacidad de asombro, aunque el novedoso poema de William Wordsworth, *Ode: Inimations of Immortality from Recollections of Early Childhood* [Oda: Atisbos de la inmortalidad en los recuerdos de la primera infancia], que volví a leer en ese momento, favorecería una interpretación más literal.

> *Hubo una época en que el prado, el bosque y el arroyo,*
> *la tierra, y cada paisaje corriente,*
> *me parecían*
> *ataviados de luz celestial,*
> *con la gloria y la frescura de un sueño.*

De las sesiones posteriores de esta serie, el diario solo registra dos ejemplos de algo que se pudiera describir como verdadera comprensión de la naturaleza de la percepción en la primera infancia. En ambos casos, por cierto, al igual que el recuerdo de cuando mi madre me dijo que yo había tenido tos ferina, eran cosas que había recordado vagamente durante toda la vida, pero que de pronto quedaron cargadas de significado en medio de una experiencia psicodélica. La primera, cuando tal vez tenía cuatro o cinco años, fue una conversación con mi padre, que trataba de explicarme algo. "Ya verás cuando seas grande", concluyó sin convicción, y recordé claramente pensar cómo yo podría alguna vez crecer... por lo que pude ver, no había ninguna posibilidad de que yo pudiera "crecer" jamás, ni siquiera de que llegara a cambiar de alguna manera. En uno de mis viajes, evoqué gráficamente ese instante, pues es el único recuerdo consciente que tengo de haber intentado hacer introspección en mi infancia.

Creo que esa fue una visión precisa de mi percepción como niño. Gurdjieff dice en alguna parte que todos nacemos autorrecordándonos, que ese es nuestro derecho natural: la toma de conciencia espontánea nos une con el universo, lo que se ve corroborado por la manera en que los niños instintivamente tienden a hablar de sí mismos en tercera persona: "Juanito está haciendo esto, Juanito está haciendo lo otro". Saben que lo que realmente son no es ese cuerpo-mente que se encuentra en el mundo.

El segundo recuerdo fue el punto decisivo de toda la tragedia humana: recordé el momento del pecado original... En mi primer internado nunca tuvimos clases los sábados por la tarde, por lo que después de almuerzo quedábamos libres para divertirnos y jugar en el bosque. Pero una tarde en particular, cuando tal vez tenía once o doce años, encontré que mi mente volvía obsesivamente a ciertos ejercicios de preparación que debía haber hecho y que había olvidado por completo. Nunca antes había sentido nada semejante. Recordé la indignación que sentí y cómo llegué a la conclusión de que seguramente estaba enfermo. Hasta ese momento, la anulación de la mente siempre fue mi realidad de base. Si no quería pensar en algo, bastaba con que dejara de hacerlo. *Pero esa tarde, por primera vez en mi vida, comprobé que no podía dejar de pensar, y así ha sido siempre desde entonces...*

Antes que cesaran hubo doce sesiones "perinatales", o "bioenergéticas", o como quiera llamarlas, que se extendían en una línea ininterrumpida desde la sesión 28 hasta la 39 y que, de cierto modo, fueron las más prolongadas y agotadoras series de viajes psicodélicos que experimentaría.

La codificación de los traumas en el cuerpo físico es un tema peliagudo, y la poca comprensión que puedo aportar al respecto se reduce al presentimiento de que los temblores convulsivos del cuerpo son de importancia clave. Cuando realicé estas sesiones, la única analogía que tuve era la del trabajo de Wilhelm Reich. Entre las técnicas más ampliamente utilizadas en el trabajo corporal basadas en los experimentos de Reich se encuentran los ejercicios de "puesta a tierra", creados por su estudiante Alexander Lowen. En esos ejercicios, el temblor provocado por estar de pie en posturas que provocan estrés se utiliza para aflojar lo que Reich denomina "armadura muscular": la rigidez crónica de ciertos grupos de músculos originada en la represión de sentimientos inaceptables. Según Reich, la forma más fácil de volver a experimentar esos sentimientos sería mediante la disolución de la armadura muscular, y no a través de un análisis verbal convencional.

Cuando este libro estaba prácticamente terminado, fue que vine a conocer la disciplina taoísta del *chi kung*.

En el *chi kung*, esos temblores del cuerpo, ya sean finos o gruesos, son vistos como la activación de lo que los taoístas denominan *dantian*, o centro principal de energía, el cual valoran como la clave de la curación de las enfermedades y por su poder rejuvenecedor en general. En retrospectiva, me acordé de que los temblores corporales habían sido el primer síntoma del primer viaje con ácido que había realizado, y desde el punto de vista fenomenológico, había sido el rasgo más común de todas mis sesiones. ¿Esto se debía únicamente a mi idiosincrasia personal, o tal vez el LSD proporcione acceso, al menos en parte, a la misma fuente de energía que buscan las tradiciones médicas del Lejano Oriente, específicamente las taoístas?

Vuelvo y repito, esto solo se podrá verificar cuando un mayor número de personas haya realizado experimentos comparables y agrupen sus conclusiones. Pero, a decir verdad, eso no me quitaba el sueño en ese momento. Me bastaba con sentirme revitalizado e inspirado. Estaba repartiendo folletos en una estación del metro, tarareando alegremente para mis adentros y charlando con todo el que pasaba, en la víspera de las grandes manifestaciones internacionales contra la guerra que tuvieron lugar en febrero de 2003.

35

"Otro mundo
es posible"

NO CREO QUE NINGUNO de nosotros daba crédito a sus ojos al salir de la estación del metro de Marble Arch. Había un mar de carteles y pancartas y banderas que llegaba hasta el infinito... Incluso después de haber pasado tantos años en la India, nunca había visto una multitud comparable. Hacía un frío atroz ese día, pero ese detalle simplemente contribuyó a que la gente reafirmara su determinación de permanecer allí. Personas de todas las edades, razas y clases: había hombres de negocios de cabello canoso con elegantes trajes, hombro con hombro con jóvenes negros esmirriados que llevaban pantalones holgados a punto de caerse...

Esa tarde concurrieron allí unos dos millones de personas, lo que constituye por un amplio margen la mayor protesta política que jamás haya tenido lugar en la historia de Inglaterra. Pero reducir aquello a cifras, aunque sean grandes, implicaría desestimar algo mucho más importante: la diferencia cualitativa que había, principalmente porque se trataba de la clase media inglesa, o sea, el gigante dormido. La aplastante mayoría de estas personas nunca antes había soñado con participar en una manifestación. Pero allí estaban, a pesar de toda su timidez, enarbolando desafiantemente sus pancartas.

En segundo lugar, y con una importancia mucho más profunda, el ambiente no era de politiquería, sino de sentimientos sinceros. De pronto, eran dos millones de personas que trataban de ser amables, no solo entre sí, sino con todos sus semejantes. En general, si fuera posible describir la manifestación de alguna manera, era como una gigantesca fiesta *rave,* pero sin drogas. Quien haya estado allí ese día, por muy circunspecto e inglés que sea, termina diciendo lo mismo: que la esencia de aquella manifestación era el amor.

Ya casi al caer la noche, hubo un momento en que la zona de Hyde Park, Green Park y Piccadilly quedó totalmente invadida. Los manifestantes se habían trepado en todo lo que encontraban: balaustradas, escaleras y estatuas pomposas, mientras todo era iluminado por las llamas de los fuegos que ardían en las calles. La escena parecía sacada directamente de la Revolución Rusa, con frío ártico y todo. Nada, ni la policía, ni el ejército, podía detenernos esa noche. Podríamos haber marchado por todo Piccadilly Circus, la Plaza de Trafalgar y Whitehall, podríamos haber obligado a la rata de Tony Blair a salir de su guarida, y haber seguido arrasando hasta prender fuego al Parlamento, por ser el monumento que era a la hipocresía de la clase dominante. Pero no: todo el mundo se fue a casa en silencio, con el mismo afecto y regocijo que había marcado el día entero.

Lo que comenzó a suceder en las semanas siguientes, luego meses, mucho después de haberse declarado la guerra a Iraq, es aun menos comprensible si no se hace referencia a un fenómeno parecido a un ágape masivo.

Con la llegada del tiempo primaveral, "las manifestaciones contra la guerra" se convirtieron en un evento regular en Hyde Park. Había conciertos espontáneos, las banderas ondeaban, la gente reía y bailaba y coqueteaba durante las marchas. LA PAZ ES SEXY, anunciaba una de las pancartas, y con esa expresión se resumía el etos predominante. Se anunciaban clubes y fiestas rave, se regalaban libros autopublicados y, al entrar en el parque, las columnas se dividían en grupos más pequeños de amigos que trataban de hacerse de un espacio. Se encendieron fuegos, se instalaron cocinas de comida gratuita, los manifestantes preparaban porros y se pasaban unos a otros guitarras y tambores. Los adolescentes subían a los árboles y conversaban sentados en las ramas. Nunca antes había visto tantos niños en una manifestación. De hecho, nunca antes presencié nada remotamente parecido a esto desde finales de los sesenta. Recuerdo haber visto a un par de policías bisoños (pecosos y orejudos, de apenas veinte años) que escuchaban un discurso del veterano izquierdista Tony Benn. Se les querían salir los ojos. Nunca pensé que se pudiese hablar de belleza humana cuando se tratara de un policía, pero aquellos dos podían derretirle el corazón al más insensible.

La mayor parte de la inmensa multitud se sentó sobre la hierba alrededor del escenario central y del sistema de megafonía. Todo el mundo, sin importar quién fuera, tuvo la oportunidad de estar dos o tres minutos ante el micrófono: niños pequeños, pensionistas, refugiados que apenas hablaban inglés, todos fueron tratados con la misma cortesía que las grandes figuras. Olvidemos los años sesenta: nunca en mi vida había visto nada semejante. Se estaba formando ante mis propios ojos un parlamento espontáneo de los pueblos.

En medio del caleidoscopio de opiniones, iba configurándose entre los cientos de miles de personas un análisis rudimentario pero efectivo, no solo de la invasión del Medio Oriente, sino de la situación política de Inglaterra y Europa en su conjunto: a los diversos gobiernos europeos les importaba un comino lo que deseaban sus electorados. Hacía tiempo que el sistema democrático había perdido su significado; en toda Europa había un solo partido político desde hacía décadas, que siempre había tenido en su bolsillo a los diversos medios de prensa supuestamente nacionales. Solo los idiotas votaban. Si uno quería dar una interpretación más subjetiva, se podría decir que el Tercer Reich nunca había sido derrotado, sino que, al contrario, se había instalado de forma universal y funcionaba mucho mejor como sistema económico que como sistema político.

Por lo que se refiere a un análisis más comedido, y específicamente británico, el libro más influyente que rondó por el parque fue *Captive*

State [El Estado cautivo], de George Monbiot (por lo menos fue el libro del que vi la mayor cantidad de ejemplares manoseados). Describe una imagen terrible de la Gran Bretaña contemporánea, un país devorado desde dentro por las gigantes corporaciones capitalistas: corporaciones que establecían lazos más y más firmes con cada mes que pasaba, eliminando a su paso todo rastro de calidad, variedad e inteligencia. ¿Quién estaba detrás de las grandes empresas? No es solo que los principales ejecutivos de las transnacionales no eran funcionarios electos, sino que ni siquiera se conocía su identidad.

¿Quiénes eran entonces las nuevas clases dominantes, y qué diablos se creían que estaban haciendo? ¿Eran los totalitarios desmañados e incompetentes que parecían ser? ¿O eran unos tipos realmente canallescos y fríos, que seguían un juego inventado por ellos mismos? Si es así, ¿hasta dónde habían llegado en el cosmos? ¿Qué hacían allí? ¿Estaban en contacto con otras formas de vida? Tal vez ya no importaba, pues en todo caso habían desencadenado a nivel planetario una reacción en cadena que claramente se les había ido de las manos y amenazaba con matar a miles de millones...

Paradójicamente, la difusión de ideas cada vez más radicales fue lo que hizo que el movimiento contra la guerra no llegara a ninguna parte.

Es que los problemas que empezaron a aflorar eran tan amplios, tan difíciles de manejar, que eran casi impensables. *"¡Revolución! ¡Revolución!"* entonaban los estudiantes universitarios en las marchas, y esto reconfortaba a todo el que los escuchaba... pero el efecto de esas palabras nunca llegó más allá. Aunque se tuviera la mejor voluntad del mundo, ¿cómo se iban a aplicar modelos del siglo XIX a los comienzos del siglo XXI, completamente diferente y globalizado? Sería necesario volver a pensarlo todo, desde cero.

Recuerdo pasear por el parque en aquellas tardes gloriosas de primavera, por lo que parecía ser el campamento de un ejército rebelde instalado en el corazón de Londres: banderas que ondeaban en la brisa, amantes tomados de la mano, grupos de personas que hablaban para variar con verdadero entusiasmo... pero, a pesar de la oleada de energía, casi se podía ver la vacilación en el aire iluminado por el sol. "Una y otra vez", escribió Karl Marx, "las revoluciones proletarias retroceden, horrorizadas por la monstruosa indeterminación de sus propias metas". *La monstruosa indeterminación...* era una frase que no había perdido nada de su sentido. Años antes, había visto la misma parálisis cuando mi propia generación perdió su arrojo y cedió. Ya se podía ver cómo la misma sombra se extendía sobre aquellas congregaciones aparentemente omnipotentes en Hyde Park.

Ese mismo año, George Monbiot publicó su libro *La era del consenso,* como continuación de su éxito de ventas con *Captive State* [El Estado cautivo]. En él intenta buscar el rastro de todos los problemas económicos y políticos en una sola fuente, la falta de comunicación. Reflejó fielmente el espíritu de las reuniones en el parque, al sugerir que en última instancia, la única solución era una reforma radical de los sistemas electorales del mundo entero y la creación de un Parlamento Mundial verdaderamente democrático.

¿Podría ser como unas Naciones Unidas auténticas, radicalmente modificadas? En tal caso, ¿cómo rendirían cuentas los delegados? ¿Cómo podría ese parlamento ejercer un poder efectivo sin convertirse a su vez en una tiranía? ¿Cómo podría mantener su independencia económica? El sentido y la sinceridad con la que Monbiot intenta responder a estas preguntas son genuinos, y yo no acababa de entender por qué me sentía cada vez más inquieto... hasta que llegué al pasaje siguiente:

> Si el lector reacciona con horror ante la idea de un parlamento mundial, como sucede a muchos, lo invito a examinar cuidadosamente su reacción. ¿Es porque cree que ese órgano podría tornarse lejano y excesivamente poderoso? ¿O será porque no soporta la idea de que un residente de Bruselas no tendría mayor voz en los asuntos mundiales que uno de Kinshasa? ¿Que los mexicanos serían, colectivamente, dos veces y media más poderosos que los españoles, mientras que los habitantes de la India en conjunto tendrían diecisiete veces más votos que los del Reino Unido? En

otras palabras, que se invertirían las corrientes de poder establecidas cuando unos pocos países dominaban el mundo. ¿Teme que ese Parlamento pudiera poner en peligro la democracia, o no será que realmente tiene miedo de que esta funcione como debería?[1]

De repente, sentí un sobresalto. ¡Un momento!, pensé: ¿a qué emoción apelan exactamente todos estos argumentos? ¿A la empatía por los otros seres humanos? ¿A la compasión? ¿Al sentido de juego limpio?

Porque no sentimos ninguna de esas cosas y ahí es, precisamente, donde radica el problema.

Todos funcionamos sobre la base del sistema de autorreferencia compulsiva que llamamos ego. "Yo, yo y yo". Si no podemos obtener ninguna ventaja personal, nos importa un bledo. Otras personas ni siquiera son verdaderamente reales para nosotros, es decir, no son especiales como nosotros. Tal vez no nos guste, pero es la verdad. La civilización occidental se basa en el individuo aislado, y no puede salirse de ese paradigma. Todos somos narcisistas empedernidos, incapaces de reaccionar ante nada que no nos concierna a nivel personal.

En su magnífica obra *Shikasta,* Doris Lessing rastrea todos nuestros problemas a la misma fuente: la ausencia de lo que denomina "la sustancia del sentimiento de nosotros". La frase puede parecer torpe en un principio, pero un examen más minucioso demuestra que es muy precisa. Todos estamos contraídos emocionalmente. Estamos atrapados en lo que Krishnamurti, otro veterano de la izquierda, denominó "nuestra actividad de aislamiento y autoconfinamiento". El tema del yo y el otro no es un extravagante elemento filosófico agregado al activismo político, sino que forma parte de la propia esencia del asunto. El hecho de que una persona tan brillante como Monbiot trate de concebir sistemas políticos igualitarios sin abordar el problema del ego constituye la peor forma de ilusión política.

Históricamente, la izquierda nunca ha reexaminado sus propios supuestos básicos. Al dejarse llevar por el ateísmo y el materialismo de la clase media, los revolucionarios del siglo XIX se vieron obligados, quisiesen o no, a aceptar el concepto del yo separado y todo lo que eso implicaba.

Yo, extraño y amedrentado,
En un mundo que nunca construí.

Pero ¿cómo se puede esperar construir el comunismo sobre semejante base? Condenados a estar siempre solos, ¿qué podemos hacer sino velar por nuestro propio bien? Acaparar todo lo que podamos durante nuestras vidas lastimosamente cortas y al diablo con el resto. Como es lógico, la filosofía política que se deriva del materialismo es el fascismo (que, por supuesto, es precisamente la filosofía que cada uno ha sacado de él, tanto a nivel individual como colectivo), en tanto la filosofía hacia la que gravita el comunismo revolucionario es dionisíaca y profundamente religiosa.

Durante esos breves períodos en que la gente común toma el poder, el ego es lo primero que se lanza por la ventana. No hay una manifestación, motín ni ocupación que no predique el fin de "nuestra actividad de aislamiento y autoconfinamiento". Se disuelven los límites entre distintas personas y entre estas y su mundo. Lea a cualquier testigo presencial de revoluciones históricas y verá que esa primera gran oleada de energía colectiva siempre se caracteriza por la aparición de una ontología radicalmente diferente. Puede ser difícil expresarla verbalmente, pero se siente de inmediato en las calles. Hay exuberancia y magia en el aire. El tiempo se dilata. La gente regala cosas. Amigos y amantes se encuentran. Uno hace cosas por el simple placer de hacerlo...

Tal vez la teoría de la división de los hemisferios cerebrales de los años setenta estuvo muy cerca de dar en el blanco y, desde el punto de vista psicológico, las revoluciones políticas siempre implican una revolución de la dominación hemisférica. Sin lugar a dudas, esa fue una de las características más sorprendentes del mundo que se materializó brevemente en Hyde Park: no solo habían cambiado todas las viejas reglas del juego, sino que instintivamente, sin titubear ni un instante, todo el mundo supo cuáles eran las nuevas reglas.

36

"Otro mundo es posible"

(continuación)

LAS MANIFESTACIONES EN HYDE PARK estaban en su apogeo cuando oí decir que en pocos días se celebraría una conferencia psicodélica en San Francisco. Muchos de los escritores que había leído durante los últimos dieciocho meses estarían allí, por lo que pensé: "Si hay alguna respuesta a las preguntas que me dan vueltas en la cabeza, tal vez allí es donde las encontraré".

La costa oeste norteamericana se encontraba en el mismo estado de efervescencia política que Europa. Por primera vez en décadas, la protesta popular estallaba, no a la escala épica de las manifestaciones en Europa, sino de manera más beligerante, pues la policía reaccionó con la brutalidad típica estadounidense. La conferencia de drogas era en Berkeley, justo en el medio del campus universitario, y el entusiasmo era como en los viejos tiempos.

Se encontraban allí la mayoría de las celebridades: Ralph Metzner, que junto a Leary y Ram Dass había sido uno de los Tres Mosqueteros originales de Harvard que había colocado el LSD en los titulares durante los años sesenta. Myron Stolaroff, también de los viejos tiempos, editor de *The Secret Chief* [El jefe secreto]. El artista y ayahuasquero sudamericano Pablo Ameringo. También Alex Grey, Robert Venosa y muchos otros pintores psicodélicos. Alexander Shulgin, el químico investigador de drogas psicodélicas que fue responsable de la difusión de la MDMA. Y el mismísimo Stan Grof, el patriarca académico europeo, que prestaba atención cortésmente a la masa de gente que lo asediaba.

Yo esperaba un grupo de seguidores bien establecidos, incluso adinerados, pero no uno tan floreciente como este. El salón estaba tan lleno que apenas podía uno moverse. Aunque parezca improbable, de todos los grupos revolucionarios de mi juventud (los *hippies,* la Nueva Izquierda, los estudiantes, los negros, las feministas), solamente los drogadictos se habían mantenido en una sola pieza. Y no solo habían sobrevivido, sino que prosperaron.

Culturalmente, las sustancias psicodélicas habían sido reivindicadas. Después que falleció su esposa, Gordon Wasson dejó atrás las culturas arcaicas y procedió a escribir dos estudios elegantemente subversivos sobre el papel que tal vez desempeñaron los alucinógenos vegetales en la evolución de las principales religiones del mundo. En el primero, *Soma: Divine Mushroom of Immortality* [Soma: La seta divina de la inmortalidad] (1968), intentó definir lo que fue la enigmática soma, que había desempeñado un papel tan prominente en la génesis del hinduismo. Una vez más, encontró que la *Amanita muscaria* sería la candidata más probable: una hipótesis, que según tengo entendido, ha sido aceptada por los estudiosos de una serie de disciplinas muy diferentes.

Posteriormente unió fuerzas con Albert Hofmann y con el académico clásico Carl Ruck y, en *The Road to Eleusis* [*El camino a Eleusis*] (1978), examinaron el igualmente misterioso *kykeon* o ciceón, la poción sagrada que se bebía en el clímax de los misterios eleusinos. Entre los iniciados en esos misterios figuraban Sófocles, Platón y Aristóteles, por lo que la posibilidad de que el ciceón fuese una sustancia psicoactiva (posteriormente Hofmann sugirió otro alucinógeno a base de cornezuelo, el maleato de ergonovina, que se podía producir mediante infusión de agua) significaría que una sustancia psicodélica orgánica tal vez fue uno de los catalizadores de la experiencia de trascendencia en que se basa toda la filosofía de la antigüedad clásica.

La etnobotánica se había convertido en una rama legítima de la ciencia. Las sustancias psicodélicas, lejos de ser los medios de alta tecnología para manipular la mente que parecían ser en los años sesenta, tenían un linaje que se remontaba a los albores de la historia humana. Lejos de ser tóxicas, con efectos a largo plazo desconocidos, parecían ser increíblemente seguras. Hasta la fecha, el propio LSD había sido probado por más de tres generaciones (aunque resulte irónico, pocas drogas se le podían comparar en cuanto a su inocuidad para la salud) y un grupo diverso de psicólogos independientes había concluido que los estados de conciencia alterados, al igual que los sueños, eran vitales para la salud y la cordura del ser humano. "El hecho de que no hemos logrado incorporar la experiencia alucinógena en nuestra cultura", escribió Paul Devereux en *The Long Trip* [El largo viaje], "nos pone a la zaga de toda la experiencia humana anterior. Nuestra cultura es la que ha resultado ser excéntrica".

Era una aberración que se estaba haciendo lo posible por contrarrestar, si es que la conferencia de Berkeley servía de guía a ese respecto. La publicación que más se vendió en la conferencia fue la cuarta edición de la *Psychedelic Resource List* [Lista de recursos psicodélicos] de Jon Hanna, un compendio de sitios web, organizaciones y empresas de venta por correo que comercializaban drogas orgánicas y sintéticas. La variedad de productos para la venta era sorprendente. Las plantas vivas, esquejes, semillas, esporas y hierbas secas eran solo el comienzo. Había lámparas especiales y sistemas hidropónicos, productos químicos para investigaciones, pesas digitales y rellenos para cápsulas. Abundaban libros, librerías y editoriales, al igual que revistas y boletines de noticias, películas, CD y DVD. Había sitios web (el más importante de ellos, Erowid, tenía más de 16.000 páginas), bibliotecas gratis en línea y salas de chat. Y grupos jurídicos, políticos y religiosos a los que se podía recurrir si fuese necesario.

Nunca soñé que hubiese una comunidad clandestina de tales dimensiones y sofisticación, ni una economía de mercado negro tan activa que se extendiera de un extremo a otro de Estados Unidos. Pero lo desconcertante era que nadie parecía saber cuál sería el próximo paso.

Durante los años ochenta y noventa la estrategia de los cabilderos a favor las drogas consistió en tratar de hacer cambiar la clasificación de las sustancias psicodélicas del Anexo A y reanudar las investigaciones, aunque fuera a una escala modesta. No obstante, desde principios de los años noventa la enorme popularidad del cannabis y el éxtasis había hecho que tal enfoque dejara de ser pertinente: las drogas recreativas ya estaban encaminadas a convertirse en uno de los pilares del ocio occidental. Durante el mismo período, los gobiernos de Occidente habían perdido casi toda su credibilidad, hasta el punto de ser vistos como poco más que agencias de relaciones públicas que representaban los intereses de corporaciones capitalistas cada vez más despreciadas y odiadas. A mediados de 2003, parecía cada vez más probable que la propia administración de Bush fuese responsable de la destrucción del Centro Mundial del Comercio, y la mayoría de los académicos estadounidenses, salvo unos pocos muy insistentes, desistieron de la idea de pedir fondos a ningún funcionario empleado por ese régimen. En todo caso, ¿para qué molestarse? La *Psychedelic Resource List* [Lista de recursos psicodélicos] demostró que incluso las drogas más recónditas eran fáciles de conseguir y que existían sitios web rebosantes de investigaciones perfectamente competentes.

El problema ya no consistía en asegurarse de que las sustancias psicodélicas no fuesen relegadas al olvido cultural y espiritual, sino en cómo explorar sus usos constructivos y darlos a conocer. Y además, hacer que los encuentros como esa conferencia no atrajeran mucho la atención. Al tercer o cuarto día en Berkeley, miré alrededor del auditorio y pensé: "Escuchen, si no organizan algo cuanto antes, todos ustedes irán presos, es tan sencillo como eso. Van a caer como parte de la tan cacareada guerra contra el terrorismo. Su única oportunidad de sobrevivir es si unen fuerzas con la izquierda radical y al mismo tiempo se asocian inteligentemente con la derecha.

Tal coalición podría ser sumamente beneficiosa para ambas partes y, de todos modos, no era yo la primera persona que ha debatido esa posibilidad. Años antes, Terence McKenna declaró: "Soy un activista político, pero creo que el primer deber de un activista político es llegar a ser psicodélico". Eran palabras de lucha y el movimiento cada vez mayor contra la guerra, como sucedió en los años sesenta, les añadía una repercusión potencialmente masiva pero, ¿qué podrían significar en la práctica?

la sanación individual

Ya se ha hablado lo suficiente acerca de que la izquierda debe hacer evolucionar sus propios enfoques internos acerca de la psicoterapia y la importancia que se debe conceder a este tema en su propaganda: una importancia que nadie, con la única excepción de Wilhelm Reich y sus clínicas Sex-Pol, ha intentado siquiera abordar.

la pérdida de límites y lo transpersonal

Al final del capítulo anterior sugerí que la naturaleza del ego y su trascendencia son en la actualidad parte de la esencia de la política revolucionaria. La psicoterapia con LSD es particularmente prometedora en ese sentido, pues nos lleva orgánicamente desde la dimensión personal de la curación hacia la colectiva. La desaparición de los límites es parte de la esencia de la experiencia psicodélica y nos lleva al redescubrimiento de lo que verdaderamente tenemos en común. Recordemos a Gordon Wasson y su velada con María Sabina. "Veía los arquetipos", exclamó, "las ideas platónicas que subyacen en las imágenes imperfectas de la vida cotidiana". Lo que Wasson veía era el punto anterior a la división del yo y el otro: lo que Doris Lessing denominó "la sustancia del sentimiento de nosotros", es decir, las raíces comunes: nuestra naturaleza genérica como especie.

el sacramento revolucionario

Recordemos que la velada con María Sabina no fue una experiencia aislada e introvertida. Fue una ceremonia, un encuentro de grupo y un evento social. La palabra que Wasson utiliza constantemente para describir esa noche es ágape, y seguramente no es un término de tan alto vuelo para referirse a un fenómeno que consiguió poner cara a cara al vicepresidente del banco J. P. Morgan con una campesina mazateca analfabeta para que tomaran conciencia de su humanidad en común, de corazón a corazón. ¿De qué otra forma se habría podido conseguir ese efecto? ¿Sería posible utilizar las sustancias psicodélicas para crear un nuevo sacramento?

Al principio, mis propios viajes me parecieron tan dementes que dudé que algo semejante fuese posible; pero ya no estoy tan convencido. Por ejemplo, la ceremonia del peyote, que comoquiera que se le mire es uno de los rituales más satisfactorios desde el punto de vista estético que jamás se haya inventado, parece abarcar todo el espectro de la experiencia psicodélica. Otro tanto se puede decir de las iglesias ayahuasqueras de Santo Daime. Al tratar de crear ese tipo de ceremonias flexibles y dinámicas, al menos podría conseguirse que el importantísimo concepto de *arte revolucionario* volviera a la escena: supondría un desafío verdaderamente creativo, a años luz de la asfixiante cultura de entretenimiento en que Occidente se ha hundido desde hace mucho tiempo.

los ritos de transición

Para verlo desde un punto de vista pragmático, se podría comenzar con los ritos de transición: en particular, los ritos de la pubertad. Cada generación desde los años sesenta se ha vuelto instintivamente hacia la psicodelia en busca de dicha línea de demarcación. El hecho de que la izquierda no haya respaldado con entusiasmo la cultura de las fiestas *rave* debe contarse entre los fracasos más funestos de su larga lista de oportunidades perdidas (y eso es mucho que decir).

O bien, si realmente queremos asir el toro por los cuernos, podríamos concentrarnos en los ritos de la muerte. Estos son mucho más amenazantes, pues entrañan la confrontación directa con la represión básica que ha llevado a la locura a toda la civilización: la represión de la conciencia de la muerte.

Por lo que vi cuando murió Anna, las sustancias psicodélicas habrían ayudado de muchas maneras: como una terapia intensiva para integrar los problemas familiares y de la infancia que salieron a relucir durante sus últimas semanas con vida, y para que pudiera perdonar a las personas involucradas; como una forma de decir adiós a amigos y amantes, de colmar la terrible brecha que se abre entre los vivos y la cama del moribundo; como la analogía más adecuada que tenemos, de hecho la única, de cómo concebir la muerte: como una forma de aprender a entregarse, a dejarse llevar por lo inconcebiblemente desconocido... y ver que, después de todo, la experiencia no ha de ser tan terrible... en lo absoluto...*

la radical búsqueda de visiones

"El extraordinario desarrollo de la tecnología occidental..." "Nuestro elevado nivel de vida, sin precedentes..." No puedo creerlo, pero todavía hay quienes regurgitan esas frases de porquería. ¿La tecnología? El propio calentamiento global da a entender que ha sido un verdadero desastre. ¿El elevado nivel de vida? Deben estar bromeando, ¿no? ¿Se refieren a esta sordidez, esta angustia, esta estupidez? ¿Esta dieta tóxica, esta birria de cultura? Que alguien me diga, por favor, ¿en comparación con qué se considera que esto "es elevado"? ¿Medido contra cuál definición de felicidad?

Todo nuestro concepto de evolución es debatible. En última instancia, por eso es que las sustancias psicodélicas son como dinamita política. Ofrecen las herramientas que la gente común puede usar para explorar conceptos completamente distintos sobre lo que podría ser progreso...

---

*En términos puramente médicos, la relevancia del LSD con respecto a la muerte se destaca por las propiedades anestésicas inexploradas de la droga. La tercera parte de los pacientes de una sala de cáncer terminal tratados con LSD experimentaron una remisión completa del dolor durante varios días o más, mientras otra tercera parte experimentó efectos pronunciadamente paliativos, y el resto, poco o nada. Si no fuera una realidad tan triste, sería irrisorio que un fármaco capaz de producir una gama tan amplia de resultados positivos se haya prohibido de plano, y por personas sin ninguna cualificación médica o psiquiátrica.

En mi generación, el único modelo de contracultura que teníamos era el de la rebelión del Romanticismo. Claramente, el punto más débil de los románticos fue que estaban empantanados en un "arte" que permitió que su visión quedara circunscrita al inofensivo ámbito de la "cultura". Creíamos que esa visión se podía liberar de su forma y aplicarse directamente a la recreación revolucionaria de la realidad misma... aunque nunca pudimos dar con la forma exacta de lograrlo. Pero todo eso cambió tras la reaparición de las "técnicas arcaicas del éxtasis" en medio de una civilización que ya se desintegraba patentemente. Escuchemos a María Sabina:

> Hay un mundo más allá del nuestro, un mundo que es muy lejano, cercano e invisible. Allí es donde vive Dios, donde viven los muertos, los espíritus y los santos. Un mundo donde todo ya ha pasado y todo se sabe. El hongo sagrado me transporta al mundo donde todo se sabe. Ese mundo habla. Tiene lenguaje propio. Yo transmito lo que dice[1].

Lo que sucede es que una dimensión distinta está avanzando poco a poco hasta mezclarse con esta: una dimensión que puede servir como pauta para medir la relevancia e incluso la conveniencia de la tecnología industrial. Las puertas que durante siglos han estado cerradas se van abriendo... y a juzgar por lo que he vislumbrado a través de ellas, diría que es posible poner coto con firmeza a la tecnología occidental. En su mayor parte, es una tecnología que se ha ido por la tangente, hasta el punto de perder su propia relevancia. En lo que a mí respecta, no ansío tener un apartamento y un empleo, antes prefiero que me den un tiro en la cabeza. No quiero ni sus autos ni sus aviones, ni su jodida Internet para empollones. Es más, no quiero ni la maravilla de la electricidad, o por lo menos me basta con la cuarta parte de lo que otros consumen. Yo me rijo por el estándar de los *hippies*, en el sentido de que la tecnología ha de tener por objeto reducir la cantidad de trabajo que debemos hacer para sobrevivir. La jornada laboral podría reducirse de inmediato a cuatro horas; el resto del día se debería dedicar a lo que a uno se le antoje.

una modesta proposición

¿Cómo podría alcanzarse una meta tan beneficiosa? Precisamente cuando Asha acababa de llegar de Estados Unidos, nos pusimos a hablar de ese tema en la manifestación de dos millones de personas que tuvo lugar en febrero. Al mirar en derredor durante la marcha, nos sorprendió la cantidad de folletos y revistas que se repartieron... y nos preguntamos, ¿por qué no repartir también dosis de ácido? Podríamos poner, por ejemplo, dos cuadrados de papel secante con 100 mg en un sobre, acompañados por un impreso con alguna que otra sugerencia de sentido común sobre el marco y el entorno necesarios. Bastaría con dirigirnos a una o dos columnas de estudiantes universitarios, cubrirnos la cabeza con las capuchas, y ya está. Desapareceríamos antes que nadie supiera que habíamos estado allí. Es más, siendo muy generosos, se podría añadir éxtasis en el sobre e incluir la sugerencia de que, si se tomaba unas dos horas antes del ácido lisérgico, se conseguiría el mejor marco y entorno posibles para un primer viaje con ácido. No importaba cuál fuera la reacción de los jóvenes estudiantes: si de una cosa se podía estar seguro era de que guardarían el sobre y lo llevarían a casa para mostrarlo a sus amigos. La historia se extendería como el fuego y unos cuantos jóvenes temerarios mirarían sus dos cuadraditos de papel secante con un destello ensoñador en la mirada... es solo una idea.

37

Hacia una visión sacramental de la realidad

¿SERÁ QUE YA SE están viendo algunas de las primeras características de la religión "más elevada" que menciona Arnold Toynbee?

De ser así, no estoy tan seguro de que esa religión se ajuste verdaderamente al modelo de Toynbee, sobre todo porque ninguna religión anterior ha sido creada en tales circunstancias: es decir, en medio de una sociedad que lleva cinco siglos de implacable condicionamiento al materialismo "científico", al ateísmo e incluso al puro nihilismo.

Consideremos, por ejemplo, la descripción que hace Evelyn Underhill del despertar religioso tradicional. Como recordará el lector, lo desglosó en tres grandes etapas: (a) Conversión, (b) Purgación, (c) Iluminación. Estas dos últimas están muy interrelacionadas. ¿Pero cómo podrían ocurrir esos procesos en la actualidad? ¿A qué se podría convertir alguien? ¿A una religión mundial anterior? La sociedad multicultural ha puesto a las más grandes religiones del mundo cara a cara, y ahí están: una colección cada vez más lánguida y desolada, todas dedicadas mutuamente a socavar las afirmaciones de las otras para respaldar la especial credibilidad de la que depende su dinamismo.

Paradójicamente, en ese punto es donde la tan denostada cualidad "recreativa" de las drogas psicodélicas adquiere repentinamente una sorprendente originalidad espiritual. Porque esas sustancias son en esencia una aventura, en un mundo que ha perdido esa cualidad. Porque, a pesar de los momentos espeluznantes, son divertidas, celebratorias. Revelan su propia espiritualidad incandescente y es imposible defenderse de su anarquismo. Pasan sin ser detectadas por el radar de los ateos...

Si nos volvemos a referir momentáneamente a Underhill, encontraremos que se ha invertido su modelo. En lugar de (a) la conversión que lleva a (b) la purgación o iluminación, veríamos que, en el mejor de los casos, bien podría ser a la inversa. O, si hacer esa afirmación fuera un tanto exagerado, seguramente encontraríamos que la purgación/iluminación implicaría poner seriamente en duda la "ciencia" en el sentido más estricto. Solo se necesitaría un viaje intenso para pensar: bueno, sí, tal vez el materialismo sea acertado, pero a juzgar por lo que estoy viendo es igualmente posible que no lo sea... En un inicio, lo más probable es que una religión contemporánea "más elevada" comience como paganismo y no como ninguna otra cosa: *como una conversión que no es para acercarse a nada, sino para distanciarse de algo...*

EL MAPA DE OSHO

Ya hemos visto que el *vedanta advaita* estaba echando raíces en Occidente y que comenzaba a convertirse en una nueva filosofía no dualista. Ese es el contexto en que quisiera (muy brevemente) explorar una posible interfaz psicodélico-espiritual, sobre todo desde la perspectiva de quienes tal vez sean los dos maestros espirituales más característicos de finales del siglo XX: Osho y Adi Da.

Gran parte de *The Mystic Experience* [La experiencia mística], el primer y más acertado libro de Osho, gira en torno a la desmitificación del tantra hindú. Es obvio que aquí solo puedo tocar el tema de pasada, pero una de las tesis principales que Osho desarrolla es la naturaleza de la energía kundalini y el significado de los chakras tántricos.

Sugiere que el sistema de chakras es como un esbozo de la posible evolución de la humanidad. Los tres primeros chakras (técnicamente denominados *muladhara, swadhishtan* y *manipur*) simbolizan el cuerpo físico, las emociones y el intelecto, respectivamente. Desde el punto de vista de la evolución, estos tres chakras, o "cuerpos", como Osho prefiere llamarlos, ya existen y se encuentran en funcionamiento, aunque de manera errática. Al igual que hizo Gurdjieff anteriormente, Osho sostiene que el primer paso de la vida espiritual consiste en integrarlos, o sea, conseguir que el cuerpo, el corazón y la mente funcionen en armonía.

A medida que eso empiece a suceder, comienza a activarse el *anahat* (el cuarto chakra o nivel evolutivo). Lo que nos interesa son las descripciones que hace Osho de ese "cuarto cuerpo", porque tienen una gran semejanza con las que hace Grof de lo transpersonal.

Los poderes paranormales (o *siddhis*) siempre han sido parte integral del tantra. Osho cita la telepatía, la clarividencia, la ubicuidad y la mayoría de los otros fenómenos sobre los que Grof también llama la atención. En el cuarto cuerpo, la persona es capaz de oler perfumes que otros no detectan y oír música que los demás no pueden escuchar. Esas personas pueden viajar en formas mucho más sutiles que el cuerpo físico tal como lo conocemos, y visitar los reinos del cielo y el infierno, encontrarse con dioses y diosas, etc.

Tanto Osho como Grof contradicen las enseñanzas de casi todos los maestros religiosos tradicionales en esa materia, pues consideran que el arrobo, las visiones y los poderes sobrenaturales vinculados con ese reino darían un enorme impulso a la evolución humana. Osho, en particular, resalta cómo el esoterismo y la magia siempre han atraído a la gente común. Sugiere que el papel que podrían desempeñar en la disolución de una rígida sociedad materialista como la actual sería mucho más importante desde el punto de vista espiritual que el que desempeñaban en las épocas de fe.

Para encontrar un ejemplo clásico del cuarto cuerpo según Osho, basta con pensar en Carlos Castaneda. La fenomenal popularidad de los libros de Castaneda indicaría que, en efecto, ha puesto el dedo en el pulso de un fenómeno muy generalizado (podría ser el nacimiento de una cultura orientada al cuarto cuerpo) que todas las ortodoxias siempre han considerado profundamente amenazante. Entre estas hay que incluir la ortodoxia de las propias sustancias psicodélicas. Carlos Castaneda es el único artista creativo de primer nivel que esas sustancias han producido. Con todo y eso, no fue mencionado ni una sola vez en la conferencia de Berkeley, aunque esta se anunció expresamente como una oportunidad de exhibir el arte psicodélico.

LO ESOTÉRICO Y LO MÍSTICO

De hecho, los mapas de Grof y de Osho se corroboran mutuamente casi en su totalidad. La única diferencia es que Osho, valiéndose de sus propias meditaciones y de siglos de filosofía tántrica, lleva su modelo mucho más allá. En lo que a él respecta, las experiencias esotéricas o transpersonales son apenas un inicio. Espiritualmente, su enseñanza se centra en el siguiente nivel de evolución (el *visuddhi* o quinto cuerpo).

En el tantra, el *visuddhi* simboliza el "despertar". El quinto cuerpo es sinónimo de lo que se conoce vagamente como iluminación y que, según Osho, significa en esencia vivir completamente en el momento presente. "Encuentra lo que nunca has perdido", dijo Nisargadatta, y eso es precisamente lo que han hecho las personas que desarrollan el quinto cuerpo. Ya no experimentan la separación entre lo consciente y lo inconsciente, pasado y futuro, sujeto y objeto. Saben que la única dimensión de sus vidas que nunca ha cambiado es la propia conciencia. También saben que, si poseen algo que se puede llamar identidad, es simplemente la conciencia autoconsciente.

Lo que interesa particularmente a Osho es la dinámica de la relación entre esas dos grandes etapas de la vida espiritual: lo esotérico y lo místico.

Lo que sí ha sido cierto históricamente es que no ha existido un solo místico, oriental u occidental, que no haya pasado por una etapa en la que no se haya activado una u otra capacidad preternatural. Sin embargo, el consejo de los asesores espirituales cristianos o de los maestros de meditación budistas ha sido siempre el mismo: no nos estanquemos en lo oculto, pues esa no es la meta; volvamos a concentrarnos en la práctica.

Pero Osho no se deja convencer con esos argumentos. Lo que tenemos ante nosotros es la posibilidad de que surja una nueva religión en circunstancias muy distintas a las tradicionales, circunstancias en que lo esotérico puede tener una ventaja inigualable. Lo que Osho trata de lograr con *The Mystic Experience* [La experiencia mística] es situar lo transpersonal dentro de los términos de una evolución espiritual más amplia, en la que lo transpersonal sea el puente, el eslabón perdido entre la conciencia normal y la conciencia despierta. Representa la consumación necesaria (la realización, comprensión y trascendencia) del esoterismo, así como la apertura a una comprensión mucho más profunda de la naturaleza sagrada del Ser[1].

EL DESPERTAR DE ADI DA

Tal vez la distinción entre lo esotérico y lo místico sería más clara con un ejemplo concreto. Lo que sigue es una narración del "despertar" del gran contemporáneo de Osho, el estadounidense Adi Da.

En su primer libro, *The Knee of Listening* [La rodilla para escuchar], Adi Da cuenta su propia versión. En los primeros capítulos relata cómo dedicó su juventud a una obsesiva búsqueda de la verdad, como diría Ouspensky, a una "búsqueda de lo milagroso". Describe las percepciones y experiencias de éxtasis que vivió gracias a diversas prácticas espirituales. Sin embargo, una vez que el entusiasmo inicial se desvaneció, tuvo que admitir que lo que le había sucedido no le produjo ningún cambio duradero. Pero, a medida que iba acumulando aventuras espirituales, comenzó a notar un extraño fenómeno. Cada vez que se veía obligado a reconocer que su último "milagro" había resultado ser otro callejón sin salida, se apoderaba de él una profunda sensación de relajación. Su mente se vaciaba y por un momento creyó vislumbrar un orden de la realidad completamente distinto.

La primera vez que esto ocurrió, estudiaba filosofía en la Universidad de Columbia. La noche en que terminó de leer el último de sus textos de filosofía, cerró el libro, se reclinó, y tuvo que admitir que seguía tan confundido como al principio. Pero en ese instante su mente se aclaró.

En ese gran momento de despertar supe que la verdad no era cuestión de buscar. No había "razones" para sentir alegría y libertad. No era cuestión de hallar una verdad, un objeto, un concepto, una creencia, una motivación, o ningún hecho externo. Estaba claro que todos esos objetos se perciben en un estado que ya es de búsqueda y que ha perdido el sentido anterior de una realidad absolutamente innegable.

Era tarde en la noche, y el joven Adi Da vagaba por las calles, ebrio con lo que había vislumbrado:

Vi que, en todo momento, siempre hemos sido libres. Sabía que no me faltaba nada que todavía necesitara encontrar, y que jamás había tenido esa carencia. El problema era la propia búsqueda, que crea e impone contradicción, conflicto y ausencia interior. Entonces me sobrevino la idea de que siempre he sido libre[2]. [La cursiva es del autor].

Lo anterior se riñe totalmente con todos los enfoques tradicionales sobre la religión. Únicamente el zen (con su insistencia en que, en última instancia, ninguna práctica tiene utilidad alguna) refleja la misma intuición: que no es posible hacer nada para encontrar a Dios porque, en primer lugar, Dios no es un objeto del que alguna vez hayamos estado separados. Dios es una comprensión, no una experiencia. Dios es simplemente lo que es. "La verdad siempre ha estado ahí", dijo Adi Da, tratando de resumir su comprensión en una frase... Sin embargo, la paradoja que se hace evidente en *The Knee of Listening* [La rodilla para escuchar], así como en *The Mystic Experience* [La experiencia mística] de Osho, es que lo inmutable solo se puede revelar mediante el propio cambio. Como suelen indicar servicialmente los adeptos al zen: "No se puede hacer nada al respecto, pero tampoco nos podemos quedar sin hacer nada". Lo que

Adi Da describe como "el sentido anterior de una realidad absolutamente innegable", que pone fin a toda búsqueda espiritual, solo se puede descubrir si se comprende la mecánica de la propia búsqueda. Como dice un antiguo proverbio: "Si quieres encontrarte, piérdete".

LO ESOTÉRICO Y LO MÍSTICO (CONTINUACIÓN)

En síntesis, me permito sugerir que, efectivamente, las sustancias psicodélicas y la magia a la que dan acceso podrían ser un factor clave en el surgimiento de una nueva religión universal. Vienen desde un ángulo que está muy por encima de todo nuestro condicionamiento materialista... y se nos aproximan a una velocidad y con una profundidad inigualables.

Pero esto es solo la mitad de la cuestión. A mediados de los años cincuenta, Aldous Huxley escribió, como seguimiento a *The Doors of Perception* [*Las puertas de la percepción*], su obra *Heaven and Hell* [*Cielo e infierno*], donde observó:

> La percepción visionaria no es lo mismo que la experiencia mística, pues esta última va más allá del ámbito de los opuestos. La experiencia visionaria permanece dentro de ese ámbito. La existencia del cielo implica la del infierno, por lo que "ir al cielo" no es más liberador que descender al horror[3].

Ante esa distinción, diría que, si bien las sustancias psicodélicas son capaces de producir experiencias transpersonales, esotéricas, o incluso religiosas (en el sentido más amplio de la palabra), no proporcionan un acceso directo al misticismo verdadero. Pueden llevarnos hasta la propia puerta y ayudarnos a vislumbrar algo, pero no nos impulsarán más allá. Lo que aportan es su capacidad de descondicionamiento: después tenemos que arreglárnoslas por nuestra cuenta... Pero esa no es más que mi opinión personal. El despertar es un proceso sutil, dialéctico e inexplorado. Volveré sobre todo esto y trataré de analizarlo con más detalle hacia el final de este informe.

38

Capitular ante Dios

CUANDO VOLVÍ DE CALIFORNIA, el verano estaba en su apogeo en Londres: un verano que resaltaba por sus elevadas temperaturas, que ya iba encaminado a ser el más caluroso jamás registrado en Inglaterra. Debido a estas circunstancias, el bosque del Heath era aun más atractivo, pues poseía una tranquilidad y frescura que no se encontraba en ninguna otra parte. Al cabo de unos días volví al claro, a sentarme apoyado en el tronco de la haya, viendo cómo la luz solar se filtraba entre las ramas mientras esperaba empezar a sentir los efectos.

Por primera vez aumenté la dosis a 300 microgramos. Con el debido respeto, no quería volver a pasar tres horas temblando como una hoja... aunque todo aquello parecía haber quedado muy atrás y, en su lugar, comenzó a suceder algo muy diferente. Mientras los minutos pasaban, me di cuenta de que estaba perdiendo mi sentido personal de identidad. Al principio podía recordar fragmentos de mi vida, pero era cada vez más y más difícil unirlos en un todo coherente...

De pronto me di cuenta de que no tenía la menor idea de quién era yo. Cuando miré hacia dentro vi imágenes de decenas de personas distintas, hombres y mujeres de todas las edades, que se sucedían tan rápidamente que comenzaron a desdibujarse. ¿Podría ser yo al mismo tiempo varias personas distintas? ¿Un grupo cuyas conciencias individuales se interpenetraron? Aquello podría explicar un montón de cosas, pensé... pero luego me percaté de que me era imposible recordar qué cosas explicaría.

Los cincuenta microgramos extra surtieron mucho más efecto de lo que había previsto. Las piernas se me sacudían entre los restos de hojas. Las flores moradas reaparecieron en el aire, pero en cantidades mucho más grandes, iluminadas por una luz teatral medio anaranjada. Se movían como si se hicieran gestos entre sí, bajo una brisa ultramundana, y me di cuenta de lo mucho que las detestaba. Hasta la tos hizo una breve aparición.

El claro comenzaba a deformarse: dejaba de ser un lugar sólido y tridimensional, más bien se convertía en una serie de pensamientos. Recuerdo haberme mirado bien las manos, como si pudiesen darme una idea de quién o qué era yo. Parecían surgir del vacío puro. Las tenía hinchadas y con un desagradable tono purpúreo; tenía las uñas rotas y con restos de tierra. De repente sentí miedo de darles vuelta, porque sabía lo que vería...

¡Que eran peludas como las de un animal!

El corazón me dio un vuelco. No podía ser un animal, ¿verdad? ¿Alguna bestia del bosque? Volví a examinar más de cerca mis garras mugrientas y, en un momento de pura locura, pensé: ¿seré un topo?

Tan fuerte fue la impresión, que me devolvió de golpe a la normalidad. Las flores fantasmales desaparecieron y de nuevo comencé a pensar con coherencia. Pero, como siempre, no caí en la cuenta de que simplemente había entrado en acción la rutina de sobriedad ilusoria. El primer paso consistía en mirar el reloj (aún recuerdo que era las 2:20 de la tarde). Luego venía el segundo paso, que consistía en pensar: "Vaya, el punto culminante ya ha pasado, y las cosas vuelven poco a poco a la normalidad". Es cierto que el claro no se veía del todo normal, pero lo único que perduraba del frenesí anterior era la pérdida de identidad. Estaba tan embarullado que, además de no saber si yo era un ser humano, ni siquiera sabía lo que eran los seres humanos. Por eso pensé: ¿Por qué no dar un paseo y ver si puedo observar de lejos a algunos?

El tercer paso era volver a guardar todo en la mochila, regresar entre los helechos y saltar la valla. Seguramente me provocó ansiedad tener que enfrentarme a "la gente", fueran quienes fueran, porque cuando encontré en el bolsillo unas gafas de sol que había comprado en Estados Unidos, rápidamente me las puse. Pensé que me darían un aire de distanciamiento, hasta de frialdad, pero después de un par de pasos me di cuenta de que apenas veía nada y estuve a punto de caerme. Era como estar en el medio de la noche. Pero cuando me las quité de nuevo no pude encontrar el bolsillo de donde habían salido. De hecho, los bolsillos parecían haber desaparecido de mi ropa por completo. Tuve que andar llevando las gafas en una mano, lo que me pareció que me hacía un tanto llamativo.

No me imagino por qué eso me iba a molestar, pero en todo caso el bosque a ambos lados del sendero había comenzado a moverse agitadamente en oleadas hacia atrás y hacia adelante. Me resultó divertido comprobar que podía ejercer cierto control sobre esa marea. Mientras avanzaba por el sendero sinuoso y moteado por el sol, algo me llevó a decir en voz alta "siglo XVIII", y cuál no sería mi deleite cuando vi que los arbustos y árboles jóvenes se transformaban en una elaborado paseo ajardinado del siglo XVIII. Era un paseo clásico, estilo Luis XV, con canteros recortados y pérgolas de hierro forjado. Caramba, pensé... soy un *hippie* completamente ido de la realidad.

Al doblar en una esquina del sendero, llegó de pronto el cuarto paso, con cegadora claridad. Sabía exactamente lo que yo era.

Lo era todo.

Había la misma gran afluencia de energía que el verano anterior. El mismo asombro ante la realidad de que durante toda mi vida pasé por alto lo totalmente obvio. El mismo vórtice rugiente.

Yo era cualquier cosa en la que me fijara.

Tal vez estaba más observador que antes. Recuerdo haberme detenido y escuchar el rugido dentro de mi mente, tan atentamente como si tuviera un estetoscopio y tratara de definir si el sonido era de mi propia circulación sanguínea. Lo que complicó la observación fue que ahora las cosas tenían una forma tan patente que no conseguía recordar que alguna vez fueran diferentes.

Todo era igual.

El yo estaba allá afuera: era parte integral del mundo, sobre la misma base que todos los demás.

No había interior.

A esas alturas ya había dejado atrás los bosques profundos y me encontraba en el sendero central que bifurca el Heath. Doblé a la derecha, siguiendo el camino hacia el estanque del Vale of Health.

Estaba alternando entre dos modos de percepción claramente diferenciados. El primero, el principal, era un estado de meditación espontánea, de "conciencia sin elección", como dijo Krishnamurti. Me encontraba desvinculado de la existencia y sin características personales. "Un ojo incorpóreo", como dijo Gordon Wasson: "invisible, inmaterial, que veía pero no se dejaba ver". Pero entonces, sin previo aviso, me inundaba otra gran oleada de energía, como lava fundida, y todo se fusionaba. Sabía intuitivamente que este segundo estado era de tal intensidad que, si se prolongaba más de unos diez segundos, no habría vuelta atrás.

Antes, siempre que me acercaba a esa intensidad, sentía en la cabeza un zumbido y luego un crujido. Esta vez, sin embargo, lo que comenzó a desintegrarse no fue la audición, sino la visión, que se volvió puntillista y comenzó a descomponerse en píxeles. El mundo empezó a volverse granuloso, y parecía tambalearse, como imágenes tomadas cámara en mano.

Como si lo que veía fuese la propia capacidad de visión.

Ese reconocimiento fue tan impactante que creí que iba a vomitar. ¿Era posible tal cosa? ¿Estaba viendo el cerebro desde afuera? ¿Estaba retirándome del cuerpo y empezando a ver sus procesos más íntimos como mecanismos que formaban parte del mundo? ¿Estaba literalmente despertando de mi identificación con el mundo? ¿Me estaba descarnando?

¿O excarnando (si es que tal palabra existe)?

Al alejarme de la sombra de los últimos árboles, el calor me golpeó de lleno. "Caramba", pensé mientras me dirigía vacilante a través del claro hacia el estanque del Vale of Health, "hace tanto calor como en la India".

Me metí entre la sombra de los sauces que sobresalían desde la orilla del estanque. Ya he indicado la posibilidad de que haya algún tipo de conexión oculta entre el agua y el ácido lisérgico: como si este fuese tan corrosivo, con tanto *yang*, que necesitara el *yin* del agua para calmarse y equilibrarse. En todo caso, el mundo pixelado que antes vi, con su repentina confusión y aglomeración de partes del campo visual, convirtiéndolas en masas rectangulares espasmódicas, volvió a ser fluido. La forma en que se me presentó la imagen del estanque era de una belleza como para morirse... Donde las raíces de sauce se hundían bajo la superficie, adquirían los más sutiles matices de rosado, anaranjado y carmesí. Por debajo del agua se veían los mismos rayos solares ambarinos que yo recordaba tan vívidamente de los estanques de mi abuela. Se sentía el mismísimo aroma de hojas en putrefacción desde la orilla del estanque, y de pronto todo se remontó al pasado. Por fin había llegado a casa. En lo más hondo del corazón sabía que haría cualquier cosa, que me volvería a someter a toda la humillación de la vida humana, con tal de volver a ser niño.

Con tal de volver a esos estanques por última vez.

Luego, con un resuello de asombro, me di cuenta de que eso era exactamente lo que estaba pasando.

Las gallinetas se deslizaban hacia mí por el agua negra ardiente. De algún modo, se movían y permanecían inmóviles al mismo tiempo. Hubo un destello puramente paradisíaco. Sentía una increíble debilidad, mis rodillas casi no aguantaban más. En sus *Elegías de Duino,* el poeta Rainer Maria Rilke escribió:

Porque lo bello no es sino
el comienzo de lo terrible, ese que todavía podemos soportar;
y lo admiramos tanto porque, sereno,
desdeña el destruirnos.

Tal vez eso fue lo que me sucedió. Al igual que Rilke, simplemente no pude soportar más, porque no recuerdo nada después de aquel momento de ver las gallinetas al mismo tiempo inmóviles y en movimiento.

Seguramente logré volver al apartamento, pero no recuerdo absolutamente nada sobre ese viaje de vuelta. Supongo que me metí en la bañera y me relajé, pues ese fue el momento en que volvieron a entrelazarse algunos recuerdos desordenados. Pero no volví a salir hasta que cayó la tarde, cuando la temperatura empezaba a refrescar. Esta vez tuve la ingenua idea de experimentar cómodamente lo que quedaba del viaje, dando un paseo por las calles secundarias hasta la parte alta de Hampstead Village. No me imaginaba cuán potente era en realidad la dosis de 300 microgramos.

El estanque de Whitestone se encuentra en la parte alta de Hampstead Hill. Para quienes no estén familiarizados con Londres, ese es el punto más elevado de la ciudad. Hay un amplio estanque con fondo de cemento. En los viejos tiempos, los caballos que tiraban de carretas y carruajes desde el West End se detenían para refrescarse y tomar agua antes de seguir camino hacia el norte.

Decidí quedarme allí para ver la puesta de sol.

Al otro lado del estanque hay un pequeño prado con unos cuantos bancos esparcidos y un asta de bandera. Me acosté sobre la hierba con la cabeza apoyada en las manos y miré hacia el cielo del atardecer. Se veía increíblemente enorme. Por primera vez caí en la cuenta de que las puestas de sol se habían vuelto más y más panorámicas mientras avanzaba el verano. Supuse que sería por la temperatura, pues el aire caliente hace que las nubes se eleven mucho más de lo normal.

La inmensa bóveda estaba despejada, a excepción de dos estelas de vapor que se entrecruzaban. El aire ascendente las había aplastado y torcido hasta crear formas crípticas que parecían jeroglíficos. Pensé que ya me encontraba casi completamente sobrio, por lo que me resultó entretenida la entrada en mi campo visual de un diminuto avión rosado y azul, que volaba allá en lo alto. El avión reflejaba los últimos rayos del sol y dejaba a su paso un animado rastro de imágenes psicodélicas. Yo me sonreía de manera presuntuosa y complacida, pero entonces el ácido volvió a hacerme efecto.

Sucedieron dos cosas con una velocidad e intensidad desgarradoras. Para empezar, el cielo, los jeroglíficos gigantes y el avión se fundieron indivisiblemente con el cerebro que los registraba y yo quedé como testigo puro. Luego incluso esa conciencia de testigo desapareció. Simplemente, no había nadie.

El cuerpo físico se irguió sobre la hierba, horrorizado. Un estremecimiento más profundo que cualquier terremoto recorrió toda la creación. Pasó un instante eterno y luego el mundo se sacudió fuertemente para volver a su lugar.

39

¿Fuera del cuerpo?

DESDE EL FAMOSO RECORRIDO en bicicleta de Albert Hofmann ha habido informes de experiencias extracorpóreas. En su descripción del clímax de ese primer viaje, Hofmann escribió:

En ocasiones me sentí como si me encontrara fuera del cuerpo. Creí que había muerto. Mi "ego" se encontraba suspendido en algún lugar en el espacio y vi mi cuerpo yacer muerto en el sofá. Observé y registré claramente que mi "alter ego" se movía alrededor de la habitación, lamentándose.

Y desde el principio, los informes han sido ambivalentes. "En ocasiones me sentí como si me encontrara fuera del cuerpo". ¿Qué se supone que eso significa? ¿Estaba Hofmann usando una metáfora, o quiere decir que se sintió literalmente fuera de su cuerpo físico? ¿O es que ni él mismo estaba seguro de una cosa o la otra? La contorsión de la frase daría a entender lo último. La misma ambigüedad se puede encontrar en *Las puertas de la percepción.*

Mi cuerpo parecía haberse disociado completamente de mi mente... Era curioso, por supuesto, sentir que "yo" no era lo mismo que esos brazos y piernas que estaban "allá afuera", ni que ese tronco, cuello y cabeza, cuyo carácter objetivo era innegable... En mi estado actual, la conciencia no se refería a un ego; de cierto modo, andaba por su cuenta.

Hay más observaciones similares; pero Huxley, como antes hizo Hofmann, evita afrontar lo que sugiere a medias. Es el caso opuesto al de los *hippies* que, benditos sean, no tenían semejantes inhibiciones. Tanto Huxley como Hofmann se cohibieron excesivamente en sus intentos de ir más allá de cierto límite.

Permanecí completamente inmóvil en la cama. De pronto empecé a sentir mucho frío, y entonces ocurrió el cambio. De repente, todo estaba bien. Otra parte de mí se hizo presente y me dijo: "Todo está bien". En ese momento, me di cuenta de que era yo mismo, que me miraba desde arriba. Estaba flotando por encima del techo de la habitación. Veía a todos los demás, que formaban un círculo en el suelo y escuchaban música. Me vi acostado en la cama, mirando cómo yo mismo me observaba desde arriba. Era asombroso. Me di cuenta de que estaba muerto. No había otra explicación. Tenía muchísimo frío.

Lo anterior es de *Tripping: An Anthology of True-Life Psychedelic Adventures* [Viajes con ácido. Una antología de verdaderas aventuras psicodélicas], de Charles Hayes, que incluye varios otros informes similares o relacionados, como el siguiente:

Era como si yo fuera un ser incorpóreo que miraba hacia abajo, a este "otro" cuerpo...

Era como si yo fuera una tercera persona que me miraba a mí mismo y veía el concierto...

Creo que abandoné mi cuerpo, porque se puso completamente fuera de control. Se movía violentamente y era imposible controlarlo. Parecía como si me estuviera viendo en una película, donde mi cuerpo, separado de mi conciencia, seguía andando sin rumbo...

¿Qué es la experiencia extracorpórea? ¿Será que el terror a la muerte y el deseo de sobrevivir a ella nos hacen fabricar la ilusión de que la existencia continúa después de la desaparición física? ¿Estos relatos son solamente la proyección de un deseo que queremos que se cumpla, como sucede en los sueños? Esa sería la explicación materialista de estos fenómenos y nadie puede negar que sea válida.

Sin embargo, al mismo tiempo, la sutileza y la ambivalencia podrían ser factores esenciales. La experiencia tiene un matiz casi deliberadamente nebuloso. "Como si..." "me sentí como si me encontrara..." "parecía como si..." Frases como estas son recurrentes en los relatos de la gente. Una vez más nos tropezamos con la ambivalencia esencial de lo transpersonal, con la imposibilidad virtual de distinguir entre lo que observamos y lo que creamos, y tal vez con algo más que eso. Viene a colación la insistencia del joven Freud en que la mente inconsciente no reconoce la distinción entre lo verdadero y lo falso. O el concepto del "cuarto cuerpo" de Osho y su tesis de que la imaginación es una facultad más evolucionada que la razón, a la que no se pueden aplicar las disyuntivas que caracterizan a la mentalidad literal. "Nos imaginamos la verdad", como dijo Osho. ¿Será que la forma en que uno "abandona su cuerpo" está profundamente interrelacionada con la imaginación?

Por otra parte, desde el punto de vista farmacológico, no hay que olvidar que el ácido lisérgico no está clasificado como un verdadero alucinógeno, como serían la DMT o la psilocibina. El sentido de la subjetividad propia se mantiene intacto, solo que de repente uno se encuentra en Alfa Centauri o jugueteando con seres diminutos. Lester Grinspoon y James Bakalar, dos de los comentaristas más ponderados en esta materia, han tratado de resumir la información disponible:

Algunos pueden ver el funcionamiento de órganos internos y procesos fisiológicos que no suelen ser percibidos por la conciencia.

Ciertos consumidores de drogas pueden proyectar imágenes de sí mismos sobre las paredes; unos pocos ven sus cuerpos como desde arriba o hacia un lado, o incluso perciben que han abandonado su cuerpo para viajar con el "cuerpo astral" casi inmaterial que se describe en la literatura ocultista. Uno de los efectos más contundentes es la disolución total o parcial del cuerpo en el entorno. Al igual que las emociones vinculadas con las distorsiones de la imagen corporal, la sensación de trascender el yo que a menudo acompaña a la disolución del cuerpo puede conducir a experiencias más profundas[1].

"Pueden ver el funcionamiento de órganos internos y procesos fisiológicos que no suelen ser percibidos por la conciencia". Eso era exactamente lo que me sucedió cuando sentí que veía la estructura interna del ojo.

Entonces comencé a preguntarme si el mismo mecanismo no habría estado presente en la experiencia de que "me había convertido en todo", al principio del viaje (y en la idéntica e igualmente electrizante percepción que tuve el verano anterior). En ese momento, con gran torpeza mental, interpreté que me había convertido en uno con el todo, en cierto sentido "místico" no dualista. Ahora comenzaba a preguntarme si la experiencia podría interpretarse de otra manera.

Detengámonos un momento. Según lo que tengo entendido, un lugar común del pensamiento científico es que en realidad "el mundo" es generado en el cerebro a partir de datos cuya naturaleza objetiva, en sentido estricto, desconocemos casi por completo. Luego lo proyectamos colectivamente como un mundo sólido y tridimensional que "está ahí". ¿Tal vez lo que me sucedió el verano pasado fue que de pronto vislumbré cómo funcionaba ese proceso?

Cuando dije: "Soy todo lo que percibo", el comentario fue perfectamente exacto, porque mi cerebro y el mundo están relacionados inseparablemente. Los "procesos que no suelen ser percibidos por la conciencia" quedaron abruptamente al descubierto. Yo mismo creaba los árboles, los helechos, el camino, el arbusto de acebo bajo el que me cobijé, y esto es tan cierto como que ellos también me creaban a mí. Yo era el mundo, y el mundo era yo. Esto era una realidad "científica" objetiva, no tenía nada de mística.

Pero, ¿quién o qué había experimentado esas percepciones?

Alucinado por la intensidad de la experiencia, había pasado completamente por alto la naturaleza del sujeto de la experiencia. ¿Es que yo siempre había sido un "testigo" o "conciencia pura" (o un alma, o el Amor mismo, si le parece mejor) totalmente independiente del cuerpo físico, como si toda mi vida hubiese mantenido la cara presionada tan fuertemente contra el ojo de la cerradura de los sentidos, que habría olvidado hacía tiempo que este existía siquiera? ¿Podría alejarme del ojo de la cerradura, de la propia cerradura, de la puerta... y darme cuenta al fin de que yo era algo completamente distinto?

¿Quizás éramos una entidad cualitativamente diferente que, al morir, no se separa del cuerpo físico, sino que se da cuenta de que en realidad nunca fue parte de él?

40

La sesión 45

En Judges Walk

ESA NOCHE EN EL ESTANQUE de Whitestone, cuando logré volver a ponerme en pie, temblaba tanto que tuve que apoyarme en el asta de la bandera. Eché un vistazo furtivo hacia arriba... allí seguía el avión, que iba dejando su curioso rastro de imágenes residuales mientras avanzaba sin inmutarse por el cielo vespertino. Me apoyé en el asta hasta sentir que mi pulso se había calmado un poco, y luego me quedé mirando el avión que se iba achicando hasta perderse de vista.

En repetidas ocasiones durante los días siguientes traté de revivir esos pocos segundos apocalípticos. Por un momento intemporal había quedado al margen de todo, absolutamente todo. Luego presencié la nada. Pero el efecto fue tan rápido, tan brutal, tan parecido al proverbial relámpago... eso era exactamente. Un destello cegador. Ahora veía por qué los budistas tibetanos llaman a la visión final "la clara luz del vacío" y por qué insistían en que, al presenciarla en su estado puro, era inevitable que un miedo mortal nos hiciera recular.

¡Pero fue un destello cegador! ¿Es que había columbrado mi verdadera esencia, más allá del tiempo y el espacio? ¿O todo aquello era en realidad una infantil idea que me hacía? ¿Lo que había visto era exactamente lo que creí ver, el último instante agónico de la conciencia mientras el propio universo se hundía inexorablemente en el olvido? Ahora estaba haciendo todo lo posible por quitarme esa imagen de la cabeza.

Esa noche no me había alejado más que un centenar de metros del asta y el estanque cuando supe que iba a tener que repetir toda la sesión... y es que, incluso después de tanto tiempo, los viajes con dosis altas de ácido me siguen pareciendo aterradores. Pero, traté de razonar mientras bajaba la cuesta a pie, más temprano que tarde un médico me mirará con expresión de "me temo que debo darle una noticia muy preocupante"... y eso sí que me va asustar de veras, ¿o no?

Siendo así, ¿qué más da?

Me mantuve en la dosis de 300 microgramos, aunque era más de lo que creía aguantar. Las primeras etapas del viaje, cuando todavía estaba en el bosque, fueron de tal embriaguez, tan dionisíacas, que no recuerdo gran parte de lo que pasó. Una vez más, era un día de temperaturas tan elevadas que, a media tarde, tuve que volver al apartamento al otro lado del Heath. Un par de horas más tarde fue que comenzó a aplacarse el calor y pensé que me había refrescado lo suficiente como para subir la cuesta hasta la cima de la colina.

Lo verdaderamente espeluznante era que el efecto solamente comenzó cuando llegué exactamente al mismo lugar, el estanque de Whitestone, a la misma hora de la tarde, y con la misma intención de encontrar un lugar apartado para sentarme y ver la puesta de sol... Quien suba la cuesta de la colina desde Hampstead Village, al llegar al estanque y mirar a la izquierda, verá una parte del Heath que está prácticamente abandonada. Puse una misa de Josquin en el walkman, crucé la calle tratando de no ser visto y tomé el estrecho sendero que, entre ortigas y herbazales, va hacia las profundidades de esa tierra baldía. Poco después, al pasar junto a una valla alta, se aprecia lo que da nombre al lugar: una hilera de antiguos castaños y tilos que se conoce como Judges Walk, o "el paseo de los jueces".

Se dice que eso es lo que queda de lo que fue un parque de moda del siglo XVIII que marcaba el límite norte del pueblo. Donde terminan los árboles, a la derecha, el terreno desciende abruptamente hasta un pequeño prado oval. El secreto de Judges Walk es que probablemente sea el mejor lugar de Londres para ver la puesta de sol. Coleridge solía venir caminando desde Highgate y Constable vivía a la vuelta de la esquina. Hoy en día, sin embargo, casi nadie se aventura a venir. Alguna que otra pareja de amantes, algún vagabundo ocasional que pasa allí la noche o, cuando nieva, los niños de la zona que utilizan la pronunciada pendiente como tobogán.

Tan pronto me adentré en el camino lleno de ortigas, sentí para mi sorpresa que el ácido volvía a hacerme efecto (ya habían pasado seis horas o más desde que tomé la droga). No fue un efecto violento, como la última vez, sino todo lo contrario: era pura magia. Sentí como si hubiera atravesado un umbral real pero invisible. El sendero, la hierba alta y los árboles comenzaron a emitir destellos, como si hubiera pasado una brisa, y tuve la extraña sensación de viajar en el tiempo, como si dejara atrás la ciudad actual y volviera al campo que fue varios siglos antes. Las hierbas desteñidas por el sol del largo verano estaban a punto de convertirse en un cultivo de maíz. La luz tenía peculiares matices dorados. La cualidad omnipresente de la existencia se hacía sentir cada vez más. Me arrodillé para examinar un manojo de hierbas y me quedé fascinado al fijarme en una sola brizna. Era la propia definición de la filosofía de Platón: la primera y última brizna; la genialidad original.

A mis pies, el terreno descendía hasta el pequeño prado. La pendiente era una masa de flores silvestres, en cantidades pródigas, y de una belleza que me dejó sin aliento. El extremo de la hondonada donde me encontraba parado estaba repleto de adelfas, que empezaban a florecer con tonos rosados y malva, mientras que la pendiente principal parecía un luminoso cuadro impresionista de tonos blancos, salpicados de cardos purpúreos. Justo en ese instante, la misa de Josquin dio paso a la *Gloria*.

Yo nunca había experimentado un viaje psicodélico tan estable. No hubo parpadeo, ni sensación de estar bajo los efectos de una droga. El mundo de las hadas era tangible. Físicamente me sentía muy bien y, mientras descendía por la hondonada, sentí que mi cuerpo funcionaba de un modo diferente, más integrado. Daba cada paso con plena conciencia y sentía que hace mucho tiempo había olvidado la multiplicidad de sensaciones que me producía pisar la tierra.

Las abejas se posaban sobre las flores o se elevaban en el aire perfectamente sincronizadas con la misa de Josquin. Ni siquiera percibía que estaba usando walkman y auriculares: la misa parecía ser difundida por el propio paisaje. La cualidad orgánica de la polifonía de Josquin, la forma en que se ramificaba y se estremecía como un ser vivo, era lo que siempre me había gustado de sus obras; y esa noche era como si estuviera ante una radiografía sonora de la naturaleza. Al final, me puse a reproducir una y otra vez el *Agnus Dei,* que no solo sonaba como si lo hubiesen compuesto el día anterior, sino como si alguien fuese a componerlo al día siguiente... De este modo, comenzaron a abrirse niveles emocionales cada vez más profundos.

Lo primero fue que, en un mundo tan perfecto como aquel, sentía al fin que tenía la libertad de morir.

Esa noche percibí que la razón de que nos aferremos tan desesperadamente a la vida es lo poco que la disfrutamos pero, desde el momento en que la vivimos al máximo, el significado de la muerte cambia por completo. De cierta manera se convierte en la consumación de la vida. Antes, cada vez que comparaba la alegría con la pena, con un dolor infinitamente sensible, la primera siempre me había parecido relativamente plana y unidimensional. Ahora me daba cuenta de que eso se debía a que nunca lograba captar la conexión vital que existe entre la belleza y la muerte. Pero Keats había puesto el dedo en la llaga en la *Oda a un ruiseñor:*

> *Ahora más que nunca, morir parece riqueza:*
> *¡Cesar a medianoche sin dolor,*
> *mientras el alma se aleja del cuerpo,*
> *en un éxtasis sin igual!*

Una vez más me vinieron imágenes de la primera infancia. La gran afirmación de la vida que entraña morir con nobleza era uno de mis juegos secretos cuando estaba a solas. ¿Cómo pude olvidar esto, la profunda interrelación que existe entre el honor y la abnegación? Porque, si no hay nada que uno aprecie por encima de la vida, ¿qué valor tendrá la propia vida?

He aquí otro detalle paradójico sobre el espacio donde me encontraba: no había ningún indicio de la existencia o inexistencia del alma. En aquella ocasión, que fue uno de los momentos de mi vida adulta en que pude pensar más sostenidamente en la muerte sin pestañear, no me preocupaba si el "yo" era capaz de trascender la muerte. No tenía siquiera interés alguno en el tema. De vuelta a la normalidad, no entiendo esto en lo absoluto, *pero lo cierto es que en ese momento la pregunta no surgió.*

El tema central, si es que lo había, era la propia estética de la muerte. Aunque esto tampoco lo entiendo, la emoción prevaleciente fue una ternura casi infinita. Nunca antes me había sentido tan tierno. Para seguir con las palabras del gran poeta (que en fin de cuentas había vivido por allí), Keats también había logrado captar esta idea en su *Oda a un ruiseñor:*

> *A oscuras escucho y, más de una vez,*
> *he estado medio enamorado de la apacible Muerte.*
> *Muchas veces le rogué en versos inspirados,*
> *que fundiera con el aire mi aliento silencioso.*

Otra paradoja: el idealismo venía acompañado de un grado de realismo tan gráfico que era quizás excesivo.

Cuando iban creciendo las sombras, me encontré inspeccionando la pequeña pradera con una mirada especulativa. ¿Cómo hacer para quitarse la vida? ¿Sentado bajo aquel árbol? ¿Bajo ese inmenso rosal que se había enredado con el espino blanco? Normalmente soy muy aprensivo, pero esa noche sentí una natural atracción a la idea de cortarme las venas y devolver con gratitud y con valor lo que se me había concedido. A menudo me ha sorprendido la extraña luminosidad que adquieren los colores bajo una luz tenue. Por ejemplo, el rojo de la sangre sobre un pasto muy verde. El último canto de ave, a intervalos cada vez mayores... y cada vez más cuidadosos...

41

La MPB 4

AUNQUE ME AVERGÜENCE DECIRLO, debo reconocer que tuvo que pasar mucho tiempo para que comprendiera plenamente lo que había sucedido en Judges Walk.

Cuando este informe se encontraba casi terminado y estaba verificando los detalles de las matrices perinatales de Grof, me tropecé con el pasaje siguiente. Al describir la MPB 4, el momento culminante del parto, Grof enumera algunos de los elementos más destacados de la experiencia de volver a evocar esta matriz.

[El sujeto] recibe de pronto visiones de una cegadora luz blanca o dorada y experimenta una enorme descompresión y expansión del espacio... La atmósfera reinante es de liberación, redención, salvación, amor y perdón. El individuo se siente limpio y purgado... Cuando está en sintonía con ese reino experiencial, suele descubrir en sí mismo valores genuinamente positivos, como el sentido de la justicia, la apreciación de la belleza, sentimientos de amor, respeto propio y respeto al prójimo. Esos valores, así como las motivaciones para cultivarlos y actuar de conformidad con ellos, parecen ser, a este nivel, parte intrínseca de la personalidad humana.

La MPB 4 es la matriz perinatal básica del renacimiento espiritual. Sus temas típicos están presentes en todas las conversiones religiosas, desde las teofanías como la de Pablo en el camino a Damasco hasta el quietismo del misticismo afín con la naturaleza mística de mucha gente común. Para haber sido *hippie* en otra época, fui particularmente tonto, pues esa noche debería haberme servido para arrojar un montón de luz sobre la experiencia de mi propia generación con el LSD. El pasaje continúa:

> El simbolismo característico de la MPB 4 muestra de forma selectiva situaciones... como paisajes de primavera con nieve o hielo derretido... exquisitos prados y pastizales idílicos en primavera... árboles cubiertos de nuevos brotes y flores[1].

¡Lo que Grof describía era "el poder de las flores"!

Mi primera reacción ante esto también me produjo vergüenza. Me molestaba saber que había necesitado unos cincuenta viajes para llegar al punto que muchos de mis contemporáneos habían alcanzado desde su primera experiencia, mientras se pavoneaban con su atuendo de fiesta al ritmo de los Grateful Dead, sin creer que fuera posible tener un "mal viaje"... como nos obligaría a pensar la visión del mundo basada en la MPB 4.

Sin embargo, cuando más adelante reflexioné sobre esto, me di cuenta de que me permitía replantear la pregunta de por qué algunas personas experimentaban viajes "buenos" y otras, viajes "malos". En todo momento, Grof insistió en que el orden típico en que tienden a manifestarse las matrices es: MPB 2, MPB 3, MPB 4... y solo entonces es que se manifiesta la MPB 1. Por supuesto, se podría argumentar que esa secuencia se basaba demasiado estrictamente en su experiencia clínica personal con individuos muy traumatizados que, en muchos casos, ya habían experimentado una regresión sustancial, y que no tenía que suceder lo mismo con los vivaces adolescentes que una vez fuimos. ¿Quizás en muchos casos de consumo recreativo de LSD, los primeros viajes solían definirse por la MPB 4, y solamente en las sesiones posteriores era que la droga empezaba a abrirnos paso a los reinos más oscuros de la MPB 3 y la MPB 2? Por supuesto, esto no es más que una elucubración. Pero lo cierto es que comprender por qué algunas personas tienen experiencias positivas de inmediato, en tanto otras caen en situaciones de pesadilla, seguirá siendo un aspecto decisivo si se pretende volver a utilizar las sustancias psicodélicas como una importante fuerza contracultural.

Lo que es más importante, aunque esto no se me ocurrió hasta un tiempo después, diría que la experiencia psicodélica en Judges Walk también reflejaba las temáticas de la MPB 1, o sea, de estados relacionados con la existencia intrauterina o quizás anteriores a la propia encarnación. Definitivamente, la *Oda a un ruiseñor,* para volver a ese punto de referencia de la visión romántica, indica una forma de cerrar las conexiones entre las dos matrices. "Desvanecernos a lo lejos, disolvernos y olvidar...". Que yo sepa, no es posible hacer una referencia más clara al nirvana.

No ha sido sino hasta ahora, cuando estoy terminando este informe, que me he dado cuenta de que la profunda importancia de la muerte, y de su aceptación consciente, es parte de la esencia misma de la rebelión del Romanticismo. "Nuestro nacimiento no es más que un sueño y un olvido", escribió Wordsworth. Pero la prioridad del nirvana, de la existencia fuera de la forma, es aun más marcada en Shelley: "Aquella belleza en la que se enmarca todo / aquella bendición que ni el propio maleficio / del nacimiento puede extinguir, ese amor que nutre / y que atraviesa el velo de la existencia...".

Más adelante en el poema, el tema se torna explícitamente suicida:

> *¿Por qué quedarse, por qué volver, por qué rehuir, Corazón...?*
> *No dejemos que la vida aparte lo que la muerte puede unir.*

Esto podría abrirnos a una dimensión de la política de los románticos (con la autoinmolación como punto de convergencia de los proletariados "internos" y "externos") que nos llevaría demasiado lejos para contemplarla aquí.

Sin embargo, las temáticas de la MPB 1 llegarían a ser inconfundiblemente más pronunciadas durante mi sesión siguiente en Judges Walk. Este viaje, aunque no me lo imaginé en ese momento, sería mi última experiencia con el ácido (si se mira desde otro ángulo, en realidad sería el inicio de un largo viaje que no duraría semanas, sino meses). Pero antes de llegar a ese punto, debo dar antecedentes de mi primera infancia sin los que esa experiencia psicodélica no tendría sentido. Es un relato que tiene que ver con un largo y alto muro de piedra...

Las tardes en que mi abuela y yo habíamos visto en los cines de Crosby todas las dobles presentaciones de las más recientes películas de guerra y de cine negro de Estados Unidos, nos dedicábamos a dar largos paseos por el campo. Justo después de la guerra, Windle Hey estaba literalmente en las afueras de Liverpool. Por eso, si salíamos por la puerta trasera de la casa, estábamos en pleno campo.

Siempre hacíamos el mismo recorrido de ida y vuelta a la aldea de Little Crosby. Tomábamos un camino angosto bordeado de setos de espinos por todo el campo, luego hacíamos un largo trecho junto a un muro imponente que encerraba lo que, para mis ojos de niño, parecía ser un gran bosque. Después subíamos y bajábamos unos peldaños y seguíamos cruzando campos hasta llegar a Little Crosby. Era un paseo delicioso, con mucha luz en verano y con mares de niebla y campos inundados en invierno.

Nuestra llegada al muro de piedra marcaba el punto en que nos deteníamos a descansar. Abuela fumaba en silencio un Craven A y luego, cuando al fin dejaba limpia la boquilla, se daba una vuelta y echaba una mirada torva al muro.

"¡Hay trampas humanas en esos bosques!", decía, con auténtico asco republicano. Luego hacía como que buscaba en una bolsa de almendras azucaradas que sacaba de algún escondite de su ropa y me ofrecía una con gran aspaviento, aunque sabía que las detestaba. (A diferencia de la caja de finos chocolates belgas que compró sin decirlo a nadie y que escondía siempre en lugares distintos en Windle Hey, pues se negaba a compartirlos. Esa mezquindad con las golosinas era la única nube que ensombrecía nuestro amor incondicional).

Luego pasábamos los peldaños y seguíamos camino por los campos hasta Little Crosby.

Mi último viaje psicodélico comenzó de la misma forma que el anterior. La tarde en el bosque sigue siendo un vacío casi completo y la droga no empezó a surtir efecto hasta después de cuando debía terminar. Esa vez también caminé hasta el estanque de Whitestone, crucé la calle y emprendí el camino estrecho hacia Judges Walk y el hondón del prado.

Durante esos días de verano, las puestas de sol habían sido de una magnificencia nunca vista, ni siquiera en el Oriente. Es de suponer que se debiera a una combinación anormal de altas temperaturas y galopante contaminación urbana, lo cierto es que cada noche de Londres se coronaba con un cielo paradisíaco. Ese día resultó ser el más caluroso registrado en Inglaterra desde que se tienen datos meteorológicos. Las nubes estaban tan altas que la puesta de sol era más majestuosa que nunca.

Las hierbas, flores y árboles volvían a tener una belleza impresionante... pero esta vez había algún sutil detalle interdimensional, e incluso más melancólico, a pesar de la belleza. La hondonada del terreno se me antojaba como un antiguo templo abandonado, escondido en pleno Londres. Me pasé la mayor parte del viaje sentado sobre la hierba, apoyado contra uno de los castaños. Esta vez puse una misa de Lassus en el walkman y al fin me dediqué a admirar el atardecer con el pulgar sobre el botón de repetición, para escuchar una y otra vez el *Agnus Dei*.

En la polifonía antigua, se considera que hay tres versiones del *Agnus* y que cada una supera la anterior en belleza: ahí es donde radica el mayor efecto emocional. Siempre he asociado el estilo a capela con sensaciones de exaltación, con el ascenso interno, con el vuelo mágico de Eliade, y mientras reproducía y volvía a reproducir el *Agnus Dei,* me sentía más y más exaltado. Casi me parecía que mi propio cuerpo se elevaba cada vez más y que todo lo que me rodeaba se volvía más oscuro y tenue, lo que me alegraba. De nuevo me acordé de otro juego olvidado que solía hacer cuando era niño: sentarme a observar las puestas de sol en Windle Hey. Trataba de no parpadear hasta quedar medio hipnotizado. Pensaba que cuando fuera grande sería capaz de volar, y entonces viajaría hasta lo más hondo del corazón del sol poniente, atravesando los continentes indefinidos que formaban las masas de nubes, sus montes y abismos, con sus oblicuos rayos de luz épica o sagrada, hasta adentrarme en otro mundo que era mi verdadero hogar*.

A pesar de la imagen de Valhalla, aún había luz diurna cuando escuché la misa de Lassus por última vez y me puse en pie.

Me iba de Judges Walk por una ruta diferente, un pequeño callejón sin salida. Por ese camino lo primero que se pasa es un antiguo alto muro de ladrillo rojo, por encima del cual se pueden vislumbrar algunos árboles. A sus pies habían ortigas, flácidas y polvorientas; mientras caminaba junto a ellas, miré hacia abajo. Me quedé inmóvil al sentir como si mi propio cuerpo hubiese sido arrojado a través del tiempo.

¡Así había sucedido al lado del enorme muro en aquellos paseos con mi abuela hasta Little Crosby!

Un muro se confundió rápidamente con el otro. Todo se tambaleó; mi mente se abrió a un gran espacio vacío. Miré alrededor, en silencio y en cámara lenta. Ya no había tiempo. Todos estos años pensé que había traicionado y perdido todo, pero ahora me daba cuenta de que nada podría estar más lejos de la verdad.

Nada había cambiado. Nada se había perdido. Nada se había perdido en absoluto. Es más, nada se podía perder, porque nunca sucedía nada. En realidad, nunca me había sucedido nada en toda la vida.

Nada de nada.

Me sentía como un hombre que se está ahogando, hasta que se da cuenta de que en todo momento sus pies estuvieron a unos milímetros de la Roca de la Eternidad. Al fin me había convertido en lo que siempre fui. De nuevo se produjo ese reconocimiento, como si se hubieran sacudido las propias raíces de la memoria.

En efecto, cuando comencé a pensar normalmente, eso fue lo primero que me pregunté. *¿Cómo era posible que lo hubiera olvidado?* Y,

---

*Téngase en cuenta lo que dice Grof acerca de la MPB 4: "Algo muy típico de esta matriz perinatal son las visiones de salas gigantescas con columnas muy decoradas, enormes estatuas de mármol blanco y candelabros de cristal".

como si hubiese hecho una pregunta real a un oráculo, obtuve en respuesta la más gráfica alucinación. Por primera vez en meses sentí aquella especie de telaraña viscosa que se me deslizaba por las comisuras de los labios... ¡quizás de forma más vívida que nunca antes!

Me eché a reír y así, riendo en voz alta conmigo mismo (¿será que la respuesta era tan sencilla?), comencé a descender la pendiente de Hampstead Hill, en la dirección al monte Vernon iluminado por el atardecer.

42

La larga retrospección

A LA MAÑANA SIGUIENTE, comenzó otro día impresionantemente caluroso y tuve que esperar hasta el anochecer, cuando la temperatura estuviera lo suficientemente agradable,
para salir y tomar un poco de aire fresco.

Fumé un poco de hierba, puse un CD de canto a capela en el walkman, y me dirigí hasta la colina del estanque de Whitestone. Emprendí
el mismo camino a través de las ortigas y adelfas hasta volver a estar al
pie de la hilera de árboles centenarios y, una vez más, Londres quedó
coronado con fuego como de otro mundo. Cuando miré a mi alrededor
vi, para mi sorpresa, que todo seguía teniendo los mismos visos psicodélicos que la noche anterior. Es otro viaje, pensé con incredulidad.
¡Pero así era! Por supuesto, no tenía la misma cualidad abrasadora del
día anterior... pero evidentemente se trataba de un viaje, con la misma
cualidad renovada de la naturaleza, con los mismos ideales absurda-
mente elevados.

En la bibliografía especializada, los *flashbacks* no siempre son vistos
favorablemente. En general, se consideran como una recurrencia abrupta
del estado provocado por el narcótico durante los días o semanas posteriores a un viaje psicodélico, lo que suele ser una experiencia desagradable. Pero lo que me comenzó a pasar esa noche no tenía nada que ver
con eso. Lejos de ser negativo, mis *flashbacks* (que en realidad era uno

solo, pues todos fueron casi completamente homogéneos) fueron muy positivos. Me pareció muy pertinente otro pasaje que encontré en *Reinos del inconsciente humano.*

> Si el sujeto está bajo la fuerte influencia de una de las matrices perinatales en el momento en que la acción farmacológica de la droga deja de hacer efecto, puede experimentar la influencia de esta matriz en forma mitigada durante días, semanas o meses después de terminada la sesión.

Volví a Judges Walk la segunda noche después del viaje... y la tercera... y la cuarta... y cada vez había el mismo resplandor deslumbrante. "La gloria del Señor", como cantaba el viejo Händel, "brilló en derredor". Lo extraño era que tenía que ser en el mismo lugar, a la misma hora del día, con la puesta de sol; y tenía que ser precedido por una fumada de hierba, y una o dos piezas a capela. Si no repetía esta fórmula precisa, no pasaba nada.

No creo que el detonante haya sido la hierba, sino más bien la música.

Después de esa experiencia, otras personas también me han dicho que pueden volver a acceder al espacio psicodélico valiéndose simplemente de la música. "Según los chamanes del mundo entero", escribe Jeremy Narby en *The Cosmic Serpent* [La serpiente cósmica], uno establece comunicación con los espíritus a través de la música". Únicamente ahora, al final de mi tercer verano con el ácido, me daba cuenta de que esto venía ocurriendo desde hacía mucho. La polifonía antigua no era solo un peculiar gusto estético que me habían dejado las sustancias psicodélicas. Al igual que las canciones del peyote en la iglesia de los indios norteamericanos, o los *icaros* del chamanismo sudamericano, era una parte integral de mis experiencias psicodélicas. Para mí, la música a capela era una herramienta psíquica.

Mientras estaba bajo el efecto de la droga, la música funcionaba como una forma de navegar: para entrar en el espacio psíquico, centrarme una vez dentro de él y, por último, servirme como puente de regreso al mundo cotidiano. Tenía tres o cuatro canciones que, si las reproducía al final de una sesión psicodélica, siempre me hacían llorar como una mujer. Me di cuenta de que las lágrimas eran la estrategia de salida más eficaz. Después de un viaje, el canto a capela generalmente me permitía volver a captar algunas de las percepciones emocionales más sutiles y huidizas de una sesión. Siempre me hacía volver a concentrarme en una sutil corriente de energía ascendente o rapsódica, que ahora no parecía muy lejana.

Sucedió exactamente lo mismo cada noche durante las siguientes cinco o seis semanas. Iba hasta Judges Walk y disfrutaba de los ocasos otoñales mientras reproducía una y otra vez mis diez motetes preferidos.

Lo que primaba era una profunda sensación de consumación. Entendí que el ácido me había servido como rito de transición de la edad madura a la vejez. Mi "vuelta de Saturno", o lo que fuera, me había dejado asustado y resentido por lo que parecía una vida desperdiciada en una civilización condenada y muerta de miedo a morir: lo que el ácido me había dado era el espacio para hacer frente a esto. Yo había analizado y aceptado los factores individuales y colectivos que me habían hecho de la manera que era y que, me gustara o no, era la única manera posible. Ahora sentía como si me hubieran librado de un gran peso.

Mi vida "tenía existencia propia", pertenecía mucho más al mundo que a mí mismo. Tuve que reconocer que de todos modos no recordaba gran parte de ella. La materia se iba haciendo más escasa y la energía que escapaba de ella se acumulaba dentro de mí, de la misma manera que la resaca se une a la nueva ola. A veces tenía una extraña sensación de encontrarme justo detrás y encima de mí mismo, un instante antes del momento actual. Simultáneamente con esa sensación de despersonalización, tenía un marcado sentido de la empatía con los demás. Siempre imaginé que la compasión era una "virtud" que escasos individuos lograban cultivar, pero ya no lo creía así. La compasión me parecía mucho más un instinto reflejo, casi automáticamente asociado con la pérdida del ego. *Pobre gente,* murmuraba para mis adentros mientras vagaba por la ebria noche. *¡Pobre, pobre gente!*[*1]

Si la música había desempeñado el papel de brújula espiritual, los diarios de viajes con ácido habían proporcionado un espacio igualmente vital en el que se podían registrar las sesiones, anotar los detalles e iniciar el proceso de resolución de problemas.

Ahora nos encontramos cara a cara con lo que quizás sea el factor más importante que distingue las sustancias psicodélicas en comparación con cualquier sendero espiritual anterior.

Tradicionalmente, un gran avance espiritual tendría que estar precedido por años de dedicación y práctica constante. Estaría arraigado y contextualizado en la vida cotidiana desde el comienzo, mientras que con las sustancias psicodélicas todo funciona al revés. Primero se obtiene el avance, luego la devoción y la práctica. Supongo que es la única forma en que esto puede suceder en una sociedad de tal materialismo doctrinal, pero implica poner un gran énfasis en mantener vivo el recuerdo del gran avance y asimilar todas sus implicaciones.

Durante ese otoño leí una monografía sobre arte que había comprado en la Conferencia de Berkeley, pero que hasta ahora no me había sentado a leer.

Drawing it Out: Befriending the Unconscious [Hacer salir al inconsciente y trabar amistad con él], fue escrita por la artista estadounidense Sherana Frances, quien hace el relato del único viaje que había hecho con una alta dosis de LSD y que revolucionó su vida.

---

*El idealismo exagerado es quizás el efecto arquetípico del ácido. En *The Varieties of Psychedelic Experience* [Las variedades de la experiencia psicodélica], Master y Houston relatan un caso clásico de un joven estudiante que tomó una dosis excesiva y "se convirtió en todo". Su descripción es demasiado larga para citarla, pero la conclusión es elocuente: "Había una sensación de que es necesario hablar y comulgar con la belleza en todas sus formas... Este imperativo era parte de otro imperativo mayor, que parecía estar por encima de cualquier otro pensamiento como declaración primordial: que uno debe buscar a Dios. La belleza es parte de la necesidad imperiosa de acercarse a la Divinidad. Esa era la prescripción más importante para proceder. Todo el resto del pensamiento era prescindible y esta prescripción por sí sola podría servirnos de guía".

La razón por la que Frances se interesó en las sustancias psicodélicas fue porque estaba a punto de perder la cordura debido a una guerra interior entre su deseo de ser artista a tiempo completo y sus responsabilidades como esposa y madre. Realizó su sesión con supervisión profesional y claramente le ocurrió algo de gran importancia... aunque durante muchos días y semanas subsiguientes encontró que ni siquiera podía comenzar a describir con palabras lo que había ocurrido.

La presión era cada vez mayor... hasta que una noche se sentó y durante más de un mes trabajó en una serie de dieciocho dibujos. En el primero aparece ella acostada boca arriba, viendo dibujos parecidos a mandalas al iniciarse el viaje... en otro, era capturada por una energía como un remolino que la arrastraba hasta el inframundo. Aterrorizada, desnuda, desmembrada, los dibujos registran su viaje chamánico por los pasillos y cavernas de la muerte, a través de visiones aterradoras con temas mitológicos y religiosos, hasta que al fin renace triunfante.

En sentido artístico, los dibujos son como una especie de cruce entre Blake y los surrealistas, pero ejecutados en blanco y negro con un crudo poder visceral que aquellos no tenían. Lo que me fascinaba no era el nivel de expresión artística sino el método, la forma que Sherana Frances había encontrado de expresar y mantener vivo lo que había experimentado en su sesión. Un amigo psicoterapeuta escribe en la introducción de su libro:

> El concepto de contenedor, como se usa aquí, proviene de la práctica de la psicoterapia profunda... El contenedor retiene el rico caos de la experiencia consciente e inconsciente, permite que una multitud de imágenes fragmentarias se resuelvan y se sientan profundamente, se interrelacionen y se mantengan en la conciencia. El contenedor representa un marco para unir mundos divididos, para el reconocimiento de ideas revolucionarias que de otra manera el ego socialmente condicionado podría soslayar[2].

La propia Sherana Frances agregó que incluso varios años después, los dibujos le siguen proporcionando inspiración. Se refiere a ellos como "guías infalibles, sanadores, profetas y maestros". Me hubiera gustado que hubiese desarrollado sus ideas sobre este tema, porque eso era exactamente lo que yo intentaba hacer con mis diarios de viajes... y, mientras iba mirando sus distintos dibujos, comenzaba a sentir que la única forma en que yo podría hacer algo similar sería si escribía un libro.

En general sospecho que la exploración del espacio psicodélico supone el desarrollo de algo mucho más flexible y dinámico que los "diarios de los exploradores" de Terence McKenna, aunque al mismo tiempo, no necesariamente algo tan tradicionalmente "artístico" como los dibujos de Sherana Frances. Tal vez algún tipo de ceremonia. Quizás la oración: la oración sobre la que el ácido llamaba mi atención repetidamente y a la que, en varias ocasiones, me había negado a responder.

En cualquier caso, podríamos ser testigos de una extraordinaria explosión de imaginación y arte en este contexto, en forma que trasciende todo lo que antes se consideraba como "arte".

43

Informe provisional

CAÍAN LAS HOJAS, los días eran cada vez más oscuros y me sentía cada vez más enjaulado en el apartamento de Londres. Después de semanas de deleitarme con la belleza natural, la ciudad se me antojaba más corriente y chabacana que nunca. Finalmente me decidí a juntar todo el dinero que tenía y mudarme a un pueblo de la zona oeste de Penwith, en Cornualles, cerca de Land's End.

Tras instalarme, me dediqué a editar los cuadernos de viajes y a ordenar las notas para crear una narrativa coherente. Al principio esto resultó bastante sencillo... pero, mientras lo hacía, sucedió algo completamente inesperado. Me di cuenta de que había perdido todo deseo de tener esas experiencias. Simplemente se había desvanecido y, con el paso de semanas y meses, tampoco mostró indicio alguno de regresar. No sabía qué pensar de esto. ¿Acaso había dejado atrás el interés por la experimentación práctica? ¿Debía encontrarle algún tipo de sentido psicológico y filosófico a todo lo que había sucedido? No lo sabía. Lo único que tenía claro era que si quería respuestas a estas preguntas, debía hallarlas al escribir este informe.

Por lo demás, mi obsesión por las sustancias psicodélicas seguía sin disminuir. En todo caso, se intensificó. Solo ahora, cuando trataba de comprender los últimos tres años en su conjunto, me comencé a cuestionar lo que podrían significar esas sustancias... desde el punto de vista del individuo, la sociedad y el planeta.

El marco histórico de este informe ha sido el del descenso y caída de las clases medias. La civilización que predominó en Europa durante quinientos años ya ha desaparecido y fue sustituida por un capitalismo corporativo que no se diferencia en nada del fascismo.

Desde el punto de vista político, mi generación ha sido víctima de una burla. Inocentemente, creímos ser una nueva vanguardia revolucionaria, cuando de hecho éramos la última línea de defensa de las antiguas clases medias. Al no contar con el apoyo de las masas, nos pasó lo mismo que a cualquier otra revuelta desde los ludditas o los primeros representantes del Romanticismo: nunca tuvimos ninguna posibilidad de victoria. Todo lo que intentamos hacer fue neutralizado, comercializado y dado vuelta en ciento ochenta grados para que funcionara, e incluso floreciera, como parte integral de la sociedad que había intentado destruir. Fue terrible nuestra desesperación cuando nos percatamos de lo que había sucedido. Tres de mis amigos cercanos, incluido mi mejor y más antiguo amigo, se suicidaron en el transcurso de un solo año.

Habremos hecho de nuestra 'revuelta juvenil' un completo desastre político, pero lo cierto es que no nos equivocamos en una cosa. Como sociedad, Occidente vio desplazarse sus líneas de meta. El problema ya no era exclusivamente, ni siquiera principalmente, la supervivencia física, sino el propio significado de la vida. Era evidente que había que revolucionar la economía y colgar del poste de luz más cercano a los cretinos responsables del desastre, pero el problema de fondo era: ¿para qué vivimos? La dinámica de la cultura se había cruzado con la de la revolución hasta un nivel sin precedente.

Gurdjieff y Lenin andaban por las mismas calles... las calles de una civilización cuyos valores estaban en ruinas. Nuestro enojo no se debía simplemente a que todo lo que una vez se llamó arte o filosofía hubiera sido comercializado en una descarga permanente de entretenimiento e información inútil dedicada a aturdir el cerebro. No, la putrefacción llegaba mucho más hondo que eso. Lo que mi generación puso en la mirilla fue la forma misma de la cultura, la incuestionada premisa en que se basa todo: el modelo de espectador-espectáculo. Describirlo como algo verdaderamente maligno no es ninguna exageración.

Los medios funcionan en una sola dirección. Por definición, no pueden "comunicar" nada, pues la comunicación se basa en un diálogo libre entre dos individuos, según los términos de la democracia, que es el invento occidental más básico de todos. Los medios que funcionan en una sola dirección no expresan más que una cosa: fascismo. La comunicación se ha reducido al consumo de páginas o pantallas o escenarios o lienzos o DVD o conciertos, es todo lo mismo... lo que importa es que uno no puede responder. Semejante cultura es inherentemente pasiva y al serlo, es aislada, y al encontrarse aislada es impotente. Esencialmente, los medios de comunicación funcionan como un *sistema de aislamiento:* como un toque de queda impuesto a la creatividad, con implicaciones directamente políticas.

Quien desee descifrar la letra chica filosófica, debe leer a los insurgentes de los sesenta y los setenta: a Guy Debord, a Herbert Marcuse. Quien desee verlo con sus propios ojos, puede ir al metro y echar una mirada a los carteles de publicidad. "Impresionante...", "Cautivador...", "Electrizante...", "Se lee de un tirón...", "Pone los nervios de punta...", "Obsesionante...". Es el mismo lenguaje de la adicción a las drogas fuertes. De hecho, la cultura es una droga fuerte, y punto. O, para usar el término farmacológico correcto, es un *anestésico disociativo.* Es decir, potencia y acelera la actividad mental hasta el punto de impedirnos sentir nada. El medio es el mensaje, como alguien observó, y el mensaje es: "Vete a la mierda".

Desde las primeras páginas del diario de viajes, hay una fascinación por la naturaleza de la comunicación verdadera. ¿Cómo me comunico conmigo mismo? ¿Cómo me comunico con los demás? ¿Cómo nos comunicamos unos con otros y con nuestro patrimonio común? En un comienzo es sobre todo en referencia al concepto jungiano de inconsciente colectivo... y no es más que el deleite ante la audacia de lo que empecé a llamar *lenguaje psicodélico.* Luego comienza a haber una conciencia cada vez mayor de la faceta didáctica de este tipo de comunicación y, por último, el reconocimiento de que al parecer se me estaba enseñado algo concreto, aunque en forma densamente simbólica. Varias veces se hace la misma observación: que las sustancias psicodélicas son como un libro, pero de los que se viven, no de los que se leen.

Con aquellas primeras sesiones no logré mucho más que desempolvar las telarañas del concepto de Jung. El primer viaje psicodélico que realmente me impactó hasta la médula fue aquel en que me convertí en el transeúnte que iba por la calle. Esa experiencia fue más fuerte que ninguna otra. Tal vez porque demostraba que la realidad parecía ser indefinidamente plástica. Tal vez por la implicación de que su naturaleza era más lingüística que material (después de todo, ¿qué otra interpretación remotamente juiciosa se podía sacar de esa tarde, *sino que lo que experimentaba era una metáfora viviente de un lenguaje más evolucionado?*). Tal vez debido a la corroboración de que alguien o algo trataba de comunicarse conmigo personalmente y con suma urgencia.

A partir de ese momento, no lo pensé dos veces antes de buscar ese tipo de experiencia.

Comencé a estudiar el chamanismo sudamericano y mesoamericano. En la visión iniciática de María Sabina, me encontré con el primer símbolo de la psicodelia que tenía verdadera resonancia para mí.

En la mesa de los Seres Principales apareció un libro, un libro abierto que iba creciendo hasta ser del tamaño de una persona. En sus páginas había letras. Era un libro blanco, tan blanco que resplandecía. Uno de los Seres Principales habló y me dijo: "María Sabina, este es el Libro de la Sabiduría. Es el Libro del Lenguaje. Todo lo que en él hay escrito es para ti. El Libro es tuyo, tómalo para que trabajes". Exclamé emocionada: "Es para mí. Lo recibo"[1].

Las sustancias psicodélicas nos sintonizaron con una frecuencia de información que normalmente es indescifrable. Esa era su importancia evolutiva. Con cierta sorpresa, comprobé que esto no era una simple teoría mía. En su estudio de la ayahuasca, el profesor occidental de filosofía religiosa Benny Shanon hace la misma afirmación, aunque de manera más enfática.

> En primer lugar, me di cuenta de que en realidad estaba entrando en una escuela. Aunque no había maestros, libros de texto ni instrucciones, definitivamente había estructura y orden. El profesor era el brebaje; la instrucción se llevaba a cabo durante el período de ebriedad, sin la ayuda de ninguna otra persona. Un detalle bastante sorprendente era que había calificaciones. Cada serie de sesiones se centraba en un tema o un problema. A veces me daba cuenta de que el tema era solo en retrospectiva. Pero siempre había un orden. He escuchado las mismas impresiones de otras personas[2].

Si esto empieza a parecerle alarmantemente esotérico, hay otros escritores sobre el tema que han hecho todo lo posible por no desorientarse en relación con el pensamiento científico occidental contemporáneo, por ejemplo, Jeremy Narby en *La serpiente cósmica*.

Antes cité un pasaje en que Narby destacaba los sofisticados conocimientos de química en que se basaba la producción de curare, el veneno que ponen en las flechas algunas tribus amazónicas, y puso en duda que los indígenas hubieran descubierto un proceso tan complejo mediante el ensayo y error. Narby concluye su elegante y subversiva obra detectivesca con la hipótesis de que los ayahuasqueros han encontrado alguna manera de descifrar lo que en Occidente llamaríamos el código del ADN. Los lectores deberían consultar el libro de Narby para conocer sus argumentos que, a pesar de ser sensacionales, no resultan tan exagerados. Diríase que efectivamente se trata de algo parecido a lo que él plantea, una dimensión de pura información, sin tiempo ni espacio[*3].

---

*Recientemente, la tesis de Narby recibió un apoyo inesperado cuando se reveló que Francis Crick, el padre de la genética moderna y ganador del premio Nobel, fue en secreto un asiduo al ácido y, de hecho, estaba bajo sus efectos cuando concibió la estructura de doble hélice del ADN. ¡Ajá!

Por mucho que parezca una locura, en lo personal, he encontrado el más cercano reflejo de mi propia experiencia en *The Archaic Revival* [Renacimiento arcaico], de Terence McKenna.

En algún lugar de esa extraordinaria colección de ensayos, McKenna inventa el término "la generación de las lenguas tridimensionales" en relación con el chamanismo sudamericano, y aunque utiliza la frase específicamente en el contexto de la DMT y la psilocibina, solo puedo añadir que mi experiencia con el ácido ha sido algo muy similar. Según la celebrada y a veces manida frase de Jacques Lacan: "El inconsciente está estructurado como un lenguaje". Si queremos llevarlo un poco más allá, podríamos llegar a decir que el inconsciente, o al menos su interfaz humana, está estructurado en forma narrativa: que nos cuenta un relato.

Huelga decir que McKenna no se anda con medias tintas. Tenemos ante nosotros, anuncia magistralmente... *el regreso del Logos*. Se trata de la "Palabra" del Evangelio de San Juan, la encarnación de la Palabra, que lucha para volver a su naturaleza anterior como Espíritu. Aunque parezca chiflado, solo puedo afirmar que en el espacio exterior psicodélico es válido el antiguo lenguaje religioso-filosófico. Ya he hablado del tono platónico de los últimos viajes psicodélicos que experimenté en Judges Walk. Durante las etapas finales de este informe, me sentí atraído al estudio de la filosofía entre Sócrates y Plotino como un marco en el que se podría abordar la experiencia psicodélica. Desafortunadamente, ese fue uno de los intereses que tuve que dejar a un lado hasta que terminara el presente manuscrito.

Al reflexionar acerca de toda mi aventura, lo que me queda es una abrumadora sensación de haber sido sanado. "Esto te da lo que quieres", dice Aldous Huxley en alguna parte, y me parece que esa observación, lejos de ser frívola, se acerca a la forma en que funciona esa sustancia psicodélica.

En primer lugar, el ácido me volvió a llevar a un sentido total del fracaso, a la terrible herida intelectual de haberlo apostado todo a una rebelión fallida: una rebelión que tenía verdad y belleza y justicia de su lado... y todo eso no sirvió de nada. El ácido no solo alivió y eliminó ese dolor. *No se limitó a consolar, sino que redimió.* Una vez más, la antigua terminología religiosa es la que mejor transmite la experiencia. No solo restauró mis ideales al estado en que estaban antes de ser aniquilados, sino que los renovó y transfiguró, les aportó riqueza, vigor y una cualidad de renacimiento que nunca habían tenido cuando yo era joven.

Por si fuera poco, sentí que había descubierto el elemento más importante del inconcluso afán contracultural que dejó mi generación, y tuve la oportunidad de disfrutarlo para mí solo. Espero al menos haber logrado transmitir el buen rato que pasé.

¿Sería concebible que esto haya sido solo para mí? Me resulta difícil creerlo. A McKenna una vez le preguntaron si pensaba que las sustancias psicodélicas eran para todo el mundo. Después de una pausa, respondió; "No, no son para todos... pero sí para casi todos".

El objetivo de este informe es inspirar la investigación necesaria sobre la tesis de McKenna. Si aún no está claro, debo insistir en que nada de lo aquí escrito se plantea como un modelo a seguir. Lo único que he querido hacer es dar un ejemplo concreto de una manera constructiva de abordar el tema, sobre todo para demostrar que se puede hacer. Desde la rebelión de los años sesenta, me ha parecido que la verdadera creatividad es una creación de la propia creatividad y, después de todo, este es un libro profundamente político.

Más que político, es sin duda una obra de agitación y propaganda.

44

Informe provisional

(continuación)

EN UN CAPÍTULO ANTERIOR examiné la idea de que el despertar de hoy podría dividirse en dos etapas. La primera es una especie de descondicionamiento, un reencantamiento de la vida cotidiana. La segunda es algo más sutil y difícil de alcanzar, una mayor conciencia de lo inmutable, de la cualidad de la existencia que está presente en todo.

Pues, lo que parece haberme ocurrido es que he quedado atrapado entre dos mundos, con un pie en cada uno, por así decirlo. Como he dicho, el sentido de la magia ha vuelto a aparecer, y de manera espectacular, pero la segunda etapa (la de autoconciencia constante, los momentos de fusión) ha sido huidiza en el mejor de los casos. Si se me compara con Nisargadatta, sigo dormido en los laureles. Así que la última pregunta que me gustaría analizar es: ¿pueden las sustancias psicodélicas ayudar a completar este proceso?

¿Debo volver a trabajar con el ácido de la manera que lo he estado haciendo, o tal vez las sustancias psicodélicas sean, por definición, no más que una manera de prepararse para algo que hay que experimentar sin su ayuda? De ser así, ¿cómo saber cuándo uno está preparado?

En un capítulo anterior nos referimos brevemente a la carrera del maestro estadounidense Ram Dass. Fue alguien que estuvo profundamente involucrado con las sustancias psicodélicas y que, sin dejar de reconocer la importancia del papel que habían jugado en su vida, regresó a las formas más tradicionales de religión, e insistió en que había un límite bien definido, más allá del cual esas sustancias ya no eran beneficiosas.

Después de unas trescientas experiencias psicodélicas, Ram Dass dijo que la droga dejó de tener mucho efecto: "Me di cuenta de que, si seguía tomando LSD todos los meses, me estancaba, tenía la misma experiencia una y otra vez y me aburría". Su conclusión fue que las sustancias psicodélicas podían descondicionar, sanar, e iniciar, pero que su poder no iba más allá. Dijo: "Son un catalizador, un abridor de puertas. Lo seguiré haciendo, si no hay ningún otro cambio, pero ya no siento que estoy aprendiendo algo verdaderamente nuevo"[1].

Así pues, Ram Dass adoptó un enfoque más tradicional sobre la vida espiritual: empezó por hacerse devoto a un gurú, Neem Karoli Baba. Después de la muerte de este, se dedicó a las diversas prácticas de entrenamiento de conciencia, según las tradiciones budistas del *vipassana* y el *dzogchen*. Que yo sepa, nunca definió con mayor precisión lo que entendía por "catalizador" o "abridor de puertas", ni mencionó si había explorado la posibilidad de combinar el uso de las sustancias psicodélicas con la práctica de la conciencia. Lo que es más importante, pasó por alto a otro maestro que, por lo menos en la India de mediados del siglo XX, estaba sin lugar a dudas muy por encima del resto: Ramana Maharshi.

No puedo dejar de sentir que las fotos de Ramana exageran al santo. Sin duda él debe haber tenido la más bella y elocuente sonrisa que haya existido, pero todas esas fotos suyas en pañales, extasiado con la vaca del áshram, terminaron por hacerme sentir... que me estaban tomando un poco el pelo, especialmente en vista de una enseñanza que es poco menos que bolchevismo espiritual. Porque lo que Ramana intentaba hacer era revolucionar la tradición hindú. Poner en segundo plano todos los aspectos de la cultura védica... el estudio de las escrituras... la moral... los rituales... la mente unifocalizada... el *samadhi*... a favor de una sola cosa: la confrontación directa con quién, o qué, somos.

¿Quién eres?, preguntaba Ramana.

Solo eso. ¿Quién eres? Encuentra rápido tu sentido de identidad, tu sentido más íntimo de ti mismo, y ve tu esencia con tus propios ojos. "Eres conciencia", dijo.

"Conciencia" es otra forma de decir "tú". Dado que eres conciencia no hay necesidad de conseguirla ni cultivarla. Lo único que tienes que hacer es dejar de estar consciente de otras cosas: es decir de lo que no es tu Yo. Si uno renuncia a ser consciente de otras cosas, lo que queda es la conciencia pura y ese es el Yo.

Eso era todo. En eso consistía toda la práctica de Ramana, si se le puede llamar práctica. Ser cauteloso, no solo ante el encanto de lo esotérico, sino ante el de la religión, y punto. Porque lo que buscamos está justo debajo de nuestras narices.

El Yo está siempre presente. Cada uno quiere conocer el Yo. ¿Qué tipo de ayuda requiere uno para conocerse? La gente quiere ver el Yo como algo nuevo. Pero es eterno y siempre será el mismo. Desean verlo como una luz resplandeciente, etcétera. ¿Cómo puede ser eso? No es luz, ni tampoco oscuridad. Es solo lo que es. No se puede definir. La mejor definición es "Yo soy el que soy"[2].

Cuando comencé a tratar de practicar el *vipassana*, me topaba con esa especie de consignas zen que me molestaban mucho. Pensaba que estaban bromeando. El problema era que al leerlas por primera vez, parecían ser puras obviedades: luego, de manera igualmente abrupta, cualquier significado que tuvieran, desaparecía por completo. Sin embargo, al pasar de los años continué topándome con estos mismos estallidos burlones, casi nihilistas, y tuve que admitir que su origen podía rastrearse hasta las raíces mismas del impulso místico: de manera más clara en las tradiciones del Ch'an chino y el zen japonés, donde formaban un reconocido camino a la libertad, que se dio en llamar "el sendero repentino o abrupto", según el cual el entendimiento no se acumula de forma paulatina, sino que llega en relámpagos espontáneos.

Hacia el final de *The Way of Zen* [*El camino del zen*], Alan Watts cita al propio Buda:

> Del insuperable y completo despertar no saqué absolutamente nada, y por esa misma razón se le llama "insuperable y completo despertar"[3].

Sin duda, Buda tenía las credenciales más impecables de cualquier maestro en el mundo. ¿Qué estaba intentando decir? Solo empecé a comprenderlo al cabo de muchos años. Por casualidad descubrí el trabajo del maestro occidental contemporáneo Adi Da, estadounidense, quien intentaba expresar la misma idea. Me di cuenta entonces de que tenía en la mano una llave maestra al misticismo de ultraizquierda.

Anteriormente cité el *satori* de Adi Da cuando aún era estudiante de la Universidad de Columbia. Pero lo que percibió esa noche no le transformó la vida hasta después de otra década de búsqueda casi histérica. En ese momento, cuando tenía poco más de treinta años, Adi Da meditaba furiosamente en el templo *vedanta* de Hollywood y llegaba a niveles de trance extático que apenas había alcanzado antes. "Estas experiencias", escribió con cierta astucia, "superan cualquier tipo de placer que un hombre pudiese conseguir".

Entonces, sin previo aviso, algo sucedió. Después de una sesión particularmente intensa regresó al templo *vedanta*.

> Al día siguiente volví a sentarme dentro del templo. Esperé que la *shakti* se revelara como mi compañera bendita. Pero pasó el tiempo y no sentí ninguna sensación ni movimiento. No había ni siquiera profundización ni meditación. No era necesaria la meditación. No había ni un solo elemento que añadir a mi conciencia. Me senté con los ojos abiertos. No estaba teniendo ninguna clase de experiencia.
>
> En un instante, me sentí profunda y directamente consciente de lo que soy. Fue una comprensión tácita, un conocimiento

directo de la conciencia misma. Era la propia conciencia sin la adición de comunicación de otras fuentes. Simplemente me senté ahí y supe lo que soy. Estaba siendo lo que soy.

Mientras escribía *The Knee of Listening* [La rodilla para escuchar], Adi Da articuló las implicaciones de lo que había experimentado con una claridad que, al menos para mí, aún no tiene rival.

En el templo de la Sociedad *Vedanta*, surgió el conocimiento tácito de que soy simplemente la conciencia que es la propia realidad. Las tradiciones lo llaman el "Yo", el "Brahman", que no se identifica con ningún cuerpo, territorio ni experiencia, sino con la Realidad perfecta, incondicional y absoluta. Vi que no había nada con lo que esa naturaleza se pudiera comparar, diferenciar o personificar. No se destaca. No es el equivalente a ningún estado espiritual especializado, exclusivo o perfeccionado. No puede ser lograda, descubierta ni recordada.

Todos los caminos persiguen algún estado o meta especial como verdad espiritual. Pero es que la realidad no tiene que ver con esas cosas. Solo equivalen a una identificación con algún cuerpo, territorio o experiencia, alta o baja, sutil o palpable. No obstante, el conocimiento que es la realidad, la conciencia misma, que no está separado de nada, siempre existe de antemano y para su realización no se necesita ningún cuerpo, experiencia, territorio ni condición especial[4]. [cursiva añadida por el autor]

En comparación con un entendimiento tan radical como este, lo que Ram Dass dice es apenas religioso. O, para ser justos, es esotérico, pero no místico. Así que, por lo que concierne a Ramana o Adi Da, el descubrimiento de un nuevo maestro, o la profundización en el trance, o cualquiera de esas cosas, es simplemente más de lo mismo. Es seguir evadiendo el horror pleno de la situación, expresado tan despiadadamente por los Upanishad: "Allí donde hay dos, hay miedo".

Sin embargo, el cambio o el acto de fe, o lo que haya entre lo esotérico y lo místico, es complejo. Es tan idiosincrásico, tan explosivamente dialéctico, que cabe preguntarse cómo lo podríamos procesar.

No tiene nada de sencillo. Cuando leí por primera vez *The Knee of Listening* [La rodilla para escuchar], todavía estaba sentado practicando el *vipassana*, pero Adi Da elegantemente me hizo levantarme. De ninguna manera podía decir que trataba de mantenerme en silencio y observar las cosas con "pura atención". Intentaba controlar y manipular mis propios estados nerviosos y vivir en el ámbito del éxtasis sutil. Iba en busca de lo milagroso; trataba de alcanzar el delirio con los estupefacientes y, después de unos años en la India, empezaba a aprender cómo hacerlo. Pero Adi Da me había dejado tan impresionado que exageré demasiado en mi reacción y lancé por la borda toda forma de práctica de conciencia. En retrospectiva me doy cuenta de que fue un error desastroso. Nunca rebasé adecuadamente aquellos deseos y el anhelo de éxtasis siguió atormentándome. (En verdad existen "experiencias que superan cualquier tipo de placer que un hombre pudiese conseguir". Seguro que sí).

De forma muy similar, durante el auge de la filosofía *advaita* a finales del siglo XX, hubo unos cuantos meditadores a largo plazo que estuvieron próximos a alcanzar los mismos avances que Ramana y Adi Da y, sin pérdida de tiempo, se declararon iluminados... solo para volver a la normalidad unas semanas o meses después. Esto los hizo quedar claramente como tontos, lo cual no era verdaderamente justo, pues lo que había ocurrido era que el proceso se había hecho a medias.

Gran parte de los aspectos básicos de la tradición zen se concibieron para verificar si el *satori* era estable o si se trataba de un autoagrandamiento temporal. Para cerrar el tema, tal vez se podría sugerir que, a falta de un suministro constante de locos zen cualificados, una dosis de la poción del Dr. Hofmann podría sacar a la luz cualquier rastro de ego espiritual. Una verdadera "prueba de ácido", cuyo resultado podría evaluarse sobre la base de la famosa definición de *satori* sugerida por Daisetz Suzuki:

"Lo mismo que antes, ¡solo que a quince centímetros por encima del suelo!"

45

La inmanencia mutua

PARECE QUE NO PUEDO dejar a un lado este tema. Supongo que mi pregunta esencial es: *¿Cuán cerca del punto de abandono se puede llegar mediante el ácido lisérgico?* Y es que simplemente no hay datos suficientes para seguir adelante.

Pero tal vez la información que ya tenemos nos puede revelar otros aspectos si nos aplicamos a ello. Por ejemplo, podríamos examinar con más atención los últimos viajes de Ram Dass, en los que basó su afirmación de que las sustancias psicodélicas no podían formar un camino espiritual por derecho propio. Yo diría que hay varias características de aquellas sesiones de las que el propio Ram Dass no se percató.

Al fin y al cabo, ¿en qué consistía su objeción al LSD? En que, después de unos trescientos viajes, la droga ya no le revelaba nada nuevo. "Tenía la misma experiencia una y otra vez y me aburría". Es una lástima que no se explaye más acerca de esto porque, al menos si nos guiamos por varios modelos religiosos, se podrían proponer interpretaciones muy diferentes y mucho más positivas de su propia experiencia.

Ya me he referido varias veces al análisis de la evolución religiosa individual según Evelyn Underhill, pero mayormente en relación con las etapas de Conversión, Purgación e Iluminación. Pero estas constituyen solamente los pasos de iniciación a una vida espiritual plena (que Underhill llama "la primera vida religiosa") y vienen seguidos, en casos completamente desarrollados, por otras dos dimensiones de una naturaleza mucho más profunda y dramática: "la noche oscura del alma" y "la unidad con Dios".

"La noche oscura del alma" fue el término con que San Juan de la Cruz describió la devastación espiritual que experimentan muchos de los místicos del mundo inmediatamente antes de su despertar final. Sin previo aviso, su estado contemplativo, maravilloso y en apariencia integrado, se quiebra en dos al comprender que todos los "logros" espirituales carecen del menor valor. No son más que pura vanidad. En todo caso, serían espiritualmente perniciosos. La persona pasa de la sensación de estar finalmente a punto de disolverse en Dios, a sentirse torturada por sentimientos de la más intensa inutilidad.

Según Underhill, la noche oscura es la puerta entre la primera y la segunda vida religiosa. De cierto modo, la noche oscura es el retorno de la Purgación, solo que esta vez no viene acompañada de Iluminación. La religión es un autoengaño; ni Dios ni el significado del universo existen.

¿Sería esto lo que Ram Dass comenzaba a percibir durante esas últimas sesiones aparentemente malogradas? De hecho, lejos de no revelar algo nuevo, ¿no sería que el ácido empezaba a reflejar algo verdaderamente nuevo y horrible? ¿Acaso todo lo que le causaba orgullo no era más que su propia presunción? ¿Se le estaba dando paso a la sombra de la noche oscura?

Pero olvidemos a Ram Dass. ¿No nos sucedió a muchos algo similar en aquella época? ¿No fue el LSD a veces demasiado? ¿No era esto lo que había detrás de la deserción masiva de los primeros asiduos al ácido a principios de los años setenta? En realidad, ¿no se nos estaría indicando que el ácido juega para ganar: que íbamos a tener que dejarlo todo, absolutamente todo... y esperar sin miedo, esperar sin esperanza, esperar con verdadera humildad de corazón el destino que inexorablemente nos corresponde? La amargura y el sentido de traición (que llevan a refugiarse en la heroína o en el budismo fundamentalista) coinciden absolutamente con las descripciones de la noche oscura según Underhill. Solo la verdadera autoinvalidación, lo que en el medioevo se conocía como *autoanulación,* nos puede dejar total e incondicionalmente abiertos a la etapa final de la vida religiosa: la entrega total a la voluntad de Dios.

¿Hay alguna otra forma en que podamos saber que al final solo hay Gracia?

Estos fenómenos nos llevan a una distinción que ha pesado sobre este informe, la que existe entre la *vía positiva* y la *vía negativa:* pertenecen claramente a esta última los conceptos como el de la noche oscura. ¿Tal vez esta posible culminación al uso sostenido de LSD podría compensarse con algo muy diferente, creado mediante un enfoque sostenido de *vía positiva*?

Desde hace rato he querido mencionar un viaje específico, pero no había encontrado el lugar adecuado para insertar esa referencia. Tal vez ahora sea el momento, porque se trata de un caso que ilustra la viabilidad de fusionar la experiencia psicodélica con la existencia ordinaria por medio del regocijo puro. Desde hacía tiempo me había sorprendido que el viaje psicodélico más famoso de todos, el que describe Aldous Huxley en *Las puertas de la percepción,* nunca hubiera tenido continuación, como evidentemente sería de esperar. Posteriormente descubrí que sí existía tal continuación, aunque es poco más que un borrador extendido y apenas se conoce.

Poco después de aquella memorable mañana de mayo en las colinas de Los Ángeles, la esposa de Aldous Huxley, María, murió de cáncer. Huxley la cuidó con devoción hasta sus últimos días, pero en los meses posteriores a su muerte comenzó a sentirse cada vez más atraído por una mujer más joven, Laura Archera. Durante ese período, Huxley tuvo un segundo viaje con mescalina en compañía de dos amigos, aunque este parece haber sido mucho menos intenso que el primero y, para su tercer experimento, le pidió a Laura que estuviera en la sesión.

Su petición se debía supuestamente a que Laura era psicoterapeuta y Huxley, que no recordaba casi nada de los primeros años de su infancia, quería que ella le ayudara a hurgar en esos años perdidos. Como era de esperar, no ocurrió tal cosa. Unos días después de la sesión, Huxley escribió a Humphry Osmond, el médico que había supervisado su primer viaje con mescalina y que posteriormente se convirtió en íntimo amigo suyo. Le contó acerca de cómo distaba aquella primera sesión de lo que acababa de suceder.

> En su lugar había algo de importancia incomparablemente mayor; porque lo que me llegó a través de la puerta cerrada fue la comprensión (no el conocimiento, pues no se trataba de un mensaje verbal ni abstracto), es decir, la total y directa conciencia, desde adentro, por así decirlo, del Amor como principal y fundamental hecho cósmico. Estas palabras, por supuesto, parecen de cierto modo una indecencia y deben sonar falsas, una necedad. Pero no dejan de ser veraces. Yo era esa certidumbre, o tal vez sería más preciso decir que esa certidumbre ocupaba el lugar donde yo había estado.

La carta pasa entonces a un análisis sobre el consumo de sustancias psicodélicas dentro del marco y el entorno de ir enamorándose, momento a momento, cada vez más profundamente de la persona con quien uno está.

> El amor desobjetiviza la cosa o persona percibida. Al mismo tiempo desubjetiviza al perceptor, que ya no ve el mundo exterior con deseo ni aversión, ya no juzga de forma automática e irrevocable, ya no es un ego cargado de emociones, sino que descubre que es un elemento más de la realidad dada, que no es cuestión de objetos y sujetos, sino una unidad cósmica de amor... El amor desobjetiviza y desubjetiviza, e impone el hecho primordial de la unidad y la conciencia de la inmanencia mutua, en lugar del frenesí que lleva hasta la desesperación la imposibilidad de la posesión total... que el sujeto se plantea equivocadamente como meta.

La intuición rayana en telepatía, de la que también dio testimonio Laura Archera en su propio relato de la sesión, fue parte integral de la experiencia de los amantes esa tarde. Es una lástima que Huxley nunca haya abordado el tema con la misma energía y pasión literaria que en *Las puertas de la percepción,* pues semejante fusión de ácido lisérgico, amor y filosofía *advaita* podría haber llevado los temas de su anterior trabajo a un final impresionante. "Inmanencia mutua"... ¿ha habido alguna vez una frase que uniera tan gloriosamente nuestros anhelos espirituales y políticos?

Una de las consecuencias de ese estado de ser la realidad expresa del amor era una especie de comprensión intuitiva de los demás, un "discernimiento de los espíritus", según la terminología de la espiritualidad cristiana. Me di cuenta de que decía cosas acerca de [Laura] que no sabía, pero que cuando las dije resultaron ser ciertas. Supongo que eso es lo que uno esperaría si uno pasa a ser la manifestación del hecho primordial de la unidad a través del amor y el conocimiento de la inmanencia mutua[1].

46

Sanctus

DESDE EL PUNTO DE vista político, nadie sabe lo que ocurrirá mañana. Pero las probabilidades están claramente a favor del desastre.

El capital empresarial es el nefasto intento de imponer control sobre una situación, que sin lugar a dudas, a todos los niveles, desde el personal hasta el planetario, ha quedado totalmente fuera de control. Basta con leer los periódicos o ver la televisión para sentir deseos de vomitar.

Aunque el mundo parece estar dirigido por criaturas del infierno, sigue sin haber ningún rastro de oposición. ¿Es acaso demasiado tarde para que se forme cualquier cosa remotamente parecida a las organizaciones políticas tradicionales? Para no andarnos con paños tibios, la población de Occidente es apática y parece casi increíblemente estúpida. Hace mucho tiempo, Nietzsche predijo que el capitalismo sucumbiría al nihilismo en masa y los acontecimientos parecen confirmar su profecía.

Pero al mismo tiempo ha habido destellos tan deslumbrantes como el movimiento internacional de paz de 2001-2003. Fue un florecimiento del *ágape* a una escala sin precedentes en la historia y considerarlo un "fracaso" es malentender la situación. Grandes resultados positivos han sido la consecuencia de situaciones igualmente desesperadas. El cristianismo primitivo es un buen ejemplo de ello, y también lo es el *mahayana*... tales insurrecciones espirituales pueden surgir aparentemente de la nada y extenderse con extraordinaria rapidez.

Tal vez sea una idea peregrina pensar que semejante movimiento podría ser catalizado por las sustancias psicodélicas... pero lo cierto es que solo nos quedan las opciones menos probables.

Por una parte tenemos una civilización en crisis mortal; por otra, un manantial de visiones de un Cielo y una Tierra nuevos. Sugerir que tarde o temprano los dos lados probablemente entrarán en contacto no parece tan descabellado... aunque la forma en que esto podría suceder sigue siendo, a mi juicio, totalmente impredecible.

A decir verdad, exageré un poco cuando hablé de mi año sabático de drogas durante la época en que trabajaba en este libro. Hice algunos viajes con dosis bajas, pero la única intención era no perder el contacto. Solamente una vez me impacienté y consumí una dosis más elevada que nunca.

Una noche de verano tomé 350 microgramos, solo en el pequeño estudio anexo a donde vivía en el cabo de Cornualles. Los acontecimientos de esa noche y del amanecer del día siguiente me hicieron ver que, cualesquiera que fueran mis aspiraciones de encontrar un "contenido más allá de la forma", mi propio viaje con el ácido aún estaba lejos de terminar.

Tampoco es que el viaje haya comenzado bien.

Al principio pensé que había exagerado con la dosis, porque lo único que sucedió fue que me sentí más débil y con más náuseas que nunca. Pasé una eternidad haciendo arcadas en seco sobre un balde de plástico mientras me sentía más y más confundido acerca de quién era o dónde estaba.

Finalmente me arrastré hasta la cama y me derrumbé sobre ella, completamente agotado.

Pero, mientras estaba tirado, la habitación comenzó a llenarse lentamente de la música más exquisita. Nunca había escuchado nada tan puro... tan inmaculado. Por irremediablemente cursi que parezca la frase, sonaba como canto de ángeles.

Cerré los ojos y mientras sentía las voces ir y venir, entró en escena una serie de visiones. Se me reveló un jardín ornamental, ordenado formalmente con caminos planos, fuentes de agua con múltiples cuencos y parterres rebosantes de flores. Eran en su mayoría viejas rosas de Damasco, aunque había otras, tal vez una especie de amapola que no pude reconocer. A pesar de los suntuosos colores, el propio jardín era severo, casi geométrico en su concepción. De estilo medieval árabe, recuerdo haber pensado. Sufi.

A veces las rosas y las fuentes eran normales, tridimensionales, pero en otros momentos comenzaban de manera casi imperceptible a endurecerse y convertirse en estilizadas ilustraciones de un viejo manuscrito iluminado... un manuscrito que dejaba pasar la luz. "El libro de la sabiduría" pensé. "El libro del lenguaje". Los chorros de las fuentes y la tonalidad de las flores cambiaban al compás del coro. (Resulta extraño comprobar que distintos aspectos de la mente siguen funcionando como de costumbre en los viajes psicodélicos: sabía instintivamente que esa coincidencia de colores y sonidos se llamaba *sinestesia* y que, aunque no tenía la menor idea de quién era "yo", sabía que esto era algo que nunca antes había experimentado).

De donde fuera que viniera el canto, era cualitativamente distinto a todo lo que antes consideraba como música. Parecía más bien un lenguaje sagrado, correspondiente a otra esfera. Por mi mente atravesaba el recuerdo de la primera vez que *escuché* de veras la música. Una tarde, mi abuela y yo fuimos al cine a ver los dibujos animados de Disney y, al inicio del programa, sin titubear, *la banda sonora de repente se convirtió en algo completamente distinto.*

"¿Qué es eso abuela?, le susurré electrizado.

"Greensleeves", susurró.

"Sí... *pero ¿qué es?",* insistí.

"Se llama *Greensleeves",* repitió agitada y empezando a levantar la voz en la oscuridad.

"Sí... *pero ¿qué es?"* Intenté por última vez, aunque ya sabía que no me entendería...

Esa noche sentí lo mismo en mi pequeña habitación del cabo, como si ante mí se extendiera, resplandeciente, un camino real hacia la esencia de la creación, cuya existencia yo ni siquiera sospechaba.

Me levanté de la cama, atravesé la habitación con paso inseguro y abrí la puerta que daba al patio.

Caía la más suave lluvia y el cielo recibía las primeras luces del alba.

De pronto me di cuenta de lo que era la música.

¡Eran los pájaros! ¡Era el coro del amanecer!

Me quedé fascinado. La llovizna caía sobre la valla de madera que rodeaba el patio, sobre el tendedero (que no tenía nada, aparte de algunas pinzas) y sobre el techo del garaje de al lado. De nuevo era la belleza terrible, pero esta vez mucho más terrible que nunca antes.

El mundo se transfiguró y yo estaba cara a cara con la Divinidad. Toda la fuerza había abandonado mi cuerpo y me quedé allí, bajo la lluvia. Pensé que iba a llorar o a desmayarme. Porque esto era lo que siempre había deseado: saber que este mundo y el sagrado son una misma cosa: saber que no estamos abandonados, que nunca lo hemos estado. Y, por lo que alcanzaba a ver en aquel amanecer bajo la lluvia, tampoco era posible que quedáramos abandonados en el futuro.

Ampliada a la enésima potencia, era la misma visión que tuve en las últimas sesiones en Judges Walk: que morir sería el mismo cielo. Aunque en realidad el asunto no era morir o vivir, ni experimentar ningún tipo de cambio. Todo eso era parte del viejo mundo. Lo único que importaba era "lo que siempre ha existido". Solo Eso tenía valor.

No Eso, sino Tú. Solamente Tú.

Solamente Tú.

APÉNDICE

El cornezuelo y el Occidente

DESPUÉS QUE GORDON WASSON publicó *Soma: Divine Mushroom of Immortality* [Soma: La seta divina de la inmortalidad], su estudio de los albores de la religión india, se dedicó a analizar la posibilidad de que las plantas alucinógenas hubieran jugado un papel comparable en la evolución del misticismo occidental.

Wasson estaba particularmente fascinado por los "misterios" que representaban antiguamente los griegos en el templo de Deméter, en Eleusis. La historia de esa localidad abarca más de dos mil años, desde el 1500 a.C. hasta principios del siglo XIV de nuestra era, cuando fue saqueada por la Iglesia Cristiana. Eleusis fue probablemente el templo más influyente en la historia del mundo. Entre otros ilustres, se dice que allí se iniciaron Homero, Platón, Aristóteles, Sófocles, Esquilo y Píndaro. El templo mantuvo su preeminencia durante el Imperio Romano, cuando figuraron como iniciados Cicerón, Adriano, Marco Aurelio y otros emperadores.

Todos los participantes en los misterios juraban que guardarían el secreto. Esta precaución surtió efecto, pues no se sabe casi nada de la ceremonia principal, salvo que culminaba con el consumo de una poción sagrada, el *kykeon,* o ciceón. Los iniciados afirmaban que la transfiguración inducida por el ciceón era el acontecimiento psíquico clave de sus vidas. Una vez más, la hipótesis de Wasson era que el ingrediente activo del ciceón sería un alucinógeno vegetal, solo que en este caso no era la *Amanita muscaria*, sino el cornezuelo.

El colaborador obvio para Wasson en lo referente a la botánica y los aspectos químicos de cualquier labor detectivesca era Albert Hofmann. No solo había sido el cornezuelo la fuente del ácido lisérgico que Hofmann utilizó en su síntesis original del LSD, sino que ambos hombres ya habían colaborado en la extracción de la psilocibina a partir de setas mágicas mexicanas.

¿Qué es exactamente esta sustancia? El cornezuelo es una parte del hongo *Claviceps purpurea:* el cuerpo fructífero o *esclerocio,* que comúnmente se describe como "cuerno o espuela oscura". El *Claviceps purpurea* crece como parásito, y resulta particularmente agresivo en el centeno, pero también en la cebada o el trigo y en ciertos pastos silvestres. Debe su singular notoriedad a que combina algunas de las más curativas y las más letales características atribuidas a los hongos. Aunque se empleaba en la medicina popular en dosis pequeñas durante toda la Edad Media, si se consumían accidentalmente dosis más altas (por ejemplo, cuando el centeno infestado con cornezuelo se molía inadvertidamente y se utilizaba para hacer pan), podía provocar epidemias de intoxicación por cornezuelo o *ergotismo,* una enfermedad que muchos conocían como fuego de San Antonio. Se caracterizaba por vómitos, gangrena de los dedos de las manos y pies, y lo que se describe en términos médicos como "éxtasis convulsivo". Miles de personas tuvieron muertes horribles durante tales brotes.

Albert Hofmann respondió con entusiasmo ante el desafío y no dejó pasar un año antes de escribirle a Wasson:

> ¿A qué tipos adecuados de cornezuelo tenían acceso los antiguos griegos? En Grecia no crecía el centeno, pero sí se cultivaban el trigo y la cebada, y el *Claviceps purpurea* ataca ambas plantas. Hemos analizado el cornezuelo del trigo y el de la cebada en nuestro laboratorio y determinamos que contienen básicamente los mismos alcaloides que el cornezuelo del centeno, es decir, los alcaloides de la ergotamina y el grupo ergotoxina, ergonovina, y, a veces también rastros de amida del ácido lisérgico[1].

La investigación de Hofmann no fue puramente teórica. Algunos de estos alcaloides se podían producir mediante una química tan simple como la infusión de agua. De ese modo preparó Hofmann el maleato de ergonovina y se sometió a una serie de pruebas. Si lo que esperaba era repetir su extraordinaria experiencia al descubrir el LSD, la realidad lo decepcionaría. Aunque estableció que el maleato de ergonovina tenía claros efectos en el estado de ánimo y efectos alucinatorios, y estimó su potencia en aproximadamente la vigésima parte de la del LSD, su informe de laboratorio fue definitivamente un anticlímax.

El resultado fue un profundo sentimiento de frustración y, como indica Peter Stafford en *Psychedelics Encyclopedia* [Enciclopedia de sustancias psicodélicas], al año siguiente Jonathan Ott y dos amigos decidieron probar con dosis más fuertes. En vez de la dosis de 2 mg de Hofmann, tomaron 3 mg y, un par de semanas más tarde, 5 mg. En ambas sesiones experimentaron alucinaciones, pero solo leves. Una semana después, cuando aumentaron la dosis a 10 mg, tampoco alcanzaron nada parecido a la experiencia a que parecían referirse los antiguos. "Triplemente dichosos son aquellos mortales que, tras haber participado en los ritos, parten hacia el Hades", observó Sófocles. "Porque solo a ellos se les concede tener una verdadera vida en él. Para el resto, todo lo que allí se encuentra es maligno". Son palabras inspiradoras, pero desde entonces nadie se ha atrevido a continuar el experimento *in situ*... lo que, dada la historia de ergotismo, es quizás entendible[2].

La hipótesis de Wasson, la investigación de Hofmann y un comentario del estudioso de los clásicos Carl Ruck fueron publicados en 1978 con el título *El camino a Eleusis,* pero el libro resultó ser una especie de callejón sin salida. Cinco años antes, en 1973, con la obra *Alucinógenos y chamanismo,* Michael Harner había concentrado la atención en las solanáceas, la familia de la papa, sobre todo en plantas como la datura o estramonio, pero también la mandrágora, el beleño y la belladona, como las que probablemente se utilizaban para producir la dimensión visionaria de la brujería. Todas contienen alcaloides que producen fuertes alucinaciones y la investigación de Harner popularizó la hipótesis de que ciertas combinaciones de dichas sustancias se aplicaban en forma de pomada o "ungüento para volar", e incluso llegó a sugerir que el característico palo de escoba de las brujas era en realidad un aplicador vaginal[3]. Posteriormente, la fascinación con la ayahuasca y el chamanismo sudamericano hizo que la prehistoria del LSD quedara aun más relegada al olvido.

Sin embargo, mientras hacía la investigación para este libro, me llamaron la atención las repetidas referencias al uso del cornezuelo en la medicina popular durante la Edad Media. El contexto era siempre la partería. El cornezuelo en dosis altas podía producir abortos, en dosis más bajas, aceleraba las contracciones y en dosis aun más bajas restañaba la hemorragia posparto. Esto debe haber sido sumamente importante en el contexto medieval, por lo que el cornezuelo sería uno de los pilares de la farmacopea de las mujeres sabias o chamanes. Durante siglos y siglos la droga debe haber sido harto probada y estudiada, prestando especial atención a las dosis, y parece inconcebible que no se le haya puesto atención a los efectos psicotrópicos que produciría la simple infusión de agua.

Pero lo que ahora me interesa no son las especulaciones sobre el posible uso común de ácido en la Edad Media. Lo que me llama la atención es la clara evidencia de que el cornezuelo se ha utilizado durante mucho tiempo en la partería y la probabilidad de que tal uso se hubiera establecido desde la antigua Grecia. La hipótesis que estoy contemplando es que el descubrimiento realizado en Eleusis fuera el mismo que se haría en el siglo XX:

El descubrimiento de que el cornezuelo puede funcionar en dos sentidos.

Los derivados del cornezuelo no solo pueden ayudarnos al llegar al mundo, sino al abandonarlo. Hacen más tolerable el parto. Pueden ayudarnos a volver sobre nuestros pasos: a recordar los condicionamientos iniciales, la conmoción del nacimiento o incluso la vida en el vientre antes de nacer; a vislumbrar la mecánica de la encarnación... o la identidad incomparablemente más vasta que viene antes y después. El poeta idealista Shelley escribió:

La vida, como una cúpula de cristal multicolor,
Mancha el blanco esplendor de la Eternidad.

¿Acaso nacieron de Eleusis los conceptos básicos de la metafísica de Occidente y del Cercano Oriente, es decir, las "formas", las "ideas" y los "arquetipos? ¿El concepto de otro mundo, anterior, más prístino que este, del cual nos vamos y luego retornamos en una forma más rica y evolucionada?

De todos modos, mi delirio no me haría volar más alto que eso. Durante uno de los últimos viajes en Judges Walk, recuerdo quedarme embelesado mirando una brizna de hierba. "La primera y la última brizna", escribí, "el toque original de genialidad". Aquel tallo había alcanzado una condición cósmica distinta a cualquier cosa que yo hubiera conocido. Era literalmente la idea de una brizna de hierba: ya no podía distinguir la idea y su materialidad. Participaba igualmente en dos dimensiones de la realidad, como una puerta giratoria.

Además, descubrir el mundo arquetípico era inseparable de descubrir lo que nos mantiene separados de él.

En la cosmogonía de Platón, ese papel es desempeñado por lo que él denominó *anamnesis:* su teoría era que siempre hemos sido conscientes de ese mundo anterior, que siempre hemos estado a gusto allí... *pero que simplemente lo hemos olvidado.* Una vez más, esto parece indicar una vinculación explícita con el hecho consciente de volver a vivir el momento del nacimiento, parte esencial de la experiencia psicodélica. En general, el nacimiento es uno de los peores dolores que experimentamos como individuos, por lo que podría constituir una etiología plausible para *nuestro estado universal de amnesia postraumática.*

Tales son los parámetros básicos de la religión y la filosofía occidentales. Por una parte, nuestra conciencia más básica (la "conciencia de sustrato", como la describió Poonja, el maestro de la filosofía *advaita*), es que todo está perfectamente bien como está, que hay una capacidad permanente de éxtasis, porque al nivel más profundo seguimos manteniendo nuestra simbiosis con el cosmos. Por otra, en todo hay siempre algo que anda mal: algún detalle insignificante ante el que reaccionamos mecánicamente, en lugar de verlo como una juguetona llamada de atención que nos devuelve a nuestro verdadero propósito: el deseo y la búsqueda de la totalidad.

Notas

PREFACIO

1. Terence McKenna, *The Archaic Revival* (San Francisco: Harper, 1991).

CAPÍTULO 1. EL LOTE 25

1. Albert Hofmann, citado en Peter Stafford, *Psychedelics Encyclopedia,* tercera edición (Berkeley: Ronin Publishing Inc., 1992), capítulo 1 "The LSD Family: The First LSD Experiences".

CAPÍTULO 3. *LAS PUERTAS DE LA PERCEPCIÓN*

1. Aldous Huxley, *The Doors of Perception.* (New York: Harper, 1954).

CAPÍTULO 4. LA PSICOPOLÍTICA Y LOS AÑOS SESENTA

1. Martin Lee y Bruce Shlain, *Acid Dreams: The CIA, LSD, and the Sixties Rebellion* (Nueva York: Grove, 1985), capítulo 5, "The All-American Trip: Acid and the New Left".

CAPÍTULO 10. EL PRIMER GRUPO DE VIAJES

1. Stanislav Grof, *Realms of the Human Unconscious* (Nueva York: Viking, 1975), "General Introduction".
2. Sobre este particular, probablemente la mejor introducción se puede encontrar en Robert Ornstein, *The Psychology of Consciousness* (Nueva York: Penguin, 1975).

CAPÍTULO 12. LA MPB 2

1. Marlene Dobkin de Rios y Oscar Janiger, LSD, Spirituality, and the Creative Process (Rochester, Vermont: Park Street Press, 2003), capítulo 3, "(Un)Characteristics of the LSD Experience", secciones tituladas "Anxiety and Fear", "Cramps, Paralysis, and Agony", "Paranoid Feelings", "Depression, Guilt, and Irritation", "Somatic Discomfort" y "Strange Body Feelings".

CAPÍTULO 15. PSICOTERAPIA CLANDESTINA

1. Myron Stolaroff, *The Secret Chief* (Sarasota, Florida: MAPS, 1997), capítulo 3, "The Individual Trip".

CAPÍTULO 16. EL MARCO, EL ENTORNO Y EL HISTORIAL

1. Frances Cheek, Stephens Newell y Mary Sarett, *The Illicit LSD Group: Some Preliminary Observations,* reimpreso en *Psychedelics: The Uses and Implications of Hallucinogenic Drugs* (Garden City, N.Y.: Anchor Books, 1971), editado por Bernard Aaronson y Humphry Osmond.

CAPÍTULO 18. "VI A UN HOMBRE EN HARAPOS..."

1. Nisargadatta Maharaj, *I Am That* (Bombay: Acorn Press, 1973), traducción al inglés por Maurice Frydman.

CAPÍTULO 19. LA RESISTENCIA

1. Stanislav Grof, *LSD Psychotherapy* (Alameda, California: Hunter House, 1980), capítulo 5, "Critical Situations in LSD Sessions".

CAPÍTULO 20. LAS SUSTANCIAS PSICODÉLICAS DESPUÉS DE LOS AÑOS SESENTA

1. R. Gordon Wasson, "Seeking the Magic Mushroom", *Life,* May 13, 1957, citado en Jeremy Narby y Francis Huxley, *Shamans Through Time* (Londres: Thames and Hudson, 2001).
2. Valentina Wasson y Gordon Wasson, *Mushrooms, Russia and History* (Nueva York: Pantheon, 1957), capítulo 5, "The Mushroom Agape".
3. Mircea Eliade, Shamanism: Archaic Techniques of Ecstasy (Princeton: Princeton University Press, 1951), capítulo 2, "Initiatory Sicknesses and Dreams".

4. Ibid., capítulo 8, "Shamanism and Cosmology".

5. Jeremy Narby, *The Cosmic Serpent* (Nueva York: Tarcher/Putnam, 1998), capítulo 4, "Enigma in Rio".

CAPÍTULO 25. LO TRANSPERSONAL

1. Grof, *Realms of the Human Unconscious,* "Transpersonal Experiences in LSD Sessions".

2. Paul Devereux, *The Long Trip: A Prehistory of Psychedelia* (Nueva York: Penguin, 1997), Introducción: "A Head of the Times".

3. Christopher Mayhew, "An Excursion Out of Time", *Observer* (Londres), 28 de octubre de 1956, reimpreso en *The Drug Experience* (Nueva York: Grove Press, 1961), editado por David Ebin, "...todos los sucesos ocurridos en el salón entre la 1:30 y las 4:00 de la tarde se dieron a la vez".

4. Charles Hayes, *Tripping* (Nueva York: Penguin/Compass, 2000), "The Narratives: Jason, The Shining Ones".

CAPÍTULO 29. "TRAVESÍA EXULTANTE..." (continuación)

1. Carlo Ginzburg, *Ecstasies: Deciphering the Witches' Sabbath* (Nueva York: Doubleday, 1991), parte 2, capítulo 2, "Following the Goddess".

CAPÍTULO 31. "NO ES EL VERDADERO *SAMADHI*..."

1. Suzanne Segal, *Collision with the Infinite* (San Diego: Blue Dove Press, 1996), capítulo 8, "The Secret of Emptiness".

2. Ram Dass, *The Only Dance There Is* (Garden City, Nueva York: Anchor Books, 1974), capítulo 3.

CAPÍTULO 35. "OTRO MUNDO ES POSIBLE"

1. George Monbiot, *The Age of Consent* (Londres: Flamingo, 2003), capítulo 4, "We the Peoples".

CAPÍTULO 36. "OTRO MUNDO ES POSIBLE..." (continuación)

1. Maria Sabina, citada en John W. Allen, "Chasing the Ghost of Maria Sabina: Saint Mother of the Sacred Mushroom", en *Psychedelic Illuminations,* vol. 1, no. 6 (1994).

CAPÍTULO 37. HACIA UNA VISIÓN SACRAMENTAL DE LA REALIDAD

1. Véase Osho, *The Mystic Experience.* Reimpreso con el título *In Search of the Miraculous,* vol. 2, capítulo 3, "The Path of Kundalini".
2. Adi Da (writing as Franklin Jones), *The Knee of Listening* (Middletown, California: Dawn Horse Press, 1972), parte 1, "The Life of Understanding".
3. Aldous Huxley, *Heaven and Hell* (Nueva York: Harper, 1956).

CAPÍTULO 39. ¿FUERA DEL CUERPO?

1. Lester Grinspoon y James Bakalar, *Psychedelic Drugs Reconsidered* (Nueva York: Basic Books, 1979), capítulo 4, "The Nature of Psychedelic Experience".

CAPÍTULO 41. LA MPB 4

1. Grof, *Realms of the Human Unconscious,* capítulo 4 "Perinatal Experiences in LSD Sessions".

CAPÍTULO 42. LA LARGA RETROSPECCIÓN

1. Sherana Frances, *Drawing It Out: Befriending the Unconscious* (Sarasota, Florida: MAPS, 2001), Prólogo.
2. Ibid., Introducción.

CAPÍTULO 43. INFORME PROVISIONAL

1. Maria Sabina, *Maria Sabina: Selections,* editado por Jerome Rothenburg (Berkeley: University of California Press, 2003), capítulo 6, "The Life of Maria Sabina".
2. Benny Shanon, *The Antipodes of the Mind: Charting the Phenomenology of the Ayahuasca Experience* (Nueva York: Oxford University Press, 2002), Prólogo.
3. Alun Rees, "Nobel Prize Genius Crick Was High on LSD When He Discovered the Secret of Life", *Mail on Sunday* (Londres), 8 de agosto de 2004.

CAPÍTULO 44. INFORME PROVISIONAL (continuación)

1. Véase "Ram Dass: the Gnosis Interview", *Gnosis,* invierno de 1993.
2. Ramana Maharshi, *Be As You Are: The Teachings of Sri Ramana Maharshi*

(Londres: Penquin, 1985), editado por David Godman, capítulo 1, "The Nature of the Self".

3. *Vajracchedika,* citado en Alan Watts, *The Way of Zen* (Nueva York: Pantheon, 1957), parte 2, capítulo 1, "Empty and Marvellous".

4. Adi Da (writing as Franklin Jones), *The Knee of Listening,* parte 1, "The Life of Understanding".

CAPÍTULO 45. LA INMANENCIA MUTUA

1. Aldous Huxley, *Moksha* (Nueva York: Stonehill, 1977), editado por Michael Horowitz y Cynthia Palmer, capítulo 16, "Letter to Dr. Humphry Osmond", 24 de octubre de1955.

APÉNDICE. EL CORNEZUELO Y EL OCCIDENTE

1. Albert Hofmann in Gordon Wasson, Albert Hofmann y Carl Ruck, *The Road to Eleusis* (Nueva York: Harcourt, Brace & Jovanovitch, 1978), capítulo 2, "A Challenging Question".

2. Véase Peter Stafford, *Psychedelics Encyclopedia* (Los Angeles: Tarcher, 1983), capítulo 1, "The LSD Family: Botanical Sources of Lysergic Acid Amides and Their Histories and Effect: Rye and other Grasses".

3. Véase Michael Harner (editor), *Hallucinogens and Shamanism* (Nueva York: Oxford University Press, 1973), capítulo 8, "The Role of Hallucinogenic Plants in European Witchcraft".

Bibliografía

Cronología de la literatura psicodélica

PRINCIPALES TRABAJOS RELACIONADOS CON LAS SUSTANCIAS PSICODÉLICAS, EN ORDEN DE PUBLICACIÓN

1954 Aldous Huxley. *The Doors of Perception.* Nueva York: Harper.

1957 Valentina Wasson y Gordon Wasson. *Mushrooms, Russia and History.* Nueva York: Pantheon.

1961 Constance Newland. *My Self and I.* Nueva York: New American Library/Signet.

1966 Robert Masters y Jean Houston. *The Varieties of Psychedelic Experience.* Rochester, Vermont: Park Street Press, 2000.

1966 David Solomon (editor). *LSD: The Consciousness Expanding Drug.* Nueva York: Putnam.

1968 Carlos Castaneda. *The Teachings of Don Juan.* Berkeley: University of California Press.

1968 Gordon Wasson. *Soma: Divine Mushroom of Immortality.* Nueva York: Harcourt, Brace & Jovanovich.

1970 Bernard Aaronson y Humphry Osmond (editores). *Psychedelics:*

The Uses and Implications of Hallucinogenic Drugs. Nueva York: Doubleday/Anchor.

1973   Michael Harner (editor). *Hallucinogens and Shamanism.* Nueva York: Oxford University Press.

1975   Stanislav Grof. *Realms of the Human Unconscious.* Nueva York: Viking.

1977   Stanislav Grof y Joan Halifax. *The Human Encounter with Death.* Nueva York: Dutton.

1977   Aldous Huxley. *Moksha: Classic Writings on Psychedelics and the Visionary Experience.* Editado por Michael Horowitz y Cynthia Palmer. Nueva York: Stonehill.

1978   Albert Hofmann, Gordon Wasson, y Carl Ruck. *The Road to Eleusis.* Nueva York: Harcourt, Brace & Jovanovitch.

1979   Richard Evans Schultes y Albert Hofmann. *Plants of the Gods.* Rochester, Vermont: Healing Arts Press, 2001.

1979   Lester Grinspoon y James Bakalar. *Psychedelic Drugs Reconsidered.* Nueva York: Basic Books.

1980   Stanislav Grof. *LSD Psychotherapy.* Alameda, California: Hunter House.

1983   Albert Hofmann. *LSD, My Problem Child.* Traducción al inglés por J. Ott. Nueva York: McGraw Hill.

1983   Peter Stafford. *Psychedelics Encyclopaedia.* Los Angeles: Tarcher.

1985   Martin Lee y Bruce Schlain. *Acid Dreams: The CIA, LSD, and the Sixties Rebellion.* Nueva York: Grove.

1991   Terence McKenna. *The Archaic Revival.* San Francisco: Harper.

1996   Wade Davis. *One River.* Nueva York: Simon and Schuster.

1997   Myron Stolaroff. *The Secret Chief.* Sarasota, Florida: MAPS.

1997   Antonio Melechi (editor). *Psychedelia Britannica.* Londres: Turnaround.

1997   Paul Devereux. *The Long Trip.* Nueva York: Penguin.

1998   Jeremy Narby. *The Cosmic Serpent.* Nueva York: Tarcher/Putnam.

2000   Christopher Bache. *Dark Night, Early Dawn.* Nueva York: SUNY Press.

2000   Nicholas Saunders, Anja Saunders y Michelle Pauli. *In Search of the Ultimate High: Spiritual Experience through Psychoactives.* Nueva York: Random House.

2000   Charles Hayes (editor). *Tripping: An Anthology of True-Life Psychedelic Adventures.* Nueva York: Penguin/Compass.

2001   Sherana Frances. *Drawing It Out.* Sarasota, Florida: MAPS.

2002   Benny Shanon. *The Antipodes of the Mind: Charting the Phenomenology of the Ayahuasca Experience.* Nueva York: Oxford University Press.

2003   Maria Sabina. *Maria Sabina: Selections.* Editado por Jerome Rothenberg. Berkeley: University of California Press.

2003   Marlene Dobkin de Rios y Oscar Janiger. *LSD, Spirituality, and the Creative Process.* Rochester, Vermont: Park Street Press.